21世纪汽车专业"互联网+"创新型规划精品教材

汽车底盘构造与拆装

何 宇　邓启韬　李双发　主编

天津出版传媒集团

天津科学技术出版社

内容提要

本书根据职业教育理实一体化课程改革的指导思想,强调以实践为主、理论为辅、理实深度融合。根据实际维修情景筛选了典型的工作任务,选取贴近生产实际的案例融入课程内容,让学生在实践中掌握解决问题的方法和技能,全面提高学生的动手实践能力,真正体现职业教育的特色。

本书系统阐述了汽车底盘各部分的构造与拆装过程,主要包括汽车底盘概述、离合器的构造与拆装、手动变速器的构造与拆装、自动变速器的构造与拆装、万向传动装置的构造与拆装、驱动桥的构造与拆装、车桥和轮胎的构造与拆装、悬架的构造与拆装、机械转向系统的构造与拆装、动力转向系统的构造与拆装、制动器的构造与拆装、制动传动装置的构造与拆装、汽车制动防抱死系统等13个项目。为突出职业能力培养,体现工学结合的精神,本书的每个项目都配有相应的实训任务。

本书适合开设汽车类相关专业的职业院校使用,也可作为各类汽车从业人员的培训教材,还可以作为汽车维修人员和汽车技术爱好者的自学用书。

图书在版编目(CIP)数据

汽车底盘构造与拆装／何宇,邓启韬,李双发主编
．—天津:天津科学技术出版社,2022.3(2024.6重印)
ISBN 978-7-5576-9922-2

Ⅰ.①汽⋯ Ⅱ.①何⋯ ②邓⋯ ③李⋯ Ⅲ.①汽车—底盘—结构—高等职业教育—教材②汽车—底盘—装配(机械)—高等职业教育—教材 Ⅳ.①U463.1②U472.41

中国版本图书馆 CIP 数据核字(2022)第 038431 号

汽车底盘构造与拆装
QICHE DIPAN GOUZAO YU CHAIZHUANG

责任编辑:	刘 颖
责任印制:	赵宇伦
出　版:	天津出版传媒集团 天津科学技术出版社
地　址:	天津市西康路 35 号
邮　编:	300051
电　话:	(022)23332390
网　址:	www.tjkjcbs.com.cn
发　行:	新华书店经销
印　刷:	昌昊伟业(天津)文化传媒有限公司

开本 889×1194　1/16　印张 17.5　字数 504 000
2024 年 6 月第 1 版第 2 次印刷
定价:59.00 元

PREFACE 前言

根据《国家中长期教育改革和发展规划纲要（2010—2020年）》的精神，推进职业教育课程改革和教材建设进程，将理实一体化作为职业教育课程改革的主导理念，以任务课程为载体，以工作任务为课程设置与内容选择的参照点，以任务为单位组织内容，并以任务活动为主要学习方法的课程模式。为适应教学改革需要，我们特意编写了此书。本书面向汽车相关专业的学生，以提高职业实践能力和职业素养为目的，能适应各院校培养技能型人才的要求。

本书主要介绍汽车底盘的构造、工作原理和拆装过程，使学生系统性地掌握底盘各系统、总成和部件的功用、构造和基本工作原理；具备底盘拆卸、检修和装配的知识和技能；正确使用拆装工具、量具；具有创新精神和实践能力；养成认真负责的工作态度和一丝不苟的工作作风。

本书在编写时努力体现了以下特色：

1. 理念先进。以就业为导向，以学生为载体，着眼于学生职业生涯发展，注重学生职业素养的培养；注重做中学、做中教，教学做合一，理实一体深度融合。

2. 难易适度。本书删除了理论难度偏深、对实际工作影响不大的内容，增加了结论性强、应用性强的内容，整体理论难度较低，使学生能够在分析和解决实际问题时有一定的理论依据。

3. 结构合理。根据汽车类专业所涉及的汽车底盘构造与拆装方面的知识内容，结合职业学校实训条件划分为若干个项目和任务，实施理论与实践一体化教学，使学生掌握汽车底盘各系统的拆卸、检测和安装，以及相关的专业知识和技能，提高学生的应用能力。

4. 图文并茂，通俗易懂。本书所有图片力求简单、易懂，尽量采用示意图和立体图，避免或少用复杂的装配图，降低学生学习本课程的难度。在文字描述上，本书力求简单易懂，让学生能自己读懂教材。

5. 灵活性强。本书中底盘各系统的每个项目都是一个独立的教学情景，有学习目标、任务评价、项目测评等内容，教学时可以根据实际情况安排课时、教学顺序及进程。

由于编者能力和水平有限，书中难免存在不妥乃至错误之处，敬请广大读者提出宝贵意见，在此深表感谢。

编　者

编委会

主　　审　　王　勇
主　　编　　何　宇　　邓启韬　　李双发
副 主 编　　岳统帅　　谢宾仁　　兰　尧
　　　　　　刘　洋　　邹　喆　　代素珍
编　　者　　孔水清　　顾永军　　杨益平
　　　　　　潘旭红　　赵　金　　李晨玉
　　　　　　张胜龙　　梁　毅

目　录

项目一　汽车底盘概述 ··· 1
　　任务　汽车底盘总体认知 ··· 1
项目二　离合器的构造与拆装 ··· 9
　　任务一　离合器概述 ·· 9
　　任务二　离合器的构造和工作原理 ··· 10
　　任务三　离合器操纵机构 ··· 15
　　任务四　离合器的拆装与检修 ··· 16
项目三　手动变速器的构造与拆装 ··· 23
　　任务一　变速器概述 ·· 23
　　任务二　手动变速器的变速传动机构 ···································· 26
　　任务三　同步器 ·· 35
　　任务四　手动变速器的拆装与检修 ·· 39
项目四　自动变速器的构造与拆装 ··· 49
　　任务一　自动变速器概述 ··· 49
　　任务二　液力变矩器 ··· 53
　　任务三　行星齿轮机构 ·· 57
　　任务四　辛普森式行星齿轮变速器 ·· 62
　　任务五　拉威挪式行星齿轮变速器 ·· 67
　　任务六　自动变速器的拆装与检修 ·· 71
项目五　万向传动装置的构造与拆装 ··· 87
　　任务一　万向传动装置概述 ·· 87
　　任务二　万向节 ·· 90
　　任务三　传动轴和中间支承 ·· 95
　　任务四　球笼式万向传动装置的拆装与检修 ·························· 96
项目六　驱动桥的构造与拆装 ··· 105
　　任务一　驱动桥概述 ·· 105
　　任务二　主减速器和差速器 ·· 107
　　任务三　半轴和桥壳 ·· 110
　　任务四　主减速器和差速器的拆装与检修 ··························· 112
项目七　车桥和轮胎的构造与拆装 ·· 120
　　任务一　车架和车桥 ·· 120
　　任务二　车架和车桥的认知 ·· 127

任务三　车轮和轮胎 ··· 131
　　任务四　车轮和轮胎的拆装与检修 ··· 137
　　任务五　轮胎换位与动平衡 ··· 141
项目八　悬架的构造与拆装
　　任务一　悬架的构造 ··· 149
　　任务二　非独立悬架的拆装与检修 ··· 161
　　任务三　独立悬架的拆装与检修 ·· 166
项目九　机械转向系统的构造与拆装
　　任务一　汽车转向系统概述 ··· 176
　　任务二　机械转向系统的构造 ·· 179
　　任务三　转向传动机构的拆装与调整 ·· 188
项目十　动力转向系统的构造与拆装
　　任务一　液压助力转向系统的构造 ··· 194
　　任务二　电动助力转向系统的构造 ··· 201
　　任务三　电动助力转向系统的检查与诊断 ·· 206
项目十一　制动器的构造与拆装
　　任务一　汽车制动系统概述 ··· 215
　　任务二　制动器的构造 ··· 218
　　任务三　鼓式制动器的拆装与检修 ··· 222
　　任务四　盘式制动器的拆装与检修 ··· 230
项目十二　制动传动装置的构造与拆装
　　任务一　制动传动装置概述 ··· 240
　　任务二　制动液的检查与更换 ·· 246
项目十三　汽车制动防抱死系统
　　任务一　汽车制动防抱死系统概述 ··· 256
　　任务二　ABS 轮速传感器的拆装与检修 ··· 263
参考文献 ·· 270

项目一　汽车底盘概述

知识目标：
- 掌握汽车底盘的总体构造。
- 掌握汽车底盘的布置形式。
- 熟悉汽车底盘各系统的功用、类型及组成。

技能目标：
- 能够掌握汽车底盘各系统部件的名称。
- 能够熟悉汽车底盘主要零部件与总成的安装位置。

职业素养目标：
- 及时反思总结，在训练中积累经验。
- 养成组员之间互相协作的能力。
- 养成安全文明操作的习惯。
- 严格执行 6S 现场管理（SEIRI——整理、SEITON——整顿、SEISO——清扫、SEIKETSU——清洁、SHITSUKE——素养、SECURITY——安全），养成良好的职业习惯。

任务　汽车底盘总体认知

汽车底盘是汽车的重要组成部分，是汽车的基础。汽车底盘由传动系、行驶系、转向系和制动系 4 大系统组成，其功用就是接收发动机的动力，使汽车产生运动，并保证汽车正常行驶。同时，汽车底盘还用于支承和安装汽车其他总成和部件，形成汽车的整体造型。

一、传动系

（一）传动系的功用

汽车发动机所发出的动力靠传动系传递到驱动车轮。传动系具有减速、变速、倒车、中断动力、轮间差速和轴间差速等功能，与发动机配合工作，能保证汽车在各种工况条件下的正常行驶，并具有良好的动力性和经济性。

（二）传动系的类型与组成

传动系按构造和传动介质的不同，可分为：机械式传动系、液力机械式传动系、静液式传动系和电力式传动系等。

1. 机械式传动系

机械式传动系一般由离合器、变速器、万向传动装置、主减速器、差速器和半轴等组成，如图 1-1

所示。机械式传动系具有较高的传动效率和比较简单的构造,所以常用于普通车辆。

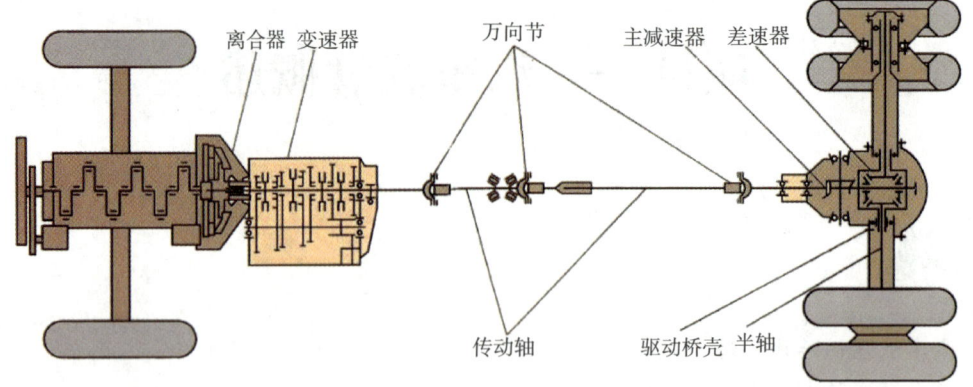

图 1-1　机械式传动系的组成

2. 液力机械式传动系

液力机械式传动系由液力变矩器、自动变速器、万向传动装置和驱动桥等组成,如图1-2所示。现代汽车越来越多地采用液力机械式传动系,它以液力机械变速器取代机械式传动系中的离合器和变速器,从而实现更加平稳的传动,使驾驶操作更为方便,是现代轿车传动系常采用的形式之一。

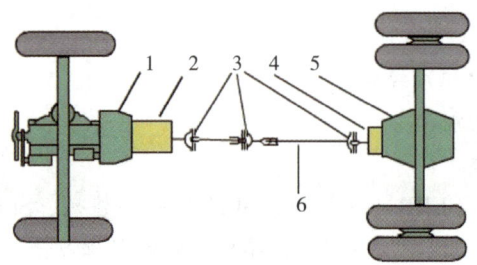

1—液力变矩器；2—自动变速器；3—万向传动装置；4—驱动桥；5—主减速器；6—传动轴

图 1-2　液力机械式传动系的组成

3. 静液式传动系

静液式传动系主要由离合器、油泵、控制阀、液压马达、驱动桥和油管等组成,如图1-3所示。静液式传动系是通过液体传动介质的静压能的变化来传动的。发动机输出的机械能通过油泵转换成液压能,然后再由液压马达将液压能转换成机械能。

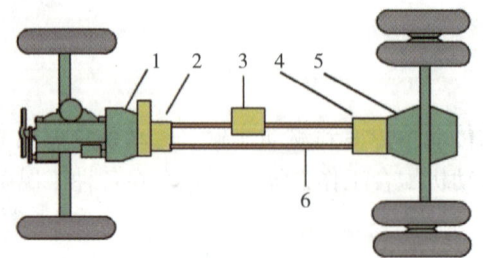

1—离合器；2—油泵；3—控制阀；4—液压马达；5—驱动桥；6—油管

图 1-3　静液式传动系的组成

4. 电力式传动系

电力式传动系主要由离合器、发电机、控制器、电动机、驱动桥和导线等组成,如图1-4所示。电力传动系是由发动机带动发电机发电,再由电动机驱动驱动桥或由电动机直接驱动带有减速器的驱动轮，通过控制装置控制电动机的转速和牵引力矩的大小及方向。

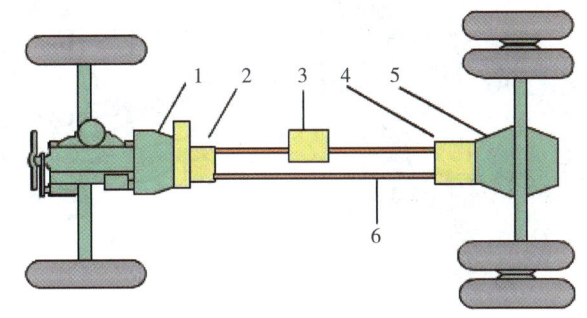

1—离合器；2—发电机；3—控制器；4—电动机；5—驱动桥；6—导线

图1-4 电力式传动系的组成

二、行驶系

（一）行驶系的功用

行驶系将汽车各总成及部件连成一个整体，并对全车起支承作用，传递和承受路面作用于车轮的各种力和力矩，并缓冲冲击、吸收振动，以保证汽车在各种条件下正常行驶。

汽车行驶系具有以下作用。

(1) 承受汽车的总质量。

(2) 将传动系传来的转矩转化为汽车行驶的驱动力。

(3) 传递并承受路面作用于车轮上的各种力和力矩，保证汽车正常行驶。

(4) 缓和不平路面对汽车产生的冲击，减小汽车在行驶中车身的振动，保证汽车平顺行驶。

(5) 与转向系统协调配合，实现汽车行驶方向的正确控制，保证汽车操纵稳定性。

（二）行驶系的类型与组成

1. 行驶系的类型

汽车行驶系统根据其构造形式的不同，可以分为轮式汽车行驶系统（图1-5）、半履带式汽车行驶系统（图1-6）、全履带式汽车行驶系统（图1-7）和车轮-履带式汽车行驶系统（图1-8）。

图1-5 轮式汽车

图1-6 半履带式汽车

图1-7 全履带式汽车

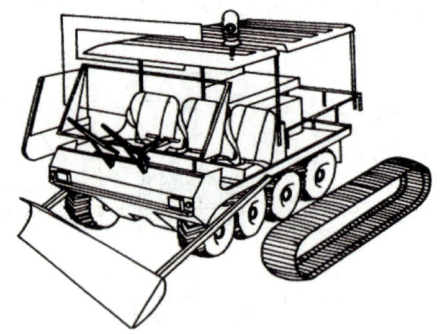
图1-8 车轮-履带式汽车

2. 行驶系的组成

汽车作为一种地面交通工具，其行驶系统的基本组成在很大程度上取决于汽车经常行驶的路面的性质。大多数汽车都行驶在比较坚实的道路上，与地面接触的是车轮，所以本书所述的汽车行驶系统为轮式汽车行驶系统。

轮式汽车行驶系统一般由车架、车桥、悬架和车轮等组成，如图1-9所示。

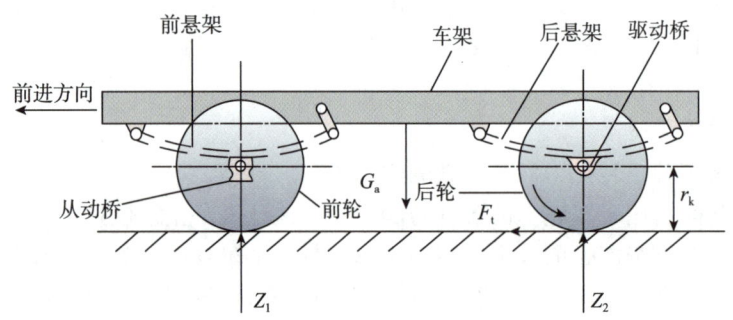

图1-9 轮式汽车行驶系统的组成

三、转向系

（一）转向系的功用

转向系通过对左右转向车轮不同转向角之间的合理匹配来保证汽车能按照驾驶员选择的方向行驶，而且还可以克服由于路面侧向干扰力使车轮自行产生的转向，恢复汽车原来的行驶方向。

（二）转向系的类型与组成

按照转向动力源的不同，转向系统分为机械转向系统和动力转向系统两种类型。现代轿车越来越普遍地采用了动力转向系统。

1. 机械转向系统

机械转向系统是以驾驶员的体力（手力）作为转向动力源，一般由转向操纵机构、转向器、转向传动机构组成，如图1-10所示。

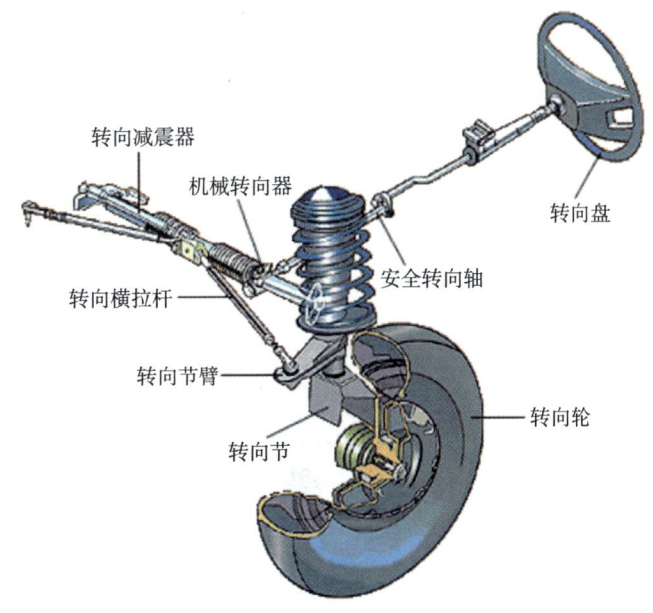

图 1-10 机械转向系统的组成

2. 动力转向系统

动力转向系统是依靠驾驶员的体力和其他动力合作作为转向动力源的转向系统。动力转向系统分为液压动力转向系统（图 1-11）和电动助力转向系统（图 1-12）两类。

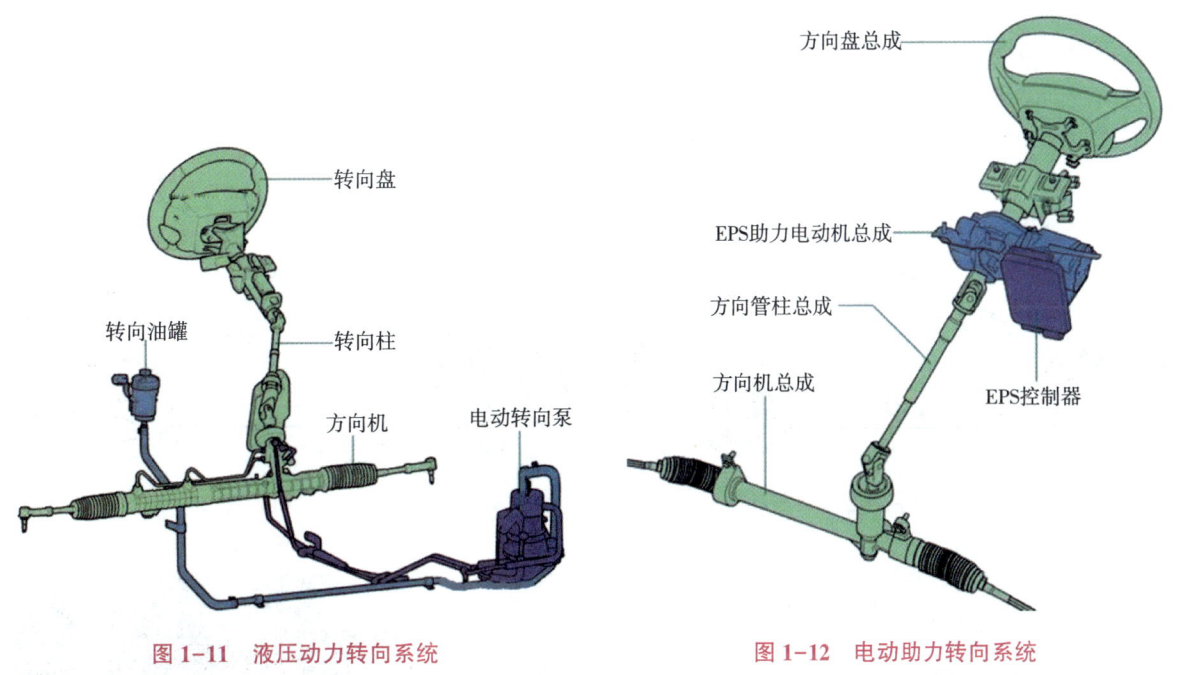

图 1-11 液压动力转向系统　　　　　　图 1-12 电动助力转向系统

四、制动系

（一）制动系的功用

制动系的功用是根据需要使汽车减速或在最短距离内停车，并保证驾驶员离开汽车后能可靠地停驻。

（二）制动系的类型与组成

汽车制动系统按照其功能可分为行车制动系统、驻车制动系统和辅助制动系统。根据交通法律法规的要求，行车制动系统和驻车制动系统是每一辆汽车必须具备的两套独立的制动系统。汽车上设置有彼此独立的制动系统，它们起作用的时刻不同，但它们的组成却是相似的，一般由供能装置、控制装置、传动装置和制动器组成，如图1-13所示。

五、汽车底盘的布置形式

汽车底盘的布置形式主要与发动机的安装位置及汽车的驱动形式有关。

1. 发动机前置后轮驱动（FR）

这是目前各种货车及高端轿车广泛采用的一种布置形式，如图1-14所示。它一般是将发动机、离合器和变速器连成一个整体，然后将这个整体安装在汽车前部，而主减速器、差速器和半轴则安装在汽车后部的后桥壳中，两者之间通过万向传动装置相连。这种布置形式，发动机散热条件好，便于驾驶员直接操纵发动机、离合器和变速器，操纵机构简单，维修方便，且后驱动轮的附着力大，易获得足够的牵引力。

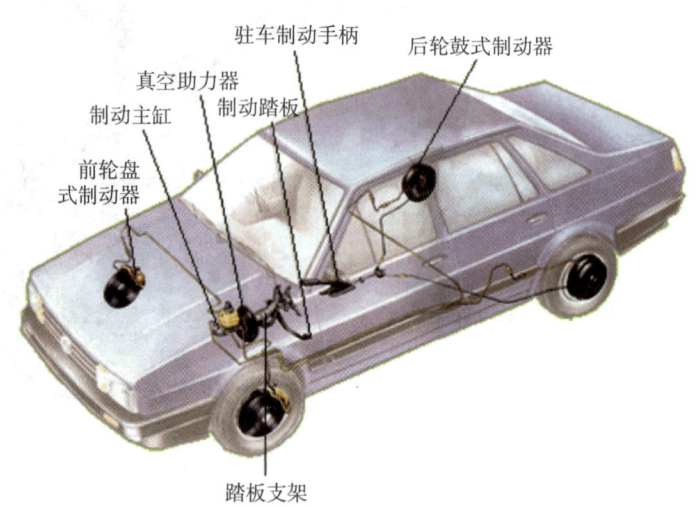

图1-13 制动系的组成

2. 发动机前置前轮驱动（FF）

发动机前置前轮驱动的变速器和差速器制成一体，并同发动机、离合器一起集中安装在汽车前部，如图1-15所示。发动机有纵向布置和横向布置之分。这种布置形式板具有发动机散热条件好、操纵方便等优点，还省去了很长的传动轴，这种结构使整车质心降低，汽车高速行驶稳定性好，但上坡时前轮附着力减小、易打滑，下坡制动时前轮载荷加重，故主要用于质心较低的轿车上。

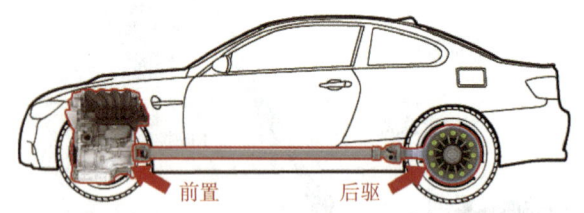

图1-14 发动机前置后轮驱动

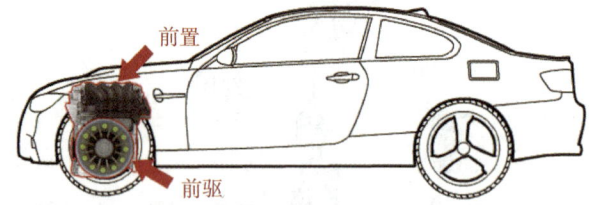

图1-15 发动机前置前轮驱动

3. 发动机后置后轮驱动（RR）

发动机后置后轮驱动的发动机、离合器和变速器制成一体，布置在驱动桥之后，如图1-16所示，这样可大大缩短传动轴的长度，且传动系结构紧凑，质心有所降低，前轴不易过载，后轮附着力大，并能更充分地利用车厢面积。但由于发动机后置，其散热条件差。发动机、离合器、变速器的远距离操纵使操纵机构变得复杂，维修调整不便，所以此种形式的传动系多用在大型客车上。

图1-16 发动机后置后轮驱动

4. 发动机中置后轮驱动（MR）

发动机中置后轮驱动是大多数运动型轿车和方程式赛车所采用的形式，如图 1-17 所示。此外，某些大、中型客车也采用该形式，但采用该形式的货车很少。

5. 四轮驱动（4WD）

为了充分利用所有车轮与地面之间的附着条件，以获得尽可能大的牵引力，汽车采用四轮驱动的布置形式，如图 1-18 所示。与发动机前置、后轮驱动的汽车相比较，其前桥既是转向桥也是驱动桥。为了将发动机传递给变速器的动力分配给前、后两驱动桥，在变速器后增设了分动器，该部分由驾驶员控制。

图 1-17　发动机中置后轮驱动

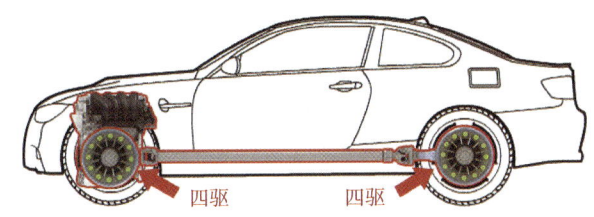

图 1-18　四轮驱动

项目测评

一、填空题

1. 汽车底盘由_____、_____、_____和_____四大系统组成。
2. 传动系具有_____、_____、_____、_____和轴间差速等功能。
3. 传动系按构造和传动介质的不同，可分为_____、_____、_____和电力式等。
4. 机械式传动系一般由_____、_____、_____、主减速器、差速器和半轴等组成。
5. 液力机械式传动系由_____、_____、_____和驱动桥组成。
6. 按照转向动力源的不同，转向系分为_____和_____两种类型。

二、单项选择题

1. 汽车制动系统按照其功能可分为（　　）、驻车制动系统和辅助制动系统。
   A. 总制动系统　　B. 行车制动系统　　C. 液压制动系统　　D. 气压制动系统
2. 机械式传动系具有较高的（　　）和比较简单的构造。
   A. 传动效率　　B. 抗磨损　　C. 压力　　D. 热损失效率
3. 静液式传动系是通过（　　）传动介质的静压力能的变化来传动的。
   A. 液体　　B. 固体　　C. 气体　　D. 空气
4. 电力传动系通过控制装置控制电动机的转速和牵引力矩的大小及（　　）。
   A. 运动　　B. 走向　　C. 位置　　D. 方向

三、判断题（对的画"√"，错的画"×"）

1. 行车制动系统和驻车制动系统是每一辆汽车必须具备的两套独立的制动系统。（　　）
2. 制动系的功用是根据需要使汽车不减速或在一定距离内停车。（　　）
3. 液力机械式传动系由液力变矩器、自动变速器、万向传动装置和驱动桥组成。（　　）
4. 电力传动系通过执行装置控制电动机的转速和牵引力矩的大小及方向。（　　）
5. 行驶系将汽车各总成及部件连成一个整体，但不起支承作用。（　　）
6. 轮式汽车行驶系统一般由车架、车桥、悬架和车轮等组成。（　　）

四、简答题

1. 简述汽车底盘的功用。
2. 简述制动系的功用。
3. 简述汽车底盘的布置形式及其特点。

项目二　离合器的构造与拆装

知识目标：
- 掌握离合器的功用、要求和类型。
- 掌握离合器的基本组成和工作原理。
- 掌握典型离合器的构造。
- 熟悉离合器操纵机构的类型及结构特点。

技能目标：
- 能够在实训整车上正确地对离合器各组成零部件进行认知。
- 能够按照维修手册的技术要求熟练地拆装膜片弹簧离合器。
- 能够选择合适的工量具按照维修资料的要求正确对膜片弹簧离合器进行检修。

职业素养目标：
- 及时反思总结，在训练中积累经验。
- 养成组员之间互相协作的能力。
- 养成安全文明操作的习惯。
- 严格执行 6S 现场管理（SEIRI——整理、SEITON——整顿、SEISO——清扫、SEIKETSU——清洁、SHITSUKE——素养、SECURITY——安全），养成良好的职业习惯。

任务一　离合器概述

离合器是汽车传动系的重要组成部分之一，安装在发动机和变速箱之间，是发动机与汽车传动系之间切断和传递动力的部件。

一、离合器的功用

离合器的具体功用有以下 3 个方面。

（一）使发动机与传动系逐渐接合，保证汽车平稳起步

汽车起步时，驾驶员缓慢抬起离合器踏板，使离合器的主、从动部分逐渐接合，与此同时，逐渐踩下加速踏板，以增加发动机的输出转矩，这样发动机的转矩便可由小到大传给传动系。当牵引力足以克服汽车起步时的行驶阻力时，汽车便由静止开始缓慢逐渐加速，实现平稳起步。

（二）暂时切断发动机的动力传递，保证变速器平顺换挡

汽车在行驶过程中，由于行驶条件的变换，需要不断变换挡位。对于普通齿轮变速器，换挡时不同的齿轮副要退出啮合或进入啮合，这就要求换挡前踩下离合器踏板，中断发动机的动力传动，便于退出原有齿轮副的啮合、进入新齿轮副的啮合。如果没有离合器或离合器分离不彻底使动力不能完全中

断，原有齿轮副之间会因压力大而难以脱开，而待啮合齿轮副之间因圆周速度不同而难以进入啮合，勉强啮合也会产生很大的冲击和噪声，甚至会打断轮齿。

（三）限制所传递的转矩，防止传动系过载

汽车紧急制动时，如果发动机与传动系刚性连接，发动机转速将急剧下降，其所有零件将产生很大的惯性力矩，这一力矩作用于传动系，会造成传动系过载而使其机件损坏。有了离合器，当传动系承受载荷超过离合器所能传递的最大转矩时，离合器会通过主、从动部分之间的打滑来消除这一危险，从而起到过载保护的目的。

二、对离合器的要求

根据离合器的功用，它应满足下列主要要求。
（1）保证可靠地传递发动机的最大转矩又能防止传动系过载。
（2）接合时应平顺柔和，保证汽车平稳起步，减少冲击。
（3）分离时应迅速彻底，保证变速器换挡平顺。
（4）旋转部分的平衡性好，且从动部分的转动惯量小。
（5）具有良好的通风散热能力，防止离合器温度过高。
（6）操纵轻便，以减轻驾驶员的劳动强度。

三、离合器的分类

汽车上应用的离合器主要有以下3种形式。

（一）摩擦离合器

摩擦离合器指利用主、从动部分的摩擦作用来传递转矩的离合器，通常与手动变速器配套使用。

（二）液力离合器

液力离合器是指利用液体作为传动介质的离合器，通常与自动变速器配套使用。

（三）电磁离合器

电磁离合器指利用磁力传动的离合器，如在汽车空调中应用的就是这种离合器。

任务二　离合器的构造和工作原理

一、摩擦离合器的结构组成和工作原理

（一）摩擦离合器的基本组成

摩擦离合器由主动部分、从动部分、压紧机构和操纵机构4部分组成，如图2-2-1所示。

1. 主动部分

主动部分包括飞轮、离合器盖和压盘。离合器盖用螺栓固定在飞轮上，压盘后端圆周上的凸台伸入离合器盖的窗口中，并可沿窗口轴向移动。这样，当发动机转动，动力便经飞轮、离合器盖传到压盘，并一起转动。

2. 从动部分

从动部分包括从动盘和从动轴。从动盘带有双面的摩擦衬片离合器正常接合时分别与飞轮和压盘相

接触；从动盘通过花键毂装在从动轴的花键上，从动轴是手动变速器的输入轴（一轴），其前端通过轴承支承在曲轴后端的中心孔中，后端支承在变速器壳体上。

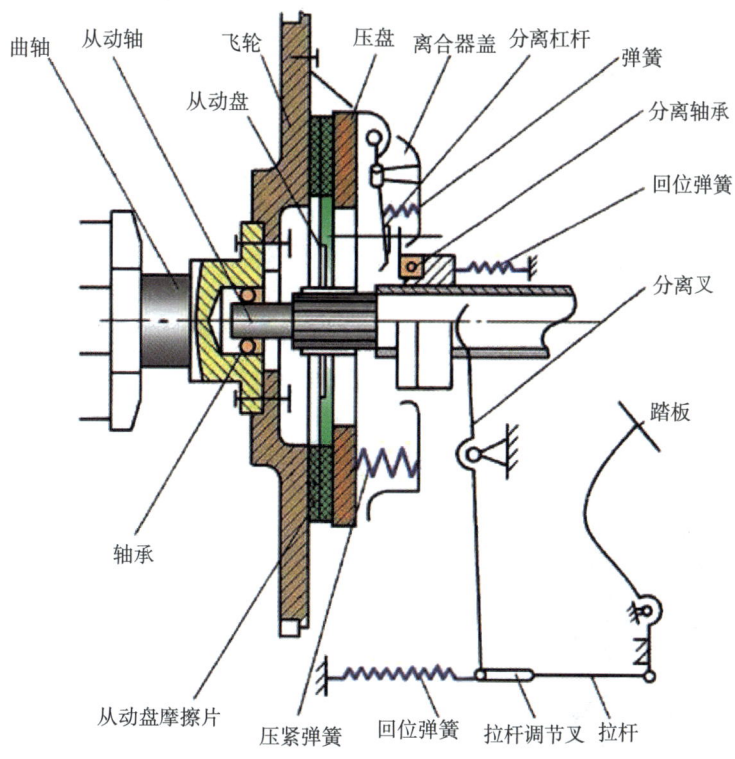

图 2-2-1　摩擦离合器的基本组成示意图

3. 压紧机构

压紧机构由若干沿周向均匀布置的弹簧组成，它们装在压盘与离合器盖之间，用来将压盘和从动盘压向飞轮，使飞轮、从动盘和压盘三者压紧在一起。

4. 操纵机构

离合器的操纵机构是驾驶员借以使离合器分离、又使之柔和接合的一套机构，它起始于离合器踏板，终止于分离杠杆。操纵机构由离合器踏板、分离拉杆、调节叉、分离叉、分离套筒、分离轴承、分离杠杆、回位弹簧等组成。

（二）摩擦离合器的工作原理

1. 接合状态

离合器在接合状态下，操纵机构各部件在回位弹簧的作用下回到各自位置，分离杠杆内端与分离轴承之间保持有一定的间隙，压紧弹簧将飞轮、从动盘和压盘三者压紧在一起，发动机的转矩经过飞轮及压盘通过从动盘两摩擦面的摩擦作用传给从动盘，再由从动轴输入变速器。

2. 分离过程

分离离合器时，驾驶员踩下离合器踏板，分离套筒和分离轴承在分离叉的推动下，先消除分离轴承与分离杠杆内端之间的间隙，然后推动分离杠杆内端前移，使分离杠杆外端带动压盘克服压紧弹簧作用力后移，摩擦作用消失，离合器的主、从动部分分离，中断动力传递。

3. 接合过程

接合离合器时，驾驶员缓慢抬起离合器踏板，在压紧弹簧的作用下，压盘向前移动并逐渐压紧从动盘，使接触面间的压力逐渐增加，摩擦力矩也逐渐增加；当飞轮、压盘和从动盘之间接合还不紧密时，所能传递的摩擦力矩较小，离合器的主、从动部分有转速差，离合器处于打滑状态；随着离合器踏板的逐渐抬起，飞轮、压盘和从动盘之间的压紧程度逐渐紧密，主、从动部分的转速也渐趋相等，直到离合器完全接合而停止打滑，接合过程结束。

（三）离合器自由间隙和离合器踏板自由行程

离合器在正常接合状态下，分离杠杆内端与分离轴承之间应留有一个间隙，一般为几毫米，这个间隙称为离合器自由间隙，如图 2-2-2 所示。如果没有自由间隙，从动盘摩擦片磨损变薄后压盘将不能向前移动压紧从动盘，这将导致离合器打滑，使离合器所能传递的转矩下降，车辆行驶无力，而且会加速从动盘的磨损。

为了消除离合器的自由间隙和操纵机构零件的弹性变形所需要的离合器踏板行程称为离合器踏板自由行程，如图 2-2-3 所示。可以通过拧动调节叉来改变分离拉杆的长度，实现对踏板自由行程的调整。

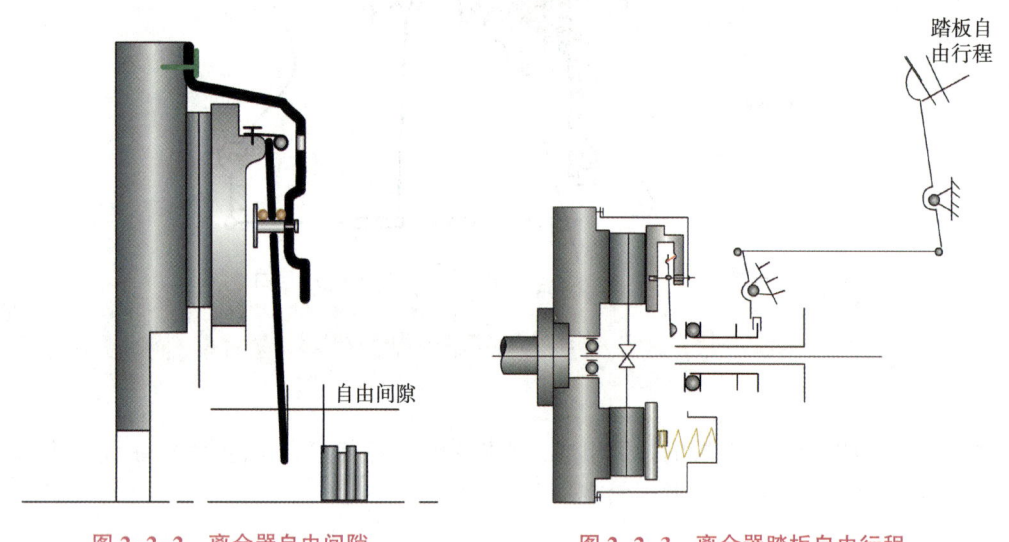

图 2-2-2　离合器自由间隙　　　　图 2-2-3　离合器踏板自由行程

二、摩擦离合器的构造和原理

（一）摩擦离合器的构造和类型

1. 按从动盘的数目进行分类

摩擦离合器按从动盘的数目可以分为单片离合器和双片离合器。轿车、客车和部分中、小型货车多采用单片离合器，如图 2-2-4 所示，因为发动机的最大转矩一般不是很大，单片从动盘就可以满足动力传动的要求；双片离合器由于增加了一片从动盘，使得在其他条件不变的情况下，比单片离合器所能传动的转矩增大一倍（一个从动盘是两个摩擦面传递动力，而两个从动盘则是 4 个摩擦面传递动力），多用于重型车辆上，如图 2-2-5 所示。

图 2-2-4 单片离合器

图 2-2-5 双片离合器

2. 按压紧弹簧的形式进行分类

摩擦离合器按压紧弹簧的形式可以分为周布弹簧离合器、中央弹簧离合器和膜片弹簧离合器。周布弹簧离合器和中央弹簧离合器采用螺旋弹簧，分别沿压盘的圆周和中央布置；膜片弹簧离合器采用膜片弹簧，目前应用最广泛。

（二）膜片弹簧离合器

膜片弹簧离合器目前在各种类型的汽车上大范围使用，其构造如图 2-2-6 所示。膜片弹簧离合器是用膜片弹簧代替了一般螺旋弹簧及分离杆机构而做成的离合器，因为它布置在中央，所以也可算中央弹簧离合器。

1. 膜片弹簧离合器的构造

膜片弹簧离合器由主动部分、从动部分、压紧机构和操纵机构组成，操纵机构将在本项目任务三中进行介绍。

（1）主动部分

主动部分由飞轮、离合器盖和压盘组成。离合器盖通过螺栓固定在飞轮上，为了保证正确的安装位置，离合器盖通过定位销进行定位。

（2）从动部分

从动部分由摩擦片、从动盘本体、波形弹簧片、铆钉和从动盘毂组成，如图 2-2-7 所示。

（3）压紧机构

压紧机构主要是膜片弹簧，以离合器盖为依托，将压盘压向飞轮，从而将从动盘压紧。

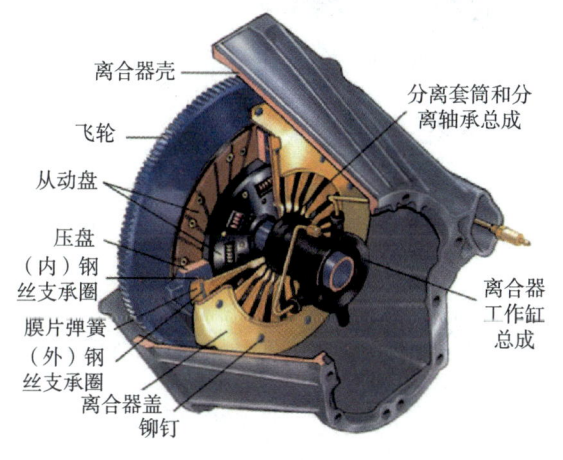
图 2-2-6 膜片弹簧离合器的构造

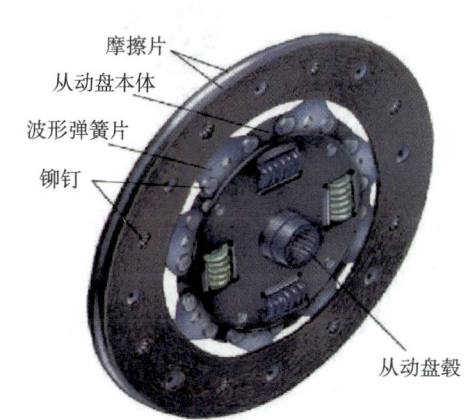
图 2-2-7 离合器从动盘总成

2. 膜片弹簧离合器的工作原理

膜片弹簧离合器的工作原理如图 2-2-8 所示。

当离合器盖未安装到飞轮上时，膜片弹簧不受力而处于自由状态，此时离合器盖与飞轮之间有一段间隙 L，如图 2-2-8（a）所示。

当离合器盖通过螺栓固定在飞轮上时，膜片弹簧在支承圈处受压产生弹性变形，此时膜片弹簧的外圆周对压盘产生压紧力使离合器处于接合状态，如图 2-2-8（b）所示。

当踩下离合器踏板时，分离轴承推动膜片弹簧，使膜片弹簧以支承圈为支点外圆周向后翘起，通过分离弹簧钩拉动压盘后移，使离合器分离，如图 2-2-8（c）所示。

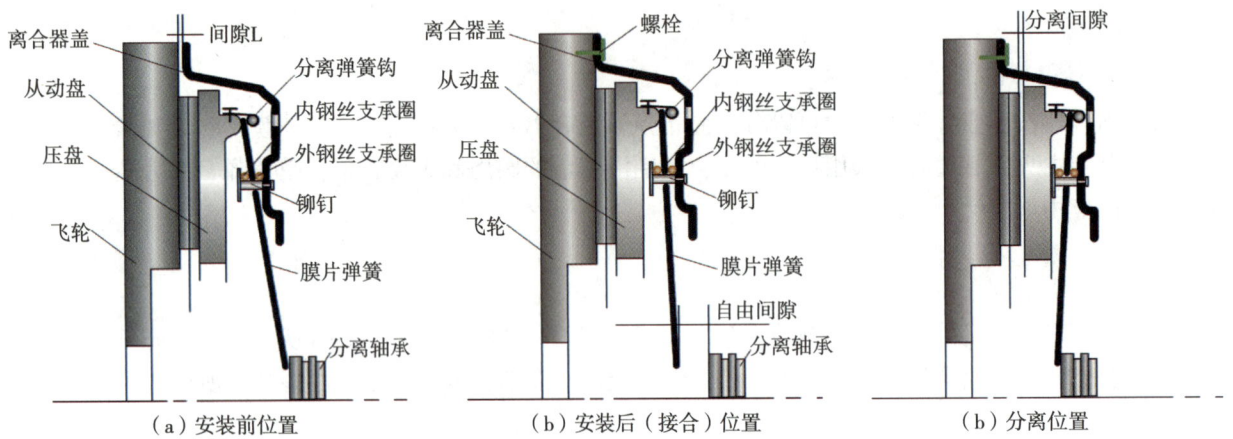

图 2-2-8 膜片弹簧离合器的工作原理

（三）周布弹簧离合器

下面仅以单片周布弹簧离合器为例做简单介绍，单片周布弹簧离合器的构造如图 2-2-9 所示。

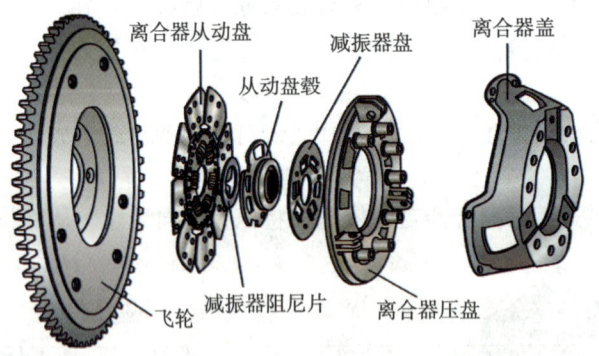

图 2-2-9 周布弹簧离合器

1. 主动部分和从动部分

单片周布弹簧离合器的主动部分、从动部分的构造与膜片弹簧离合器基本相同。

2. 压紧机构

单片周布弹簧离合器的压紧机构由若干根螺旋弹簧组成，螺旋弹簧沿压盘周向对称布置，装在压盘和离合器盖之间。

任务三　离合器操纵机构

离合器的操纵机构是驾驶员借以使离合器分离、又使之柔和接合的一套机构，它起始于离合器踏板，终止于分离杠杆。

按照分离离合器时所需操纵能源的不同，离合器操纵机构分为人力式和助力式。人力式又可以分为机械式和液压式；助力式又可以分为气压助力式和弹簧助力式。人力式离合器操纵机构是以驾驶员作用在踏板上的力作为唯一的操纵动力源。助力式离合器操纵机构除了驾驶员的力以外，一般以其他形式的动力源作为操纵能源。

本部分主要介绍在轿车中应用较多的机械式操纵机构、液压式操纵机构和弹簧助力式操纵机构。其中液压操纵机构应用最多。

一、机械式操纵机构

机械式操纵机构有杆系传动和绳索传动两种形式。

1. 杆系传动机构

杆系传动机构如图 2-3-1 所示。其构造简单，工作可靠，广泛应用于各型汽车上，但杆系传动中杆件间铰接多，摩擦损失大，车架或车身变形和发动机位移时会影响其正常工作。

2. 绳索传动机构

绳索传动机构如图 2-3-2 所示，可消除杆系传动机构的一些缺点，并能采用便于驾驶员操纵的吊挂式踏板。但绳索寿命较短，拉伸刚度较小，故只适用于轻型、微型汽车和轿车。

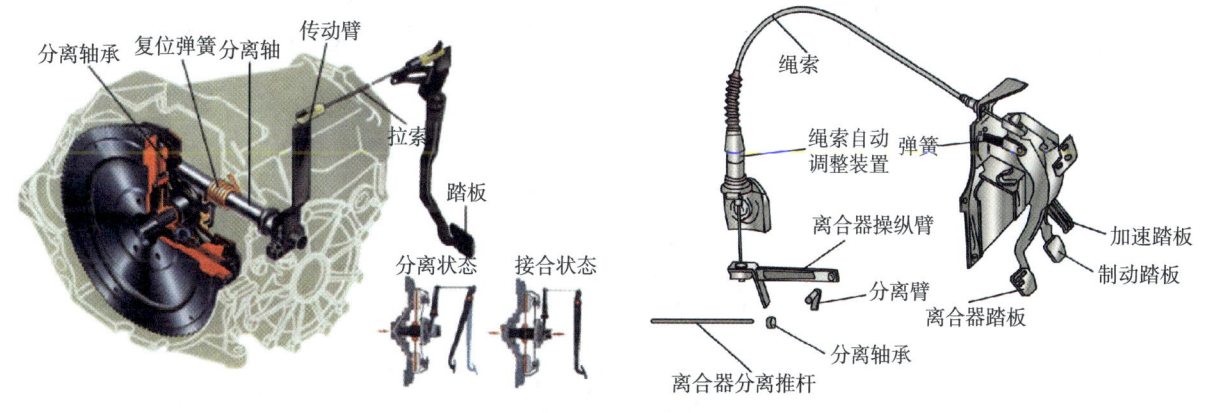

图 2-3-1　杆系传动机构　　　　　　图 2-3-2　绳索传动机构

二、液压式操纵机构

液压式操纵机构如图 2-3-3 所示，主要由主缸、工作缸和管路系统等组成，目前液压式操纵机构在各类型汽车上应用广泛。

当抬起离合器踏板时，复位弹簧使主缸和工作缸的活塞复位，整个系统中无压力，离合器处于结合状态。当踩下离合器踏板时，主缸活塞右移，系统压力上升，液压油推动工作缸活塞右移，工作缸活塞推杆推动分离叉，分离叉推动分离轴承，分离轴承推动离合器分离杠杆，使离合器处于分离状态。

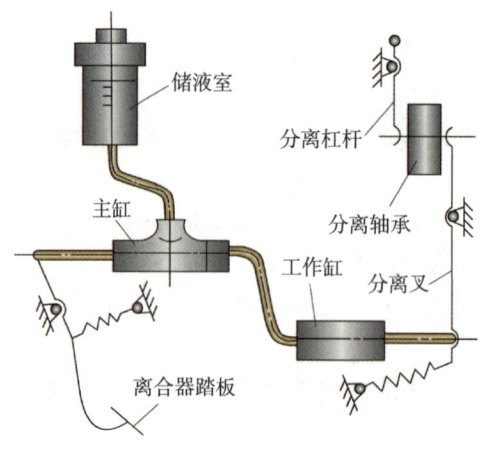

图 2-3-3 液压式操纵机构示意图

三、弹簧助力式操纵机构

为了尽可能减小作用于离合器踏板上的力，减轻驾驶员的劳动强度，可在离合器操纵机构中采用弹簧助力式操纵机构。

如图 2-3-4 所示为弹簧助力式操纵机构的示意图。当离合器踏板完全放松时，即离合器接合，此时助力弹簧轴线位于踏板转轴下方。踩下离合器踏板，踏板绕自身转轴顺时针转动，压缩助力弹簧，此时助力弹簧到阻碍的作用，即助力弹簧的伸张力产生一个阻碍踏板转动的逆时针力矩，但这个力矩是比较小的。当踏板转动到助力弹簧的轴线与踏板转轴处于一条直线上时，该阻碍力矩为零。随着踏板的进一步踩下，助力弹簧轴线位于踏板转轴上方，此时助力弹簧的伸张力产生一个有助于踏板转动的顺时针力矩。在踏板后段行程是最需要助力作用的，因而这种弹簧助力式操纵机构可以有效地减轻驾驶员疲劳。

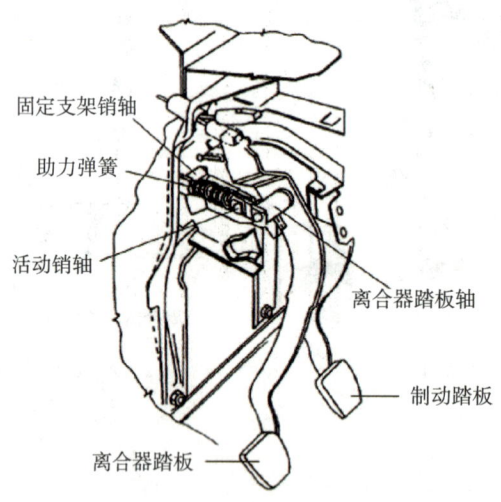

图 2-3-4 弹簧助力式操纵机构

任务四 离合器的拆装与检修

离合器从动盘总成（摩擦片）是通过摩擦力来传递动力的，工作中会发生正常的损耗，具有一定的

使用寿命。对达到使用寿命的离合器摩擦片，需要进行更换，这就需要将离合器总成从车上拆下。另外，离合器出现异响、抖动、分离不彻底、打滑等故障，也需要将离合器总成从车上拆下，对离合器的零件进行检修。能够正确对离合器的组成部件进行认知。

一、前期准备

安全防护：实训着装、完成设备防护。
工具设备：工具车、工作台、常用维修工具、常用测量工具等。
实训设备：装备膜片弹簧离合器的实训整车。
辅助资料：维修手册、教材。

二、操作项目及工作要点

1. 认知离合器的组成部件

（1）能正确认知离合器盖，如图2-4-1所示。
（2）能正确认知膜片弹簧，如图2-4-2所示。

图 2-4-1　离合器盖　　　　图 2-4-2　膜片弹簧

（3）能正确认知离合器压盘，如图2-4-3所示。
（4）能正确认知离合器摩擦片，如图2-4-4所示。

图 2-4-3　离合器压盘　　　　图 2-4-4　离合器摩擦片

（5）能正确认知离合器分离轴承，如图2-4-5所示。
（6）能正确认知离合器总成的装配关系，如图2-4-6所示。
（7）能正确认知飞轮，如图2-4-7所示。

图 2-4-5　离合器分离轴承　　　　图 2-4-6　离合器总成　　　　图 2-4-7　飞轮

2. 离合器的拆装

（1）举升车辆到合适位置。

（2）按照拆卸变速器的步骤，拆下变速器，如图 2-4-8 所示。

（3）在飞轮与离合器压盘上做好位置标记，如图 2-4-9 所示。

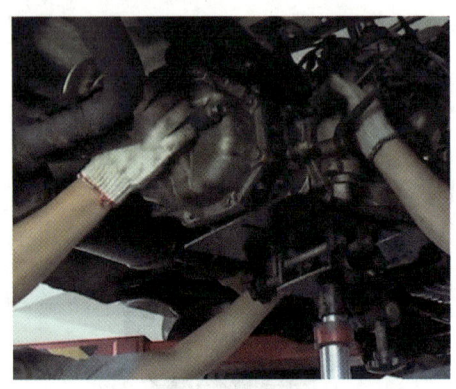 

图 2-4-8　拆下变速器　　　　图 2-4-9　在飞轮与离合器压盘上做好位置标记

（4）取下压盘及从动盘总成，如图 2-4-10 所示。

图 2-4-10　取下压盘及从动盘总成

（5）按照拆卸的相反顺序安装离合器。

（6）清洁、整理场地，如图 2-4-11 所示。

图 2-4-11　清洁、整理场地

3. 离合器从动盘（离合器片）的检测与修理

（1）目视检查

查看离合器从动盘（离合器片）是否有裂纹、铆钉外露、减振器弹簧断裂等情况，如果有则更换从动盘。

（2）检查从动盘的端面圆跳动

在距从动盘外边缘 2.5mm 处测量，离合器从动盘最大端面圆跳动为 0.4mm，测量方法如图 2-4-12 所示。

（3）检查从动盘摩擦片的磨损程度

摩擦片的磨损程度可用游标卡尺进行测量，如图 2-4-13 所示。铆钉头埋入深度应不小于 0.2mm，如果检查结果不符合要求，则应更换从动盘。

图 2-4-12　从动盘端面圆跳动的检查

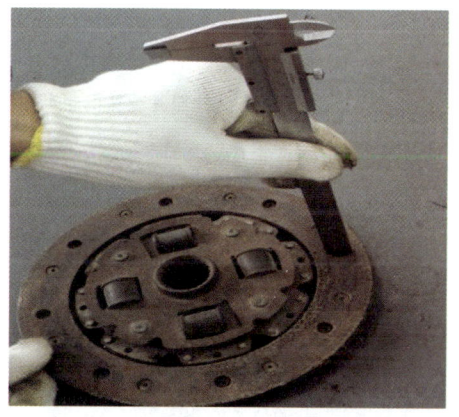
图 2-4-13　摩擦片磨损的检查

4. 压盘的检测与修理

（1）压盘平面度的检查

离合器压盘平面度不应超过 0.2mm，检查方法是用钢直尺压在压盘上，然后用塞尺测量，如图 2-4-14。

（2）压盘表面光洁度检验

压盘表面不能有明显的沟槽，准确地说沟槽深度应小于 0.3mm。

（3）压盘的修理

压盘的翘曲或沟槽可用平面磨床磨平或车床车平，加工后的厚度应不小于标准厚度（2mm）。

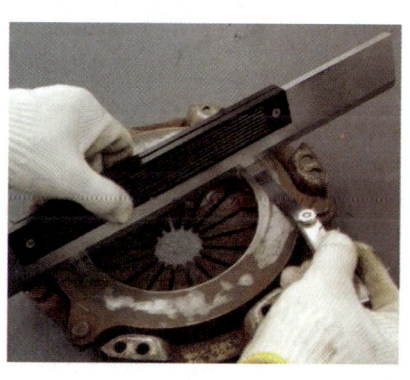
图 2-4-14　压盘平面度的检查

5. 膜片弹簧式离合器的膜片弹簧的检查

（1）膜片弹簧磨损的检查

使用游标卡尺，测量膜片弹簧与分离轴承接触部位磨损的深度和宽度。深度应小于0.6mm，宽度应小于5.0mm，否则应予以更换。

（2）膜片弹簧变形的检查

用维修工具盖住弹簧片小端，用塞尺测量每个弹簧片小端与维修工具平面的间隙，弹簧片小端应在同一平面上，弯曲变形不得超过0.5mm。否则，应用维修工具将弯曲变形过大的弹簧片小端撬起来进行调整。

（3）离合器分离轴承的检修

分离轴承在离合器分离时参与工作。由于它的工作条件差，分离轴承容易产生烧蚀和磨损。检验时我们用一只手拿住分离轴承，用另一只手转动外圈，聆听是否有沙沙声，如有则需更换。当转动感到阻力很大时也要更换。检修方法如图2-4-15所示。

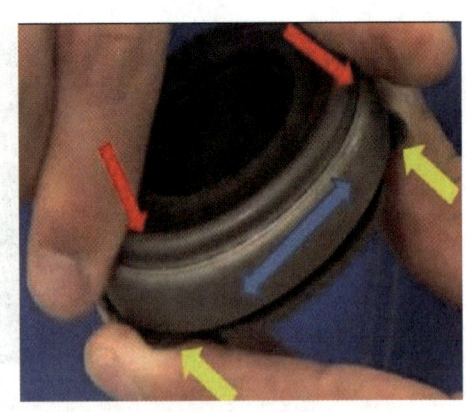

图2-4-15 离合器分离轴承的检修

三、任务考核

认知离合器部件、离合器拆装与检修评分标准。

序号	作业项目	考核内容	配分	评分标准	扣分	得分
1	前期准备	清理工位及工位布置，设备的外观检查	9	未清理工位扣4分，未对设备进行外观和安全检查扣5分		
2	离合器部件认知	能否正确认知离合器盖形状及结构 能否正确认知膜片弹簧的形状及结构 能否正确认知离合器压盘的形状及结构 能否正确认知离合器摩擦片的形状及结构 能否正确认知离合器分离轴承的形状及结构 能否正确认知离合器总成的形状、装配关系及结构 能否正确认知飞轮的形状及结构	21	不能快速并正确认知相应部件每次扣3分		
3	离合器部件拆卸	能否正确按照维修手册的要求进行拆卸并按照规定摆放	10	未按照维修手册进行拆卸工作，每次扣2分		
4	离合器部件清洁	能否正确按照维修手册的要求进行零件的清洁	10	每一个元件未按照维修手册要求进行清洁扣2分		
5	离合器部件检测	能否正确利用维修资料完成零部件的检测，并分析得出结论和维修建议	30	不能正确利用维修资料完成零部件的检测每项扣5分，测量条件不正确每一次扣5分，结论或维修建议错误每次扣5分		

续表

序号	作业项目	考核内容	配分	评分标准	扣分	得分
6	离合器部件安装	能否正确按照维修手册的要求进行安装并按照规定进行紧固	5	未按照维修手册进行安装工作，包括紧固角度、转矩值错误等，每次扣1分		
7	维修资料使用	能否正确使用维修资料	5	不会使用维修资料扣5分，使用不熟练扣2分		
8	6S 现场管理	遵守实训室安全操作规范，无人身伤害和设备损坏	10	每单项扣5分，扣完为止。因违规操作发生人身伤害和设备损坏，此项不得分		
		合计	100			

项目测评

一、填空题

1. 摩擦离合器所能传递的最大转矩取决于摩擦面间的_____。
2. 摩擦离合器基本上是由_____、_____、_____和_____4部分构成。
3. 摩擦离合器所能传递的最大转矩的数值取决_____、_____、_____和_____ 4个因素。
4. 离合器的主动部分包括_____、_____和_____。
5. 离合器的从动部分包括_____和_____。
6. 摩擦离合器的工作过程包括_____、_____和_____。

二、单项选择题

1. 离合器的主动部分包括（　　）。
   A. 飞轮　　　　　　B. 摩擦片　　　　　　C. 离合器盖　　　　　　D. 压盘
2. 离合器分离轴承与分离杠杆之间的间隙是为了（　　）。
   A. 实现自由行程　　B. 减轻从动盘磨损　　C. 压紧弹簧　　　　　　D. 防止热膨胀
3. 机械式操纵机构有杆系传动和（　　）两种形式。
   A. 齿轮传动　　　　B. 皮带传动　　　　　C. 绳索传动　　　　　　D. 链条传动
4. 离合器的（　　）是驾驶员借以使离合器分离、又使之柔和接合的一套机构。
   A. 操纵机构　　　　B. 传动机构　　　　　C. 锁止机构　　　　　　D. 执行机构

三、判断题（对的画"√"，错的画"×"）

1. 离合器从动部分的转动惯量应尽可能大。　　　　　　　　　　　　　　　　（　　）
2. 离合器的主、从动部分常处于分离状态。　　　　　　　　　　　　　　　　（　　）
3. 膜片弹簧离合器由主动部分、从动部分、压紧机构和操纵机构组成。　　　　（　　）
4. 液压式操纵机构主要由主缸、工作缸和管路系统等组成。　　　　　　　　　（　　）
5. 离合器踏板的自由行程过大会造成离合器的传力性能下降。　　　　　　　　（　　）
6. 在轿车中应用较多的是弹簧助力式操纵机构。　　　　　　　　　　　　　　（　　）

四、简答题

1. 简述离合器的具体功用。
2. 简述离合器的工作原理。
3. 简述离合器的构造、特点和作用。
4. 简述离合器的拆装与检修过程。

项目三　手动变速器的构造与拆装

知识目标：
- 熟悉手动变速器的功用、类型及齿轮机构的变速、变向原理。
- 熟悉两轴、三轴式变速器的构造组成、传动路线及特点。
- 掌握同步器的功用和工作原理。
- 掌握手动变速器操纵机构的功用、结构特点。

技能目标：
- 能够在实训整车上正确地对手动变速器各组成零部件进行认知。
- 能够按照维修手册的技术要求熟练地拆装手动变速器。
- 能够选择合适的工量具按照维修资料的要求正确对手动变速器进行检修。

职业素养目标：
- 及时反思总结，在训练中积累经验。
- 养成组员之间互相协作的能力。
- 养成安全文明操作的习惯。
- 严格执行6S现场管理（SEIRI——整理、SEITON——整顿、SEISO——清扫、SEIKETSU——清洁、SHITSUKE——素养、SECURITY——安全），养成良好的职业习惯。

任务一　变速器概述

一、变速器的功用

变速器主要有以下三种功用。

（一）实现变速、变矩

汽车上所应用的发动机具有转矩变化范围小、转速高的特点，这与汽车实际的行驶状况是不相适应的。如果没有变速器而直接将发动机与驱动桥连接在一起，就可能出现很多问题。首先由于发动机的转矩小，不能克服汽车的行驶阻力，使汽车根本无法起步；其次假使汽车行驶起来，也会由于车速太高而不实用，甚至无法驾控。所以必须改造发动机的转矩、转速特性，使发动机的转矩增大、转速下降以适应汽车实际行驶的要求。变速器就是通过不同的挡位来实现这一功用的。

（二）实现倒车

发动机的旋转方向从前往后看为顺时针方向，且不能改变。为了实现汽车的倒向行驶，变速器中设置了倒挡。

（三）实现中断动力传动

在发动机起动和怠速运转、变速器换挡、汽车滑行和暂时停车等情况下，都需要中断发动机的动力传动，因此变速器中设有空挡。

二、变速器的类型

现代汽车上所采用的变速器有多种构造形式，一般可以按照传动比和操纵方式进行分类。

（一）按传动比的变化方式进行分类

变速器按传动比的级数可分为有级式变速器、无级式变速器和综合式变速器3种。

1. 有级式变速器

有级式变速器采用齿轮传动，具有若干个定值传动比。轿车和轻、中型货车变速器多采用3～5个前进挡和一个倒挡，每个挡位对应一个传动比。重型汽车行驶的路况复杂，变速器的挡位较多，可有8～20个挡位。

2. 无级式变速器

无级式变速器英文缩写为CVT，它的传动比的变化是连续的。目前的无级变速器一般都采用金属带传动动力，通过主、从动带轮直径的变化实现无级变速，这种变速器在中、高级轿车上的应用日益普通。

3. 综合式变速器

综合式变速器是由液力变矩器和有级齿轮式变速器组成的，一般都是由电脑来自动实现换挡，所以多把这种变速器称为自动变速器，这种变速器的传动比可在最大值与最小值之间的几个间断的范围内作无级变化，目前应用较多。

（二）按变速器操纵方式进行分类

按变速器操纵方式可分为手动变速器、自动变速器和手动自动一体变速器3种。

1. 手动变速器

手动变速器的英文缩写为MT，即Manual Transmission的缩写。它通过驾驶员用手操纵变速杆来选定挡位，并直接操纵变速器的换挡机构进行挡位变换。齿轮式有级变速器大多数都采用这种换挡方式。

2. 自动变速器

自动变速器的英文缩写为AT，即Automatic Transmission的缩写。这种变速器的自动控制系统根据发动机的负荷和车速的变化情况自动地选定挡位，并进行挡位变换，即自动地改变传动比。驾驶员只需要操纵加速踏板控制车速。

3. 手动自动一体变速器

这种变速器可以自动换挡，也可以手动换挡。

本项目主要介绍手动、有级、齿轮变速器，一般简称为手动变速器。

三、普通变速器的工作原理

普通齿轮变速器也叫定轴式变速器，它由变速器箱体、轴线固定的几根轴和若干对齿轮组成，可实现变速、变矩和改变旋转方向。

（一）变速原理

一对齿数相同的齿轮啮合传动时，主动齿轮带动从动齿轮，从动齿轮输出转速没有变化，如图 3-1-1（a）所示；一对齿数不同的齿轮啮合传动时，若小齿轮为主动齿轮，带动大齿轮转动时，输出转速降低，如图 3-1-1（b）所示；若大齿轮驱动小齿轮时，输出转速升高，如图 3-1-1（c）所示，这就是齿轮传动的变速原理。汽车变速器就是根据这一原理利用若干大小不同的齿轮副传动而实现变速的。设主动齿轮转速为 n_1，齿数为 Z_1；从动齿轮转速为 n_2，齿数为 Z_2。主动齿轮（输入轴）转速与从动轮（输出轴）转速之比值称为传动比。传动比用字母用 i_1、i_2 表示，即 $i_{1,2}=n_1/n_2=Z_2/Z_1$，因而 $n_2=n_1(Z_1/Z_2)$。

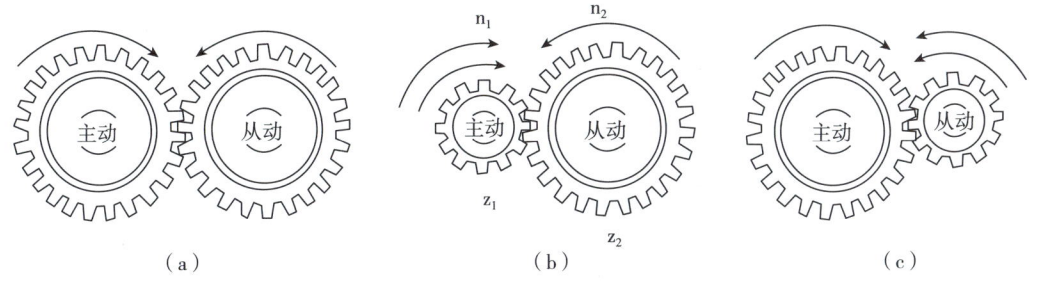

图 3-1-1　齿轮传动

（二）换挡原理

一对齿轮传动只能得到一个固定的传动比，从而得到一种输出转速，并构成一个挡位。为了扩大变速器输出转速的变化范围，普通齿轮式变速器通常采用多组大小不同的齿轮啮合传动，这样就构成了多个不同的挡位。

如图 3-1-2 所示，将图中的齿轮 3 与 4 脱开，再将齿轮 6 与 5 啮合，传动比即发生变化，输出轴Ⅱ的转速转矩也发生变化，即挡位改变。当齿轮 4、6 都不与中间轴上的齿轮 3、5 啮合时，动力不能传到输出轴中断动力传递，这就是变速器的空挡。

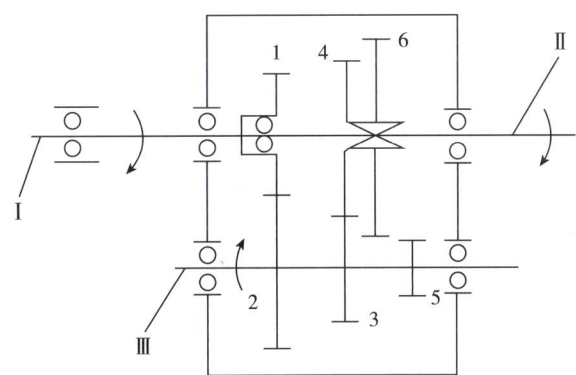

图 3-1-2　两级齿轮传动简图

（三）变向原理

如图 3-1-3 所示，前进挡时，动力由第一轴直接传给第二轴，只经过一对齿轮传动，两轴转动方向相反。倒挡时，动力由第一轴传给倒挡轴、再由倒挡轴传给第二轴，经过两对齿轮传动，第一轴与第二轴转动方向相同。

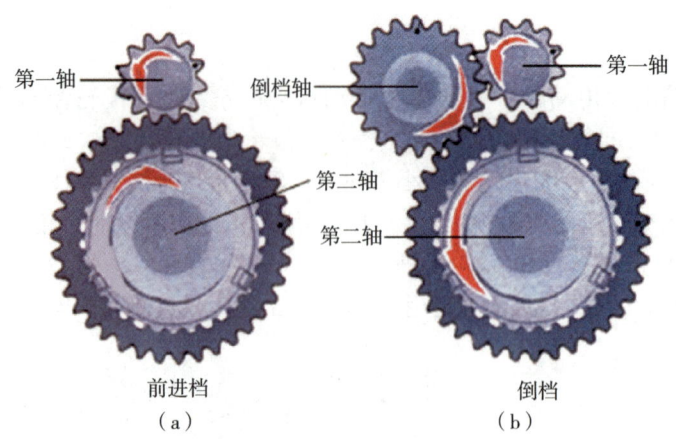

图 3-1-3 齿轮传动的变向原理

前进档　　　　　　倒档
（a）　　　　　　（b）

任务二　手动变速器的变速传动机构

手动变速器包括变速传动机构和操纵机构两大部分。

一、手动变速器的变速传动机构

普通齿轮变速器主要分为两轴式变速器和三轴式变速器，它们的组成均包括变速传动机构和操纵机构两部分。变速传动机构的主要作用是改变转矩的大小和方向；操纵机构的作用是实现换挡。

（一）二轴式变速器

二轴式变速器用于发动机前置前轮驱动的汽车，一般与驱动桥（前桥）合称为手动变速驱动桥。目前，随着对舒适性、经济性更高的要求，市场上装备手动变速器的轿车正在逐步减少。

1. 布置形式

前置发动机有横向布置和纵向布置两种形式，与其配用的二轴式变速器也有两种不同的构造形式。发动机横置时，主减速器采用一对圆柱齿轮，如图 3-2-1 所示；发动机纵置时，主减速器为一对圆锥齿轮，如图 3-2-2 所示。

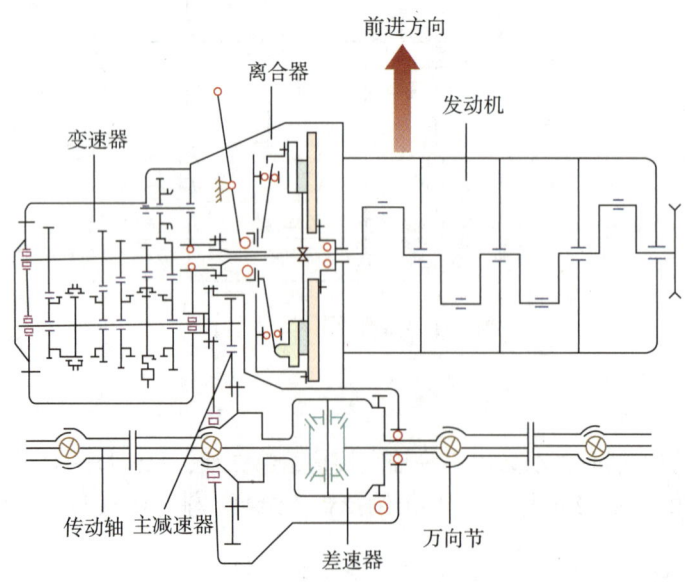

图 3-2-1　发动机横置的二轴式变速器传动示意图

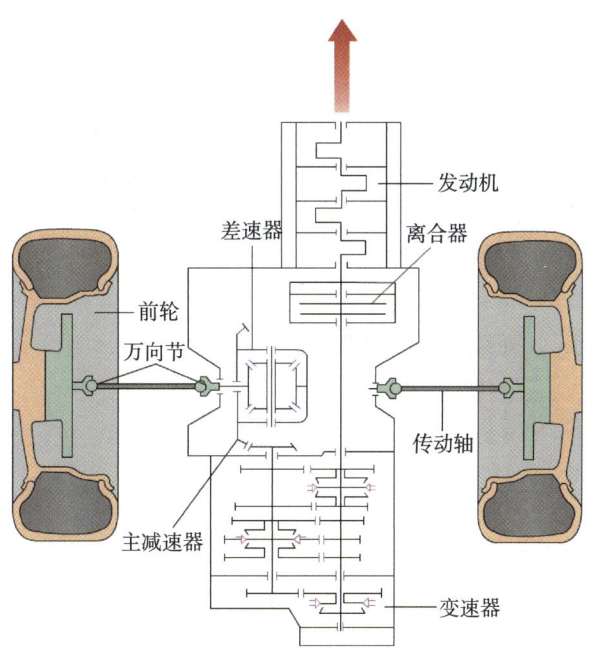

图 3-2-2 发动机纵置的二轴式变速器传动示意图

2. 构造

该变速器的变速传动机构有输入轴和输出轴,二轴平行布置,输入轴也是离合器的从动轴,输出轴也是主减速器的主动锥齿轮轴。该变速器具有 5 个前进挡和 1 个倒挡,全部采用锁环式惯性同步器换挡。输入轴上有 1～5 挡主动齿轮,其中一、二挡主动齿轮与轴制成一体,三、四、五挡主动齿轮通过滚针轴承空套在轴上。输入轴上还有倒挡主动齿轮,它与轴制成一体。三、四挡同步器和五挡同步器也装在输入轴上。输出轴上有 1～5 挡从动齿轮,其中一、二挡从动齿轮通过滚针轴承空套在轴上,三、四、五挡齿轮通过花键套装在轴上。一、二挡同步器也装在输出轴上。在变速器壳体的右端还装有倒挡轴,上面通过滚针轴承套装有倒挡中间齿轮。

如图 3-2-3 和图 3-2-4 所示分别为二轴式变速器传动机构的构造图和示意图。

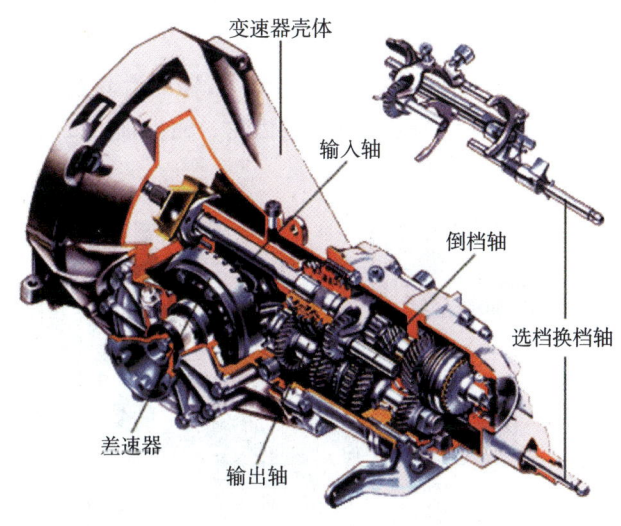

图 3-2-3 二轴式变速器传动机构构造图

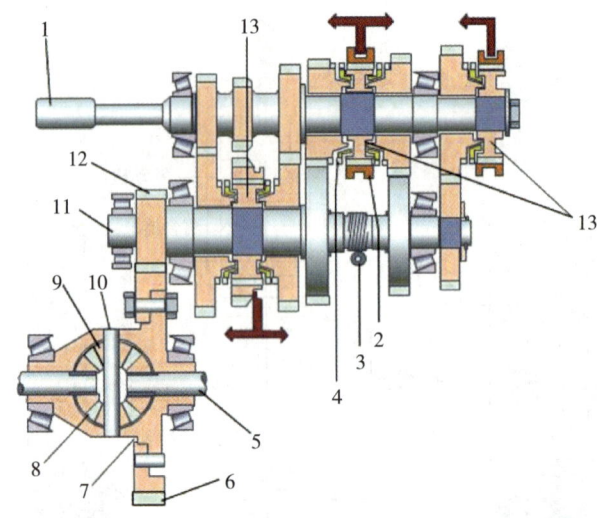

1—输入轴；2—接合套；3—里程表齿轮；4—同步环；5—半轴；6—主减速器被动齿轮；
7—差速器壳；8—半轴齿轮；9—行星齿轮；10、11—输出轴；12—主减速器主动齿轮；13—花键毂

图 3-2-4　两轴五挡变速器传动机构示意图

3. 各挡动力传动路线

（1）空挡时，各同步器的滑套均位于中间位置，不传递动力，如图 3-2-5 所示。

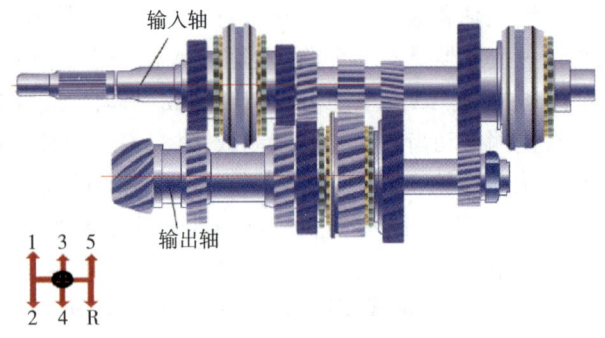

图 3-2-5　变速器空挡时动力传递路线

（2）一挡时，变速杆从空挡向左、向前移动，1/2 挡同步器的滑套位于右侧位置，动力传递线路如图 3-2-6 所示：输入轴→输入轴 1 挡齿轮→输出轴 1 挡齿轮→输出轴 1/2 挡同步器（结合套右移）→输出轴。一挡传动比为 3.455。

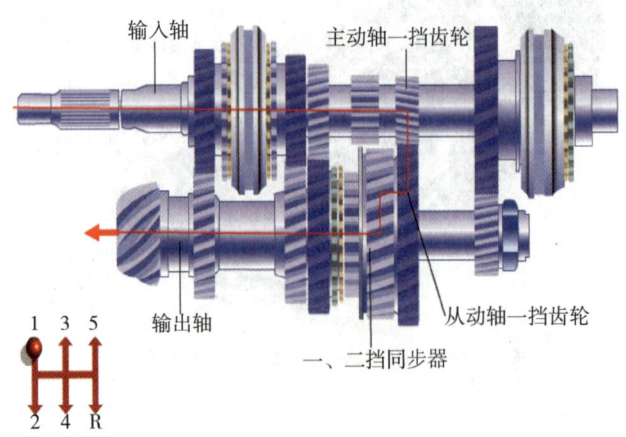

图 3-2-6　变速器一挡时动力传递路线

（3）二挡时，变速杆从空挡向左、向后移动，1/2挡同步器的滑套位于左侧位置，动力传递线路如图3-2-7所示：输入轴→输入轴2齿轮→输出轴2齿轮→输出轴1/2挡同步器（结合套左移）→输出轴。挡传动比为1.944。

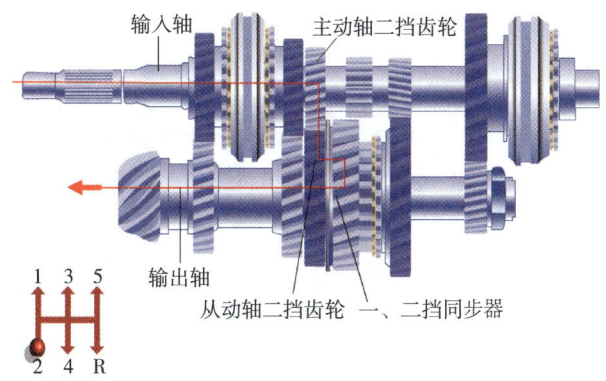

图3-2-7　变速器二挡时动力传递路线

（4）三挡时，变速杆从空挡向前移动，3/4挡同步器的滑套位于右侧位置，动力传递线路如图3-2-8所示：输入轴→输入轴3/4挡同步器（结合套右移）→输入轴3挡齿轮→输出轴3挡齿轮→输出轴。三挡传动比为1.37。

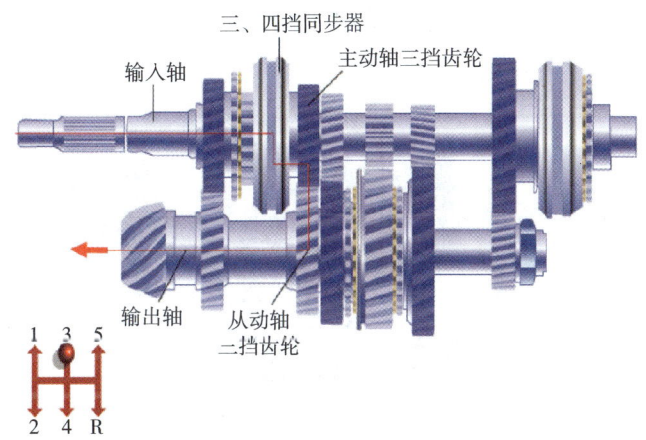

图3-2-8　变速器三挡时动力传递路线

（5）四挡时，变速杆从空挡向后移动，3/4挡同步器的滑套位于左侧位置，动力传递线路如图3-2-9所示：输入轴→输入轴3/4挡同步器（结合套左移）→输入轴4挡齿轮→输出轴4挡齿轮→输出轴。四挡传动比为1.032。

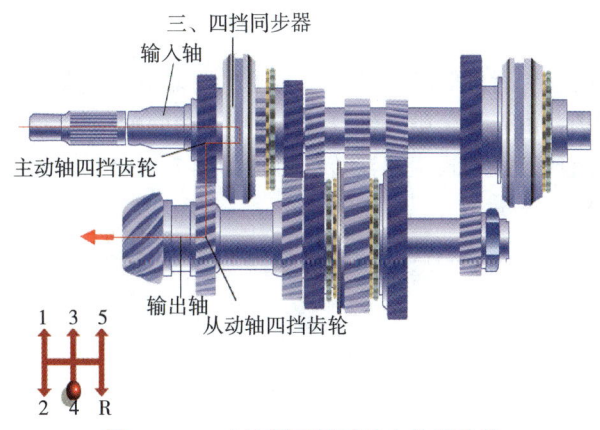

图3-2-9　变速器四挡时动力传递路线

（6）五挡时，变速杆从空挡向右、向前移动，5挡同步器的滑套位于右侧位置，动力传递线路如图3-2-10所示：输入轴→输入轴5挡同步器（结合套右移）→输入轴5齿轮→输出轴5齿轮→输出轴。五挡传动比为0.85。

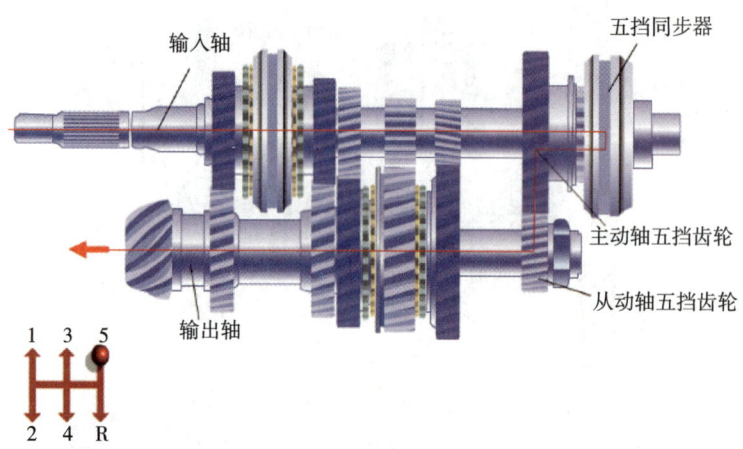

图3-2-10　变速器五挡时动力传递路线

（7）倒挡时，变速杆从空挡向右、向后移动，倒挡轴倒挡齿轮与输入轴倒挡齿轮及输出轴倒挡齿轮同时啮合，动力传递线路如图3-2-11所示：输入轴→输入轴倒挡齿轮→倒挡轴上倒挡齿轮→输出轴倒挡齿轮→输出轴。倒挡传动比为3.167。

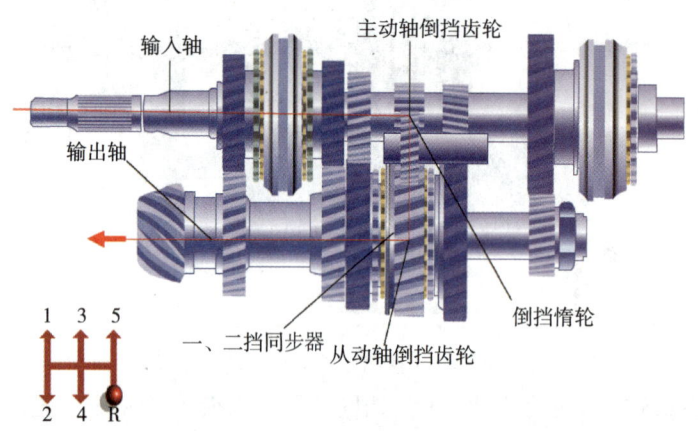

图3-2-11　变速器倒挡时动力传递路线

（二）三轴式变速器

三轴式变速器用于发动机前置后轮驱动的汽车。常见的三轴式变速器构造如图3-2-12所示，此变速器有五个前进挡和一个倒挡，由壳体、第一轴（输入轴）、中间轴、第二轴（输出轴）、倒挡轴、各轴上齿轮、操纵机构等几部分组成，三轴式变速器传动机构如图3-2-13所示。

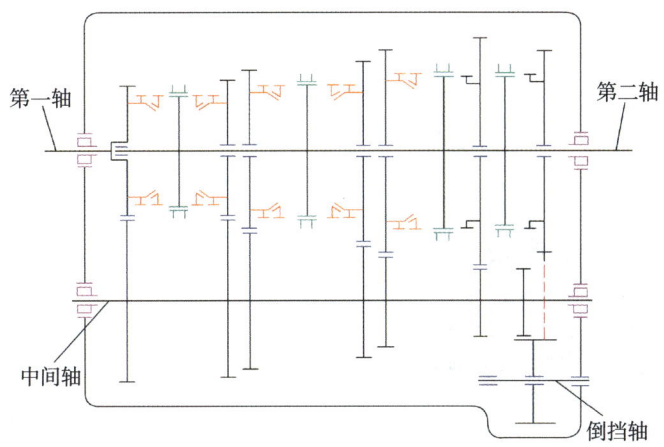

图 3-2-12 三轴式变速器构造简图

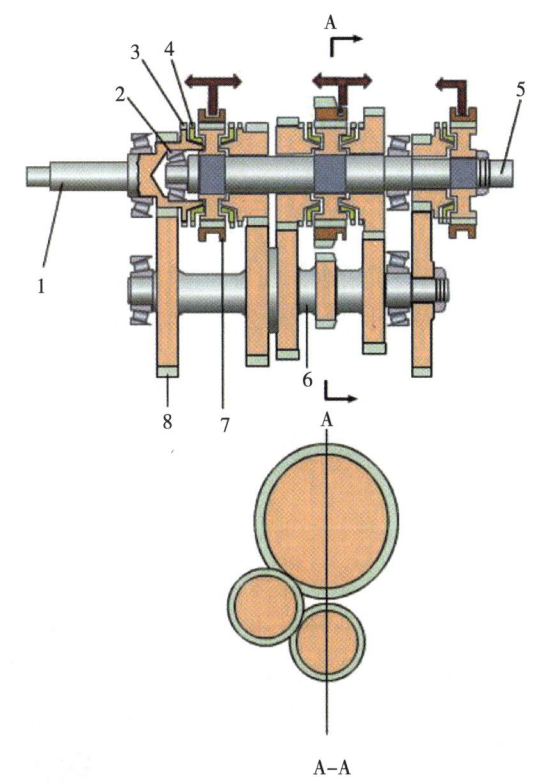

1—输入轴；2—轴承；3—接合齿圈；4—同步环；5—输出轴；6—中间轴；7—接合套；8—中间轴常啮合齿轮

图 3-2-13 三轴式变速器传动机构示意图

二、手动变速器的操纵机构

变速器操纵机构是保证驾驶员能准确可靠地将变速器挂入所需要的挡位，并可随时退至空挡。

变速器操纵机构按照变速操纵杆（变速杆）位置的不同，可分为直接操纵式和远距离操纵式两种类型。为了保证变速器在任何情况下都能准确、安全、可靠地工作，变速器操纵机构一般还具有换挡锁装置。

（一）直接操纵式

一般前置发动机后轮驱动汽车的变速器距离驾驶员座位较近，换挡杆等外操纵机构多集中安装在变速器箱盖上，其结构简单、操纵容易并且准确。直接操纵式操纵机构的组成如图 3-2-14 所示，前置发动机后轮驱动汽车变速器的外操纵机构如图 3-2-15 所示。

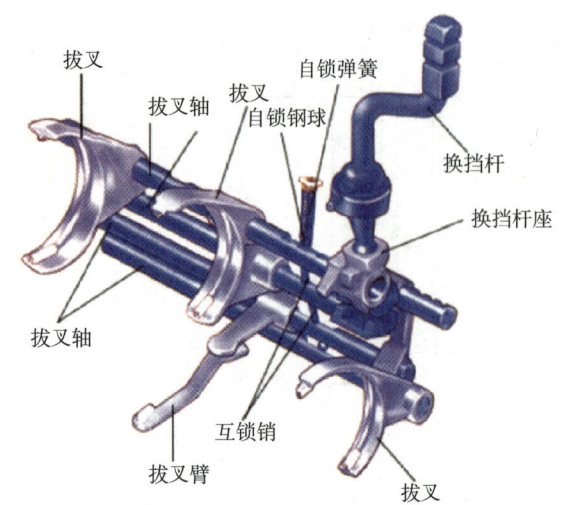

图 3-2-14 直接操纵式操纵机构

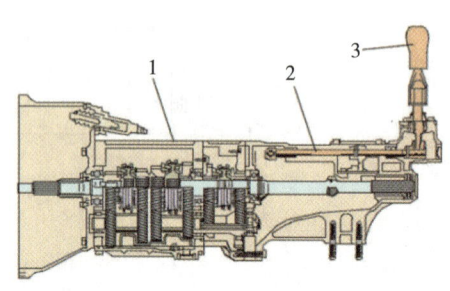

1—变速器壳体；2—变速器连动杆；3—变速杆

图 3-2-15 前置发动机后轮驱动汽车变速器的外操纵机构

（二）远距离操纵式

在有些汽车上，由于变速器离驾驶员座位较远，则需要在变速杆与拨叉之间加装一些辅助杠杆或一套传动机构，构成远距离操纵机构。这种操纵机构多用于发动机前置前轮驱动的轿车，如图 3-2-16 所示。

（三）换挡锁装置

换挡锁装置一般包括自锁装置、互锁装置和倒挡锁装置。

1. 自锁装置

自锁装置用于防止变速器自动脱挡或挂挡，并保证轮齿以全齿宽啮合。大多数变速器的自锁装置都是采用自锁钢球对拨叉轴进行轴向定位锁止。在变速器盖中钻有深孔，孔中装入自锁钢球和自锁弹簧，其位置正处于拨叉轴的正上方，每根拨叉轴对着钢球的表面沿轴向设有 3 个凹槽，槽的深度小于钢球的半径。中间的凹槽对正钢球时为空挡位置，如图 3-2-17（a）所示。

拨叉轴左移，如图 3-2-17（b）所示。前边的凹槽对正钢球时，则处于某一工作挡位置，相邻凹槽之间的距离保证齿轮处于全齿长啮合或是完全退出啮合。凹槽对正钢球时，钢球便在自锁弹簧的压力作用下嵌入该凹槽内，拨叉轴的轴向位置便被固定，不能自行挂挡或自行脱挡。

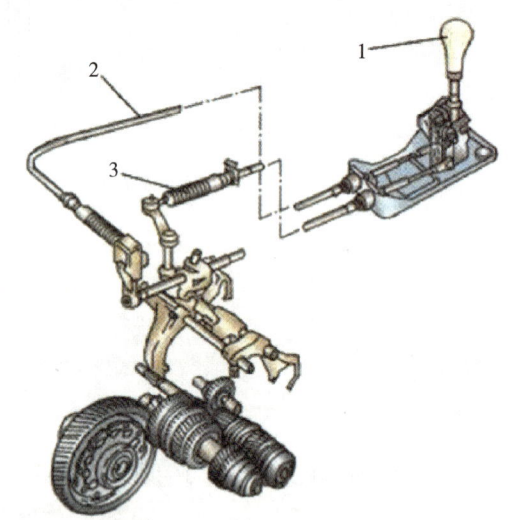

1—变速杆；2—纵向拉线；3—横向拉线

图 3-2-16 远距离操纵式

当需要换挡时，拨叉轴右移，驾驶员通过变速杆对拨叉轴施加一定的轴向力，克服自锁弹簧的压力而将自锁钢球从拨叉轴凹槽中挤出并推回孔中，拨叉轴便可滑过钢球进行轴向移动，并带动拨叉及相应的接合套或滑动齿轮轴向移动，当拨叉轴移至右侧凹槽与钢球相对正时，钢球又被压入凹槽，如图 3-2-17（c）所示。驾驶员具有很强的手感，此时拨叉所带动的接合套或滑动齿轮便被拨入空挡或被拨入另一工作挡位。

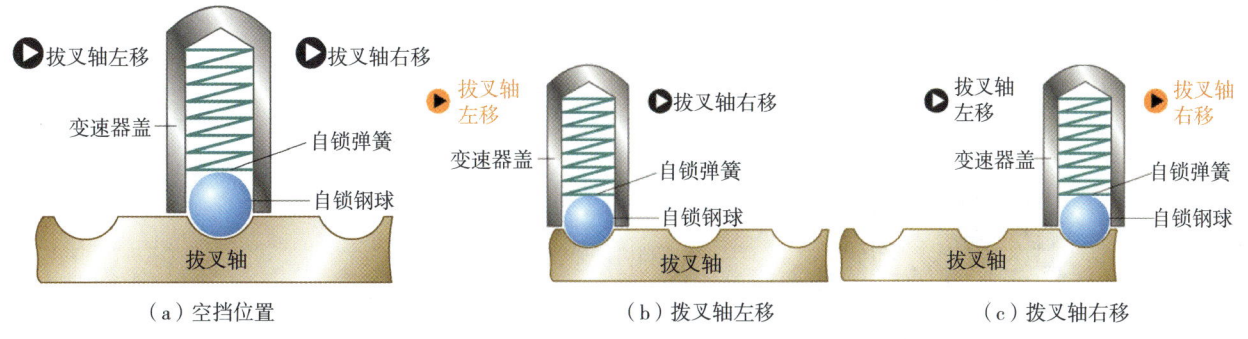

图 3-2-17 自锁装置

2. 互锁装置

互锁装置用于防止同时挂上两个挡位。如图 3-2-18 所示，互锁装置由互锁钢球和互锁销组成。当变速器处于空挡时，所有拨叉轴的侧面凹槽同互锁钢球、互锁销都在一条直线上。

当移动拨叉轴 1 时，如图 3-2-18（a）所示，拨叉轴下侧的钢球从其侧凹槽中被挤出，将钢球分别嵌入拨叉轴 2 和拨叉轴 3 的侧面凹槽中，因而将拨叉轴 2 和拨叉轴 3 刚性地锁止在其空挡位置。若欲移动拨叉轴，则应先将拨叉轴退回到空挡位置。

当移动拨叉轴 2 时，如图 3-2-18（b）所示，拨叉轴两侧的内钢球从其侧凹槽中被挤出，将两外互锁钢球分别嵌入拨叉轴 1 和拨叉轴 3 的侧面凹槽中，因而将拨叉轴 1 和拨叉轴 3 刚性地锁止在其空挡位置。

在移动拨叉轴 3 时，钢球从拨叉轴 3 的凹槽中被挤出，同时通过互锁销和其他钢球将拨叉轴 1 和拨叉轴 2 均锁止在空挡位置，如图 3-2-18（c）所示。

由此可知，互锁装置工作的机理是当驾驶员用变速杆推动某一拨叉轴时，自动锁止其余拨叉轴，从而防止同时挂上两个挡位。

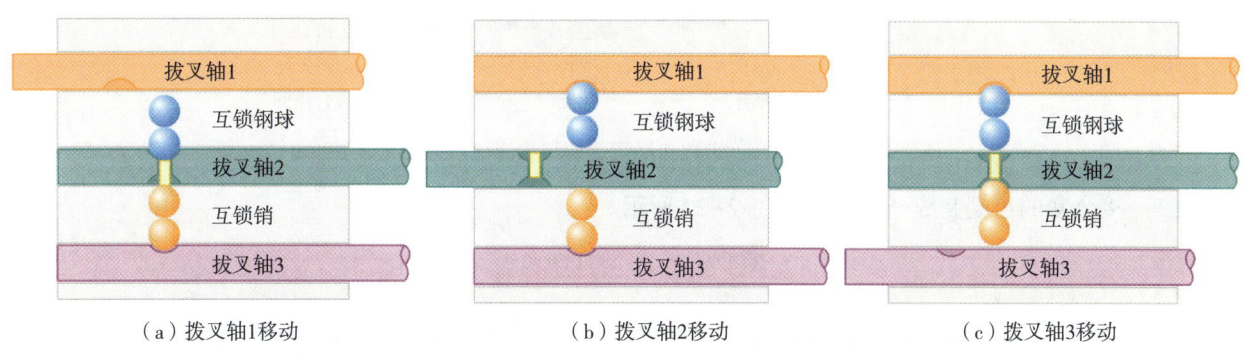

图 3-2-18 互锁装置工作示意图

3. 倒挡锁装置

倒挡锁装置用于防止误挂倒挡。如图 3-2-19 所示为常见的锁销式倒挡锁装置。当驾驶员想挂倒挡时，必须用较大的力使变速杆下端的压缩弹簧将锁销推入锁销孔内，才能使变速杆下端进入拨叉的凹槽中进行换挡。由此可见，倒挡锁的作用是使驾驶员必须对变速杆施加更大的力，才能挂入倒挡，起到警示提示作用，以防误挂倒挡。

4. 防止自动跳挡的措施

利用接合套换挡的变速器，由于接合套与齿圈的接合长度较短，同时汽车行驶时需要经常换挡，频繁拨动接合套将使齿端发生磨损。汽车行驶中可能会因振动等原因造成接合套与齿圈脱离啮合，即发生自动跳挡。

通过以下结构措施可以防止自动跳挡。

（1）接合套和接合齿圈的齿端制成倒斜面，如图3-2-20所示。

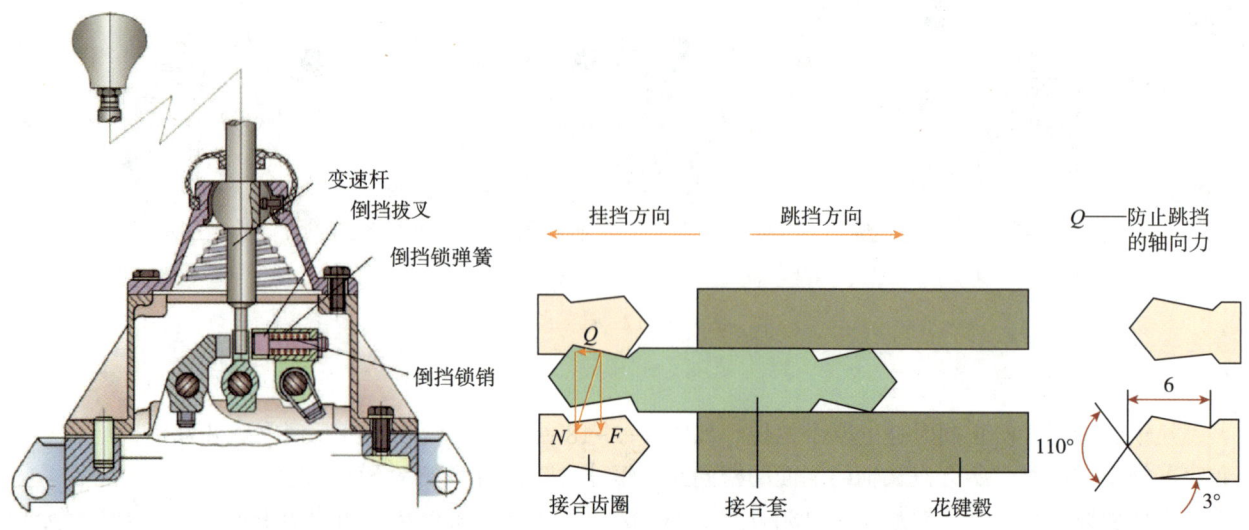

图3-2-19　锁销式倒挡锁装置

图3-2-20　齿端制成倒斜面的机构示意图

（2）花键毂齿端的齿厚切薄，如图3-2-21所示。

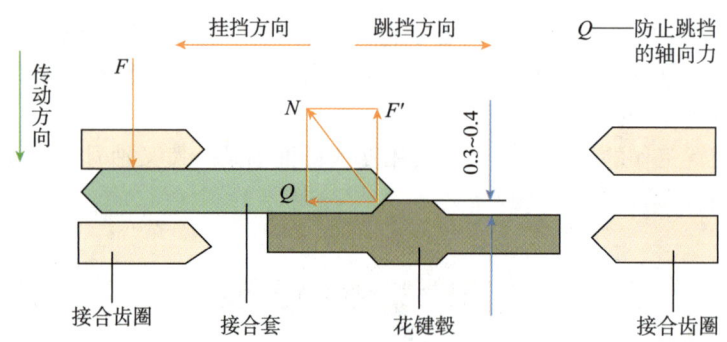

图3-2-21　齿端齿厚切薄的结构形式示意图

（3）接合套的齿端制成凸肩，如图3-2-22所示。

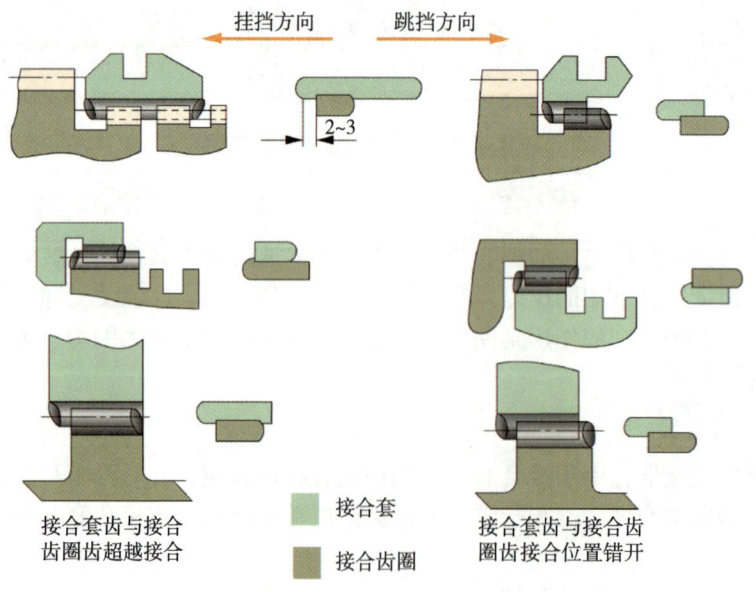

图3-2-22　接合套的齿端制成凸肩的机构示意图

任务三 同步器

当采用直齿滑动式或结合套式换挡时，必须使所选挡位的一对待啮合齿轮或结合齿圈的圆周速度相等（即同步），才能使之平顺地进入啮合而挂上挡。如果两齿轮不同步便强制挂挡，势必因两齿轮间存在速度差而发生冲击和噪声。为了达到"同步"这一要求，早期装备汽车的手动变速器没有"同步器"，驾驶员在换挡时必须采取合理的换挡操作步骤，才能顺利换挡；现代汽车的手动变速器则都采用了"同步器"换挡。

一、同步器的功用

（一）功用

变速器中同步器的功用是使结合套与待啮合的齿轮迅速同步，缩短换挡时间，且防止在同步之前啮合而产生结合齿的冲击。

（二）无同步器时变速器的换挡过程

采用滑动齿轮或接合套换挡时，高挡换低挡和低挡换高挡实现同步的方法有所不同。

1. 低挡换高挡（四挡换五挡）

变速器在四挡工作时，接合套与二轴四挡齿轮上的接合齿圈啮合，两者接合齿圆周速度 $V3=V2$，如图 3-3-1 所示。欲换入五挡时，驾驶员先踩下离合器踏板，离合器分离，再通过变速操纵机构将接合套左移，处于空挡位置。此时仍是 $V3=V2$，因二轴四挡齿轮的转速低于一轴常啮合齿轮的转速，圆周速度 $V4>V2$。所以在换入空挡的瞬间，$V3<V2$，为避免齿轮冲击，不应立即换入五挡，应先在空挡停留片刻。在空挡位置时变速器输入轴各零件已与发动机中断了动力传递且转动惯量较小，再加上中间轴齿轮有搅油阻力，所以 $V4$ 下降较快，而整个汽车的转动惯性大，导致接合套（与第二轴转速相同）的圆周速度 $V3$ 下降较慢，此时将接合套左移与齿轮上的齿圈啮合挂入五挡，不会产生冲击。但自然减速出现同步的时刻太晚，应在摘下四挡后，空挡停留片刻，使 $V3=V4$，可以挂入五挡。

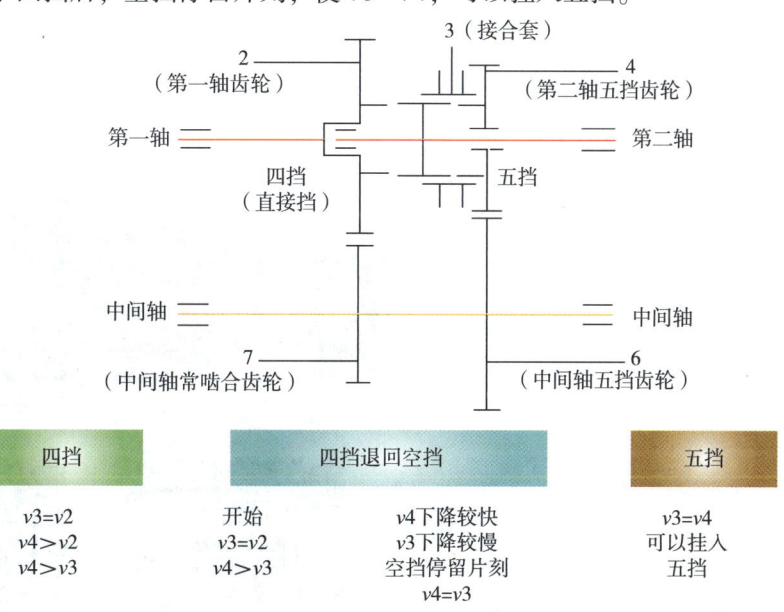

图 3-3-1 由低挡（四挡）换入高挡（五挡）无同步器时低挡换高挡示意图

2. 高挡换低挡（五挡换四挡）

变速器在五挡工作时以及由五挡换入空挡的瞬间，接合套与一轴常啮合齿轮接合齿圈圆周速度相同，即 $V3=V4$，如图 3-3-2 所示。当五挡退回空挡时开始时，$V3=V4$，$V3>V2$，$V2$ 下降较快，$V3$ 下降较慢，驾驶员在空挡停留片刻，使 $V3>V2$，重新结合离合器并踩油门，使 $V2>V3$，分离离合器并停留片刻，使 $V2=V3$，即可换入四挡。

由此可见，欲使无同步器变速器换挡时不产生换挡冲击，需采取很复杂的操作，不仅容易使驾驶员产生疲劳，且大大降低了齿轮的使用寿命。

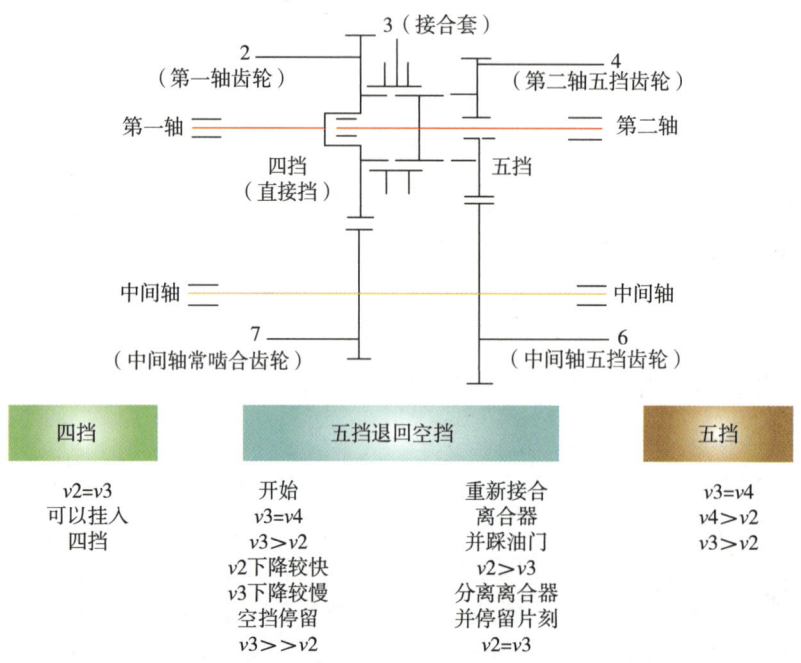

图 3-3-2　由高挡（五挡）换入低挡（四挡）无同步器时低挡换高挡示意图

二、同步器的构造及工作原理

惯性式同步器是依靠摩擦作用实现同步的，在其上面设有专设机构保证接合套与待接合的花键齿圈在达到同步之前不可能接触，从而避免了齿间冲击。同步器由同步装置（包括推动件、摩擦件）、锁止装置和接合装置组成。

同步器有常压式同步器，惯性式同步器和自行增力式同步器等种类。这里仅介绍目前广泛采用的惯性式同步器。惯性同步器按结构又分为锁环式同步器和锁销式同步器两种。

（一）锁环式惯性同步器

1. 构造

锁环式惯性同步器的构造如图 3-3-3 所示。花键毂与第二轴用花键连接，并用垫片和卡环作轴向定位。在花键毂两端与齿轮之间，各有一个青铜制成的锁环（同步环）。锁环上有短花键齿圈，花键齿的断面轮廓尺寸与齿轮及花键毂上的

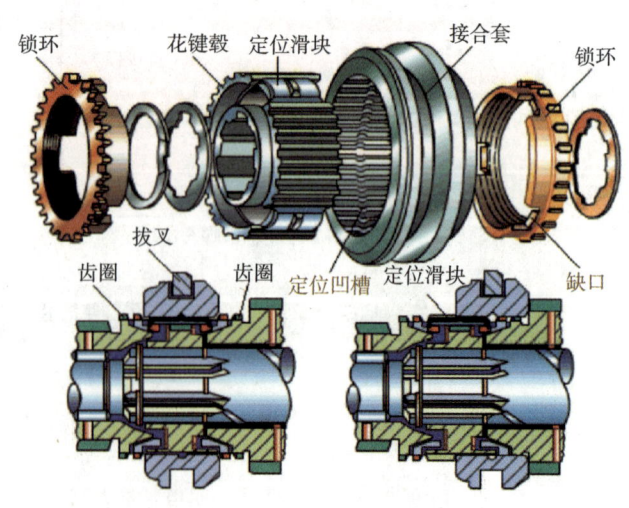

图 3-3-3　锁环式惯性同步器

外花键齿均相同。在两个锁环上，花键齿对着接合套的一端都有倒角（锁止角），且与接合套齿端的倒角相同。

锁环具有与齿轮摩擦面锥度相同的内锥面，内锥面上制出细牙的螺旋槽，以便两锥面接触后破坏油膜，增加锥面间的摩擦。三个滑块分别嵌合在花键毂的三个轴向槽内，并可沿槽轴向滑动。在两个弹簧圈的作用下，滑块压向接合套，使滑块中部的凸起部分正好嵌在接合套中部的凹槽中，起到空挡定位作用。滑块的两端伸入锁环的三个缺口中。只有当滑块位于缺口的中央时，接合套与锁环的齿方可能接合。

2. 工作原理

（1）空挡位置

接合套刚从二挡退入空挡时，三挡齿轮、接合套、锁环，以及与其有关联的运动件，因惯性作用而沿原方向继续旋转（图示箭头方向）。由于齿轮是高挡齿轮（相对于二挡齿轮来说），所以接合套、锁环的转速低于齿轮的转速，如图 3-3-4 所示。

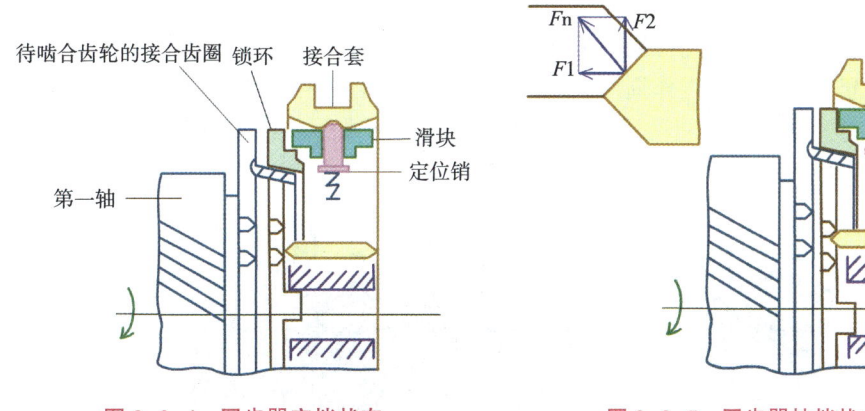

图 3-3-4　同步器空挡状态　　　　图 3-3-5　同步器挂挡状态

（2）挂挡

欲换入三挡时，驾驶员通过变速杆使拨叉推动接合套连同滑块一起向左移动，滑块又推动锁环移向齿轮，使锥面接触，如图 3-3-5 所示。驾驶员作用在接合套上的轴向推力使两锥面有正压力 F_n，又因两者有转速差，所以产生摩擦力矩。通过摩擦作用，齿轮带动锁环相对于接合套向前转动一个角度，使锁环缺口靠在滑块的另一侧（上侧）为止，此时接合套的内齿与锁环上错开了约半个齿宽，接合套的齿端倒角面与锁环的齿端倒角面互相抵住。

（3）锁止

驾驶员的轴向推力使接合套的齿端倒角面与锁环的齿端倒角面之间产生正压力，形成一个企图拨动锁环相对于接合套反转的力矩，称为拨环力矩，如图 3-3-6 所示。这样，在锁环上同时作用着方向相反的摩擦力矩和拨环力矩，同步器的结构参数可以保证在同步前（存在摩擦力矩）拨环力矩始终小于摩擦力矩，所以在同步之前无论驾驶员施加多大的操纵力都不会挂上挡，即产生锁止作用。

（4）同步啮合

随着驾驶员施加于接合套上的推力加大，摩擦力矩不断增加，使齿轮的转速迅速降低。当齿轮、接合套和锁环达到同步时，作用在锁环上的摩擦力矩消失。此时在拨环力矩的作用下，锁环、齿轮及与之相连的各零件都对于接合套反转一角度，滑块处于锁环缺口的中央，键齿不再抵触，锁环的锁止作用消除。接合套压下弹簧

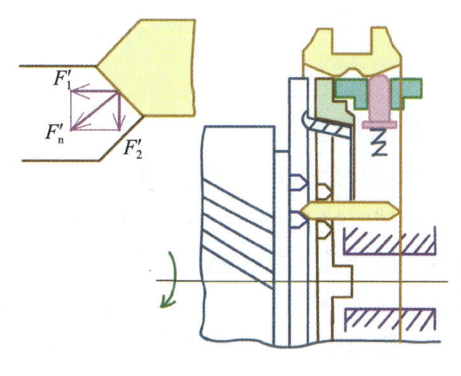

图 3-3-6　同步器锁止状态

圈继续左移（滑块脱离接合套的内环槽而不能左移），与锁环的花键齿圈进入啮合，进而再与齿轮进入啮合，如图3-3-7所示，换入三挡。

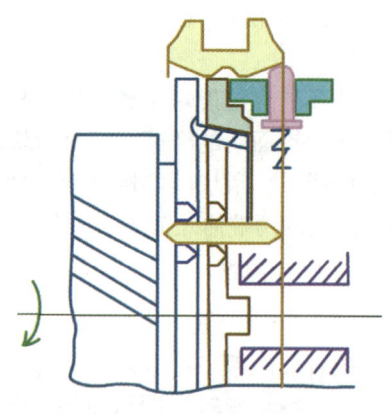

图3-3-7 同步器同步啮合

（二）锁销式惯性同步器

1. 构造

四挡、五挡锁销式惯性同步器的构造如图3-3-8所示。

两个带有内锥面的摩擦锥盘，以其内花键分别固装在带有接合齿圈的斜齿轮上，随齿轮一起转动。两个有外锥面的摩擦锥环，其上有圆周均布的3个锁销、3个定位销与接合套装在一起。定位销与接合套的相应孔是滑动配合，定位销中部切有一小段环槽，接合套钻有斜孔，内装弹簧，把钢球顶向定位销中部的环槽，使接合套处于空挡位置，定位销随接合套能轴向移动。定位销两端伸入两锥环内侧面的弧线形浅坑中，定位销与浅坑有周向间隙，锥环相对接合套在一定范围内作周向摆动。锁销中部环槽的两端和接合套相应孔两端切有相同的倒角；锁销与孔对中时，接合套才能沿锁销轴向移动；锁销两端铆接在锥环相应的孔中。2个锥环、3个锁销、3个定位销和接合套构成一个部件，套在花键毂的齿圈上。

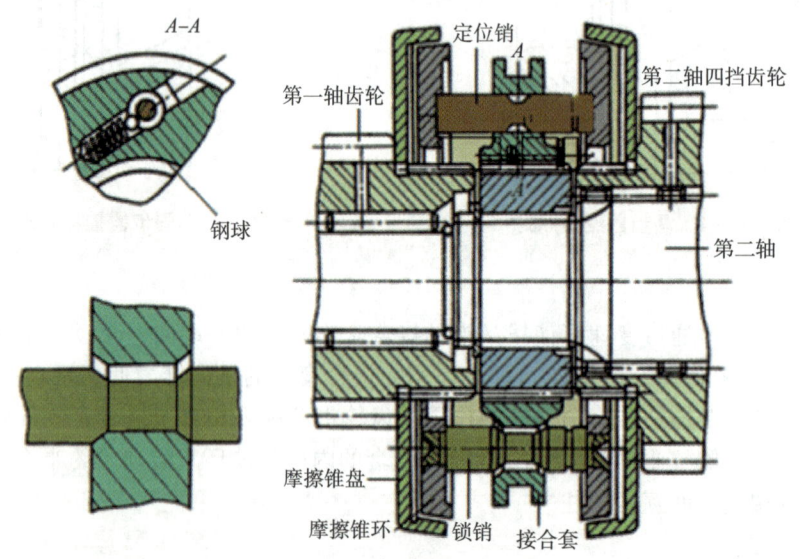

图3-3-8 四挡、五挡锁销式惯性同步器

2. 工作原理

锁销式惯性同步器的工作原理与锁环式惯性同步器类似。

换挡时接合套受到拨叉的轴向推力作用，通过钢球、定位销推动摩擦锥环向前移动。因摩擦锥环与锥盘有转速差，故接触后的摩擦作用使锥环和锁销相对于接合套转过一个角度，锁销与接合套上相应孔的中心线不再同心，锁销中部倒角与接合套孔端的锥面相抵触，在同步前，作用在摩擦面的摩擦力矩总大于拨销力矩，接合套被锁止不能前移，防止在同步前接合套与齿圈进入啮合。同步后摩擦力矩消失，拨销力矩使锁销、摩擦锥盘和相应的齿轮相对于接合套转过一个角度，锁销与接合套的相应孔对中，接合套克服弹簧的张力压下钢球并沿锁销向前移动，完成换挡。

任务四　手动变速器的拆装与检修

变速器在工作中由于负荷的作用，随着行驶里程的增加，内部零件的磨损、变形也随之增加，引起各零件间的配合关系变坏，从而引起一系列的故障，例如跳挡、乱挡、异响、漏油等。出现了上述问题后需要将变速器总成从车上拆下，对变速器的零件进行检修。

变速器的检修

1. 齿轮的检修

（1）若齿面有轻微斑点，或边缘有破损，在不影响质量情况下可用油石修磨。当齿厚磨损超过 0.2mm，齿长磨损超过原齿长的 15%，或斑点超过齿面的 15%，则应更换。

（2）装好滚针轴承和内座圈后，用百分表检查齿轮和内座圈之间的间隙，如图 3-4-1 所示。标准游隙为 0.009～0.06mm，间隙为 0.15mm，若超过极限，则应修整或更换。

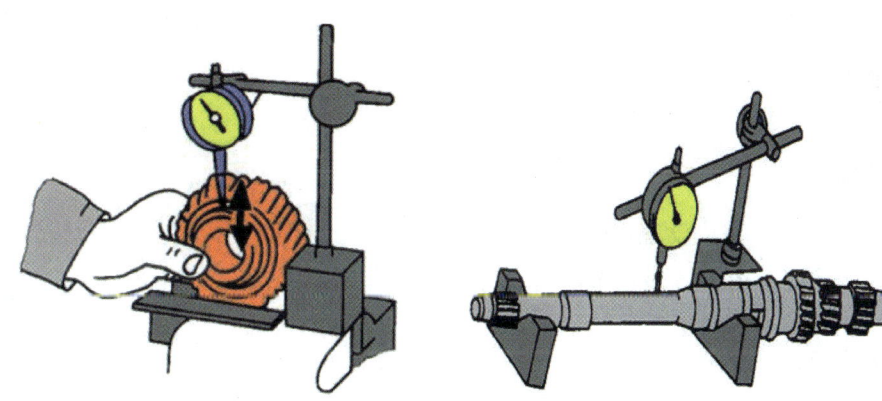

图 3-4-1　检查齿轮与内座圈之间的间隙　　　图 3-4-2　检查轴的径向圆跳动

2. 输入轴和输出轴的检修

（1）轴不应有裂纹，各轴颈及花键不应有严重磨损，轴上的固定齿轮不应有断齿和严重磨损，否则应更换或涂镀（磨损轴颈）修理。

（2）如图 3-4-2 所示，将轴支于 V 形铁上，并置于平板上，用百分表测量轴中间部分的圆跳动，轴的径向圆跳动最大不得超过 0.06mm，否则应校正或更换。

3. 锁环式同步器的检修

（1）锁环内锥面的磨损情况检查：将同步环压到各自齿轮锥面上，按压转动同步环时要有阻力。同时用塞尺测量环齿和轮齿之间的间隙，如图 3-4-3 所示，应约为 1mm，若不符合规定，必须更换同步环。

（2）齿环牙齿的检查：齿环牙齿的损坏主要有两种情况。一是沿轴线方向磨薄；二是牙齿尖端角度发生改变或磨成凸形（两侧倒角均为 45°）。如果发生第二种情况，应予以更换。

（3）用塞尺测量换挡拨叉与接合套的轴向间隙，最大间隙为 1mm。

图 3-4-3　检查同步器间隙

4. 变速器壳体的检修

（1）变速器壳体如有裂纹、砂眼均应更换，如砂眼较小可用密封剂填补。

（2）变速器轴承孔磨损过大应予更换，不宜采用镶套修理。

（3）壳体接合面翘曲变形，平面度误差不应大于 0.15/100mm；如超过，应用刨、铲、铣等方法进行修复或更换。

5. 操纵机构的检修

（1）变速叉：变速叉弯曲可用敲击法校正。导动块和叉下端面磨损严重应焊修或更换新件。

（2）拨叉轴：拨叉轴弯曲应校正或更换。定位销孔磨损应更换新件。

（3）自锁及互锁装置：定位球、锁销磨损严重，弹簧变软或折断，均应更换。

一、前期准备

安全防护：实训着装、完成设备防护。
工具设备：工具车、工作台、常用维修工具、常用测量工具等。
实训设备：手动变速器总成。
辅助资料：维修手册、教材。

二、操作项目及工作要点

1. 认知手动变速器的组成部件

（1）正确认知变速器壳体，如图 3-4-4 所示。

（2）正确认知变速器主轴，如图 3-4-5 所示。

图 3-4-4　变速器壳体

图 3-4-5　变速器主轴

（3）正确认知变速器副轴，如图 3-4-6 所示。

（4）正确认知变速器换挡拨叉，如图3-4-7所示。

（5）正确认知变速器挂挡拉杆，如图3-4-8所示。

图3-4-6　变速器副轴

图3-4-7　变速器换挡拨叉

图3-4-8　变速器挂挡拉杆

2. 手动变速器的拆装

（1）将变速器总成放置在工作台上，如图3-4-9所示。

（2）拆下里程传感器固定螺栓，如图3-4-10所示。

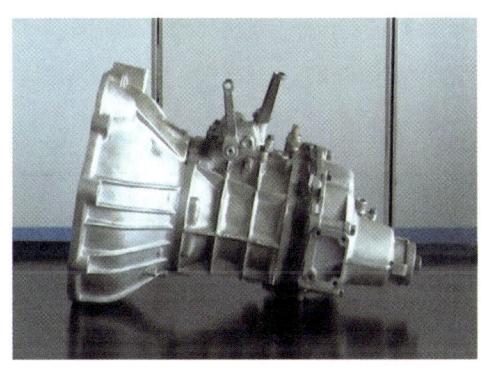
图3-4-9　将变速器总成放置在工作台上

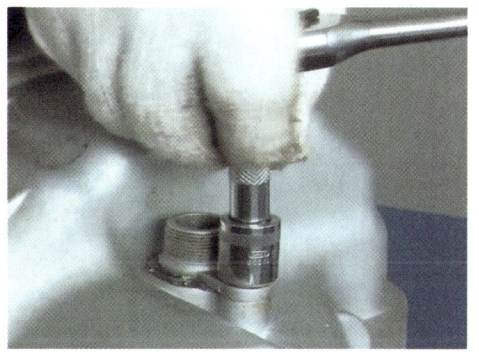
图3-4-10　拆下里程传感器固定螺栓

（3）取下里程传感器，如图3-4-11所示。

（4）拧松倒挡开关，如图3-4-12所示。

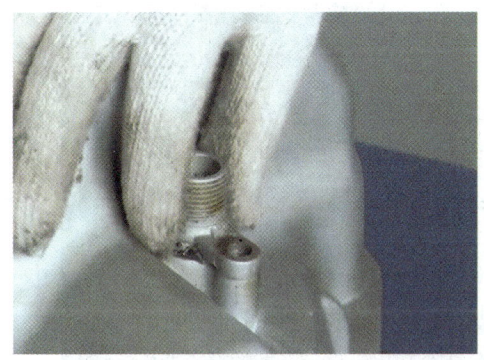
图3-4-11　取下里程传感器

图3-4-12　拧松倒挡开关

（5）取下倒挡开关，如图3-4-13所示。

（6）拆卸换挡操纵盖固定螺栓，如图3-4-14所示。

图 3-4-13　取下倒挡开关

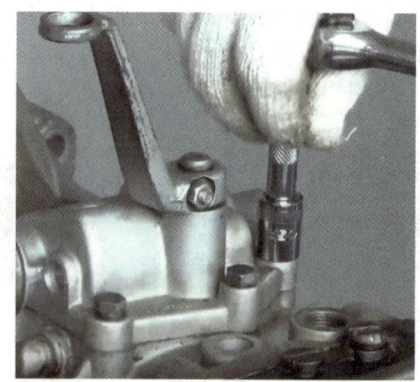
图 3-4-14　拆卸换挡操纵盖固定螺栓

(7) 取下换挡操纵盖，如图 3-4-15 所示。
(8) 拆卸后端盖螺栓，如图 3-4-16 所示。

图 3-4-15　取下换挡操纵盖

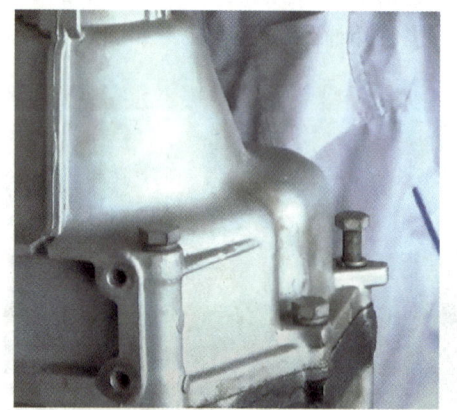
图 3-4-16　拆卸后端盖螺栓

(9) 取下后端盖，如图 3-4-17 所示。
(10) 拆卸变速器前端盖上的螺栓，如图 3-4-18 所示。

图 3-4-17　取下后端盖

图 3-4-18　拆卸变速器前端盖上的螺栓

(11) 取下前端盖，如图 3-4-19 所示。
(12) 拆卸前端轴承盖螺栓，如图 3-4-20 所示。

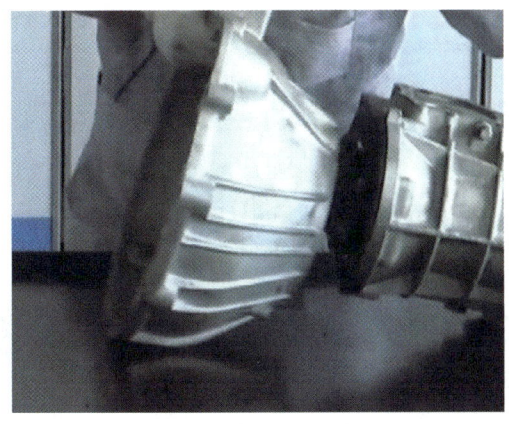
图 3-4-19 取下前端盖

图 3-4-20 拆卸前端轴承盖螺栓

(13) 取下前端轴承盖，如图 3-4-21 所示。
(14) 使用卡簧钳拆下轴承卡簧，如图 3-4-22 所示。

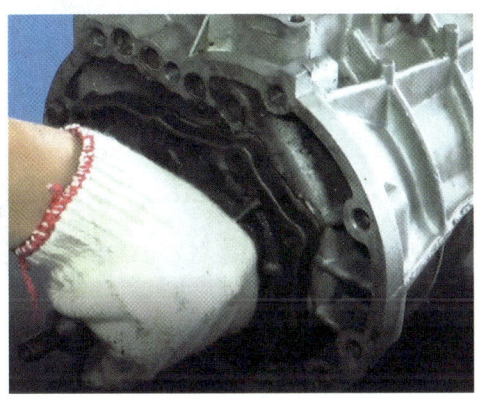
图 3-4-21 取下前端轴承盖

图 3-4-22 使用卡簧钳拆卜轴承卡簧

(15) 取下中壳体，如图 3-4-23 所示。
(16) 拆卸中隔板上的定位螺母，如图 3-4-24 所示。

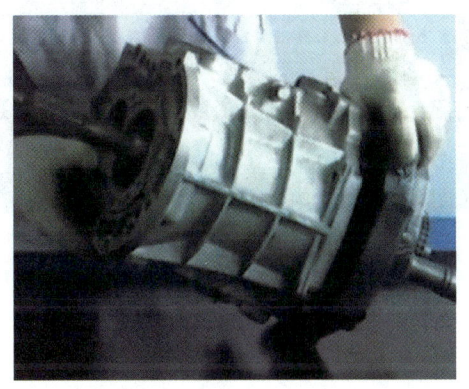
图 3-4-23 取下中壳体

图 3-4-24 拆卸中隔板上的定位螺母

(17) 取出内部的自锁弹簧，如图 3-4-25 所示。
(18) 倒出自锁钢珠，如图 3-4-26 所示。

图 3-4-25 取出内部的自锁弹簧

图 3-4-26 倒出自锁钢珠

（19）用冲子冲出倒挡拨叉轴上的锁销，如图 3-4-27 所示。
（20）取下卡环，如图 3-4-28 所示。

图 3-4-27 用冲子冲出倒挡拨叉轴上的锁销

图 3-4-28 取下卡环

（21）取下五挡拨叉轴、倒挡拨叉轴，如图 3-4-29 所示。
（22）用冲子冲出三挡、四挡拨叉轴上的锁销，如图 3-4-30 所示。

图 3-4-29 取下五挡拨叉轴、倒挡拨叉轴

图 3-4-30 用冲子冲出三挡、四挡拨叉轴上的锁销

（23）拆卸一挡、二挡拨叉上的固定螺栓，如图 3-4-31 所示。
（24）取下一挡、二挡拨叉，如图 3-4-32 所示。

图 3-4-31　拆卸一挡、二挡拨叉上的固定螺栓

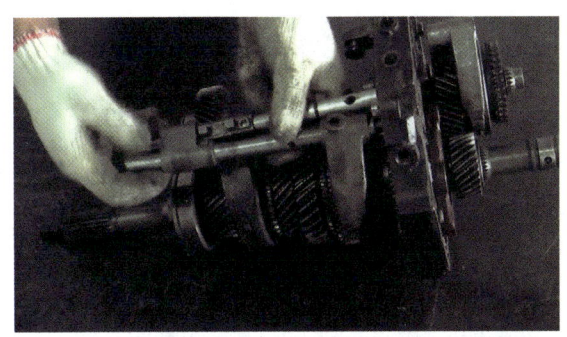

图 3-4-32　取下一挡、二挡拨叉

（25）拆卸五挡齿轮上的卡环，如图 3-4-33 所示。

（26）安装螺栓，拆卸五挡齿轮，如图 3-4-34 所示。

图 3-4-33　拆卸五挡齿轮上的卡环

图 3-4-34　拆卸五挡齿轮

（27）取下五挡齿轮，如图 3-4-35 所示。

图 3-4-35　取下五挡齿轮

（28）拆卸输出轴、中间轴后轴承盖螺栓，如图 3-4-36 所示。

（29）取下输出轴、中间轴后轴承盖，如图 3-4-37 所示。

图 3-4-36 拆卸输出轴、中间轴后轴承盖螺栓

图 3-4-37 取下输出轴、中间轴后轴承盖

（30）拆下轴承盖上的卡环，如图 3-4-38 所示。

图 3-4-38 拆下轴承盖上的卡环

（31）拆卸倒挡轴上的固定螺栓，如图 3-4-39 所示。
（32）取出倒挡轴，如图 3-4-40 所示。

图 3-4-39 拆卸倒挡轴上的固定螺栓　　　　图 3-4-40 取出倒挡轴

（33）拆下输入轴、输出轴、中间轴，如图 3-4-41 所示。
（34）分解完成的变速器，如图 3-4-42 所示。

图 3-4-41　拆下输入轴、输出轴、中间轴　　　　图 3-4-42　分解完成的变速器

（35）按照拆卸的相反顺序安装变速器。
（36）清洁、整理场地。

三、任务考核

认知手动变速器部件、手动变速器拆装与检修评分标准。

序号	作业项目	考核内容	配分	评分标准	扣分	得分
1	前期准备	清理工位及工位布置，设备的外观检查	9	未清理工位扣 4 分，未对设备进行外观和安全检查扣 5 分		
2	手动变速器部件认知	能否正确认知变速器壳体的形状及结构 能否正确认知变速器主轴的形状及结构 能否正确认知变速器副轴的形状及结构 能否正确认知变速器换挡拨叉的形状及结构 能否正确认知变速器挂挡拉杆的形状及结构	21	不能快速并正确认知相应部件每次扣 3 分		
3	手动变速器的零部件拆卸	能否正确按照维修手册的要求进行拆卸并按照规定摆放	10	未按照维修手册进行拆卸工作，每次扣 2 分		
4	手动变速器的零部件清洁	能否正确按照维修手册的要求进行零件的清洁	10	每一个元件未按照维修手册要求进行清洁扣 2 分		
5	手动变速器的零部件检测	能否正确利用维修资料完成零部件的检测，并分析得出结论和维修建议	30	不能正确利用维修资料完成零部件的检测每项扣 5 分，测量条件不正确每一次扣 5 分，结论或维修建议错误每次扣 5 分		
6	手动变速器的零部件安装	能否正确按照维修手册的要求进行安装并按照规定进行紧固	5	未按照维修手册进行安装工作，包括紧固角度、转矩值错误等，每次扣 1 分		
7	维修资料使用	能否正确使用维修资料	5	不会使用维修资料扣 5 分，使用不熟练扣 2 分		

序号	作业项目	考核内容	配分	评分标准	扣分	得分
8	6S 现场管理	遵守实训室安全操作规范，无人身伤害和设备损坏	10	每单项扣 5 分，扣完为止。因违规操作发生人身伤害和设备损坏，此项不得分		
	合计		100			

项目测评

一、填空题

1. 变速器按传动比的级数可分为_____、_____和_____3 种。
2. 变速器按其操纵方式可分为_____、_____和_____3 种。
3. 二轴式变速器的变速传动机构有_____和_____，二轴平行布置，输入轴也是离合器的从动轴。
4. 换挡锁装置一般包括_____、_____和_____装置。

二、单项选择题

1. 同步器由同步装置、（　　）和接合装置组成。
   A. 制动装置　　　　B. 锁止装置　　　　C. 控制装置　　　　D. 执行装置
2. 惯性同步器按结构分为（　　）和锁销式两种。
   A. 锁止式　　　　　B. 锁齿式　　　　　C. 锁环式　　　　　D. 锁带式
3. 变速器可实现变速、（　　）和改变旋转方向。
   A. 变矩　　　　　　B. 变向　　　　　　C. 变位　　　　　　D. 增速
4. 自锁装置用于防止变速器自动脱挡或（　　）。
   A. 移动　　　　　　B. 空挡　　　　　　C. 挂挡　　　　　　D. 锁止

三、判断题（对的画"√"，错的画"×"）

1. 普通齿轮变速器由变速器箱体、轴线固定的几根轴和若干对齿轮组成。（　　）
2. 倒挡锁装置用于防止误挂倒挡。（　　）
3. 手动变速器包括变速控制机构和操纵机构两大部分。（　　）
4. 普通齿轮变速器主要分为两轴式变速器和四轴式变速器。（　　）
5. 变速器可实现变速、变矩和改变旋转方向。（　　）
6. 互锁装置用于同时挂上两个挡位。（　　）
7. 变速器中同步器的功用是使结合套与待啮合的齿轮迅速同步，缩短换挡时间，且防止在同步之前啮合而产生结合齿的冲击。（　　）

四、简答题

1. 简述变速器的三大功用。
2. 简述手动变速器的结构。
3. 简述手动变速器的拆装与检修过程。

项目四 自动变速器的构造与拆装

知识目标：
- 熟悉自动变速器的类型和结构特点。
- 掌握自动变速器的功用和组成。
- 熟悉自动变速器的工作原理。

技能目标：
- 能够在实训整车上正确地对自动变速器各组成零部件进行认知。
- 能够按照维修手册的技术要求熟练地拆装自动变速器。
- 能够选择合适的工量具按照维修资料的要求正确对自动变速器进行检修。

职业素养目标：
- 及时反思总结，在训练中积累经验。
- 养成组员之间互相协作的合作能力。
- 养成安全文明操作的习惯。
- 严格执行 6S 现场管理（SEIRI——整理、SEITON——整顿、SEISO——清扫、SEIKETSU——清洁、SHITSUKE——素养、SECURITY——安全），养成良好的职业习惯。

任务一 自动变速器概述

自动变速器（Automatic Transmission，简称 AT），是指汽车驾驶中离合器的操纵和变速器的操纵都实现了自动化。目前，自动变速器的自动换挡等过程都是由自动变速器的电子控制单元（英文缩写为 ECU）控制的，因此自动变速器又可简称为 EAT、ECAT、ECT 等。

一、自动变速器的分类

自动变速器可以按构造和控制方式、车辆驱动方式、挡位数的不同来分类。

（一）按构造和控制方式分类

自动变速器按构造、控制方式的不同，可以分为机械式自动变速器、机械无级自动变速器和液力式自动变速器。

1. 机械式自动变速器

机械式自动变速器简称 AMT，是英文 Automatic Mechanical Transmission 的缩写，如图 4-1-1 所示。它是在原有手动有级、普通齿轮变速器的基础上增加了电子控制系统，来自动控制离合器的接合、分离和变速器挡位的变换。机械式自动变速器由于原有的机械传动构造基本不变，所以齿转传动固有的传动效率高、机构紧凑、工作可靠等优点被很好地继承了下来。

2. 无级自动变速器

无级自动变速器简称 CVT，是英文 Continuously Variable Transmission 的缩写，如图 4-1-2 所示。它是采用传动带和工作直径可变的主、从动轮相配合来传递动力，可以实现传动比的连续改变。这也是一种具有广阔发展前景的自动变速器，目前在汽车上的应用已具有一定的市场份额。

图 4-1-1 机械式自动变速器

图 4-1-2 无级自动变速器

3. 液力式自动变速器

液力式自动变速器是目前应用最广泛、技术最成熟的自动变速器。

按照控制方式的不同，液力自动变速器可以分为液控液力自动变速器和电控液力自动变速器，目前轿车上都是采用电控液力自动变速器。

按照变速机构（机械变速器）的不同，液力自动变速器又可以分为行星齿轮自动变速器和非行星自动齿轮变速器。行星齿轮自动变速器应用最广泛，非行星齿轮自动变速器只在本田等个别车系中应用。行星齿轮自动变速器又可以分为辛普森式自动变速器、拉威挪式自动变速器和串联式自动变速器。

（二）按车辆的驱动方式分类

自动变速器按车辆驱动方式的不同，可以分为后驱动自动变速器和前驱动自动变速器。

如图 4-1-3 所示，后驱动自动变速器用于发动机前置后轮驱动的布置形式，变速器与主减速器、差速器分开。如图 4-1-4 所示，前驱动自动变速器用于发动机前置前轮驱动，变速器与主减速器、差速器制成一个总成。

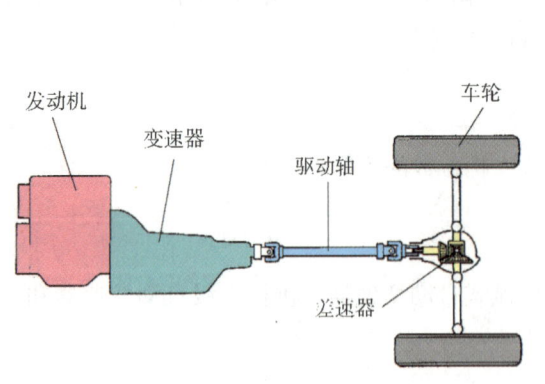

图 4-1-3 后驱动自动变速器

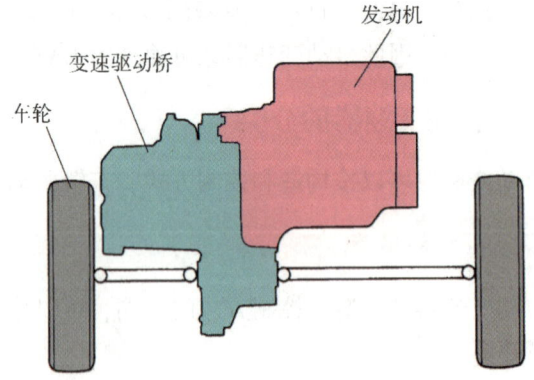

图 4-1-4 前驱动自动变速器

（三）按自动变速器前进挡的挡位数分类

按照自动变速器选挡杆置于前进挡时的挡位数，可以分为四挡、五挡、六挡等，目前比较常见的是五挡和六挡自动变速器，在某些高级轿车（如丰田皇冠、宝马 7 系、奥迪 A8 等轿车）中采用七挡自动变速器。

二、自动变速器的基本组成和工作原理

本任务所说的自动变速器都是特指液力自动变速器。液力自动变速器主要由液力变矩器、机械变速器、液压控制系统、冷却滤油装置等组成。电控液力自动变速器除上述 4 部分外还有电子控制系统。

（一）基本组成

（1）液力变矩器
（2）机械变速器
（3）液压控制系统
（4）电子控制系统
（5）冷却滤油装置

（二）基本原理

如图 4-1-5 所示为液控自动变速器的组成和原理示意图。

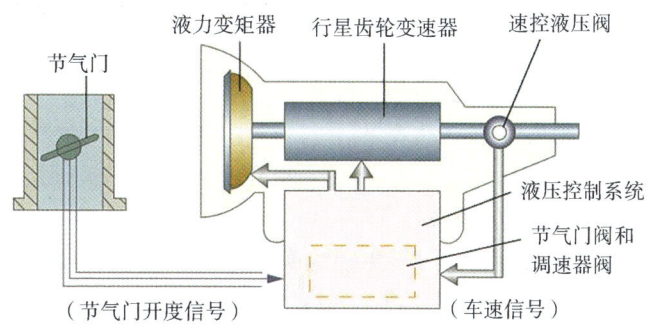

图 4-1-5　液控自动变速器的组成和原理示意图

液控自动变速器是通过机械传动方式，将汽车行驶时的车速和节气门开度这两个主控制参数转变为液压控制信号；液压控制系统中的各控制阀根据这些液压控制信号的变化按照设定的换挡规律，操纵换挡执行元件的动作实现自动换挡。

如图 4-1-6 所示为电控自动变速器的组成和原理图。

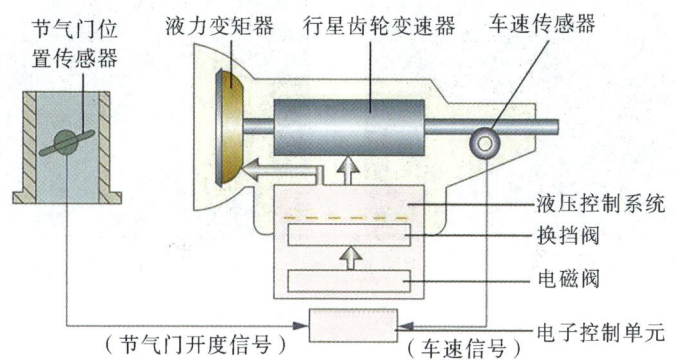

图 4-1-6　电控自动变速器的组成和原理图

电控自动变速器是通过各种传感器，将发动机的转速、节气门开度、车速、发动机水温、自动变速器 ATF 油温等参数信号输入电控单元（ECU），ECU 根据这些信号，按照设定的换挡规律，向换挡电磁

阀、油压电磁阀等发出动作控制信号，换挡电磁阀和油压电磁阀再将 ECU 的动作控制信号转变为液压信号，利用这些信号控制换挡执行元件的动作，从而实现自动换挡过程。

三、自动变速器选挡杆的使用

轿车自动变速器的选挡杆通常有 6 个位置，如图 4-1-7 所示。其功能如下。

P 位：驻车挡。选挡杆置于此位置时，驻车锁止机构将自动变速器输出轴锁止。

R 位：倒挡。选挡杆置于此位置时，液压系统倒挡油路被接通，驱动轮反转，实现倒向行驶。

N 位：空挡。选挡杆置于此位置时，所有机械变速器的齿轮机构空转，不能输出动力。

D 位：前进挡。选挡杆置于此位置时，液压系统控制装置根据节气门开度信号和车速信号自动接通相应的前进挡油路，行星齿轮变速器在换挡执行元件的控制下得到相应的传动比。随着行驶条件的变化，在前进挡中自动升降挡，实现自动变速功能。

2 位：高速发动机制动挡。选挡杆置于此位置时，液压控制系统只能接通前进挡中的一挡、二挡油路，自动变速器只能在这两个挡位间自动换挡，无法升入更高的挡位，从而使汽车获得发动机制动效果。

图 4-1-7　自动变速器的选挡杆位置

L 位（也称 1 位）：低速发动机制动挡。选挡杆置于此位置时，汽车被锁定在前进挡的，只能在该挡位行驶而无法升入高挡，发动机制动效果更强。

这两个挡位多用于山区等路况的行驶，可避免频繁换挡，提高变速器的使用寿命。

发动机只有在选挡杆置于 N 位或 P 位时，汽车才能起动，此功能靠空挡起动开关来实现。

常见的选挡杆的位置可布置在转向柱上或驾驶室前排中间，如图 4-1-8 所示。

(a) 布置在转向柱上

(b) 布置在驾驶室前排中间

图 4-1-8　选挡杆的位置

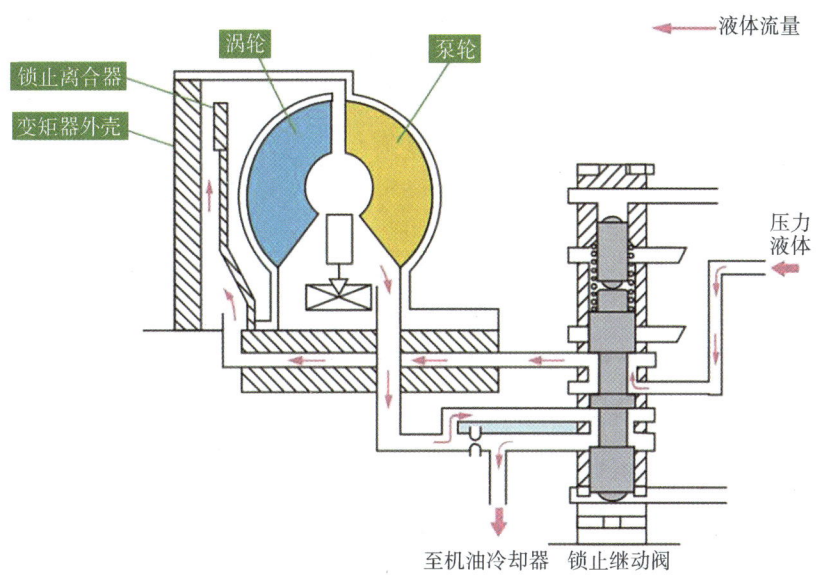

图 4-2-8 锁止离合器分离

任务三　行星齿轮机构

一、单排行星齿轮机构的组成

如图 4-3-1 所示，单排行星齿轮机构主要由一个太阳轮（或称为中心轮）、一个带有若干个行星齿轮的行星架和一个齿圈组成。

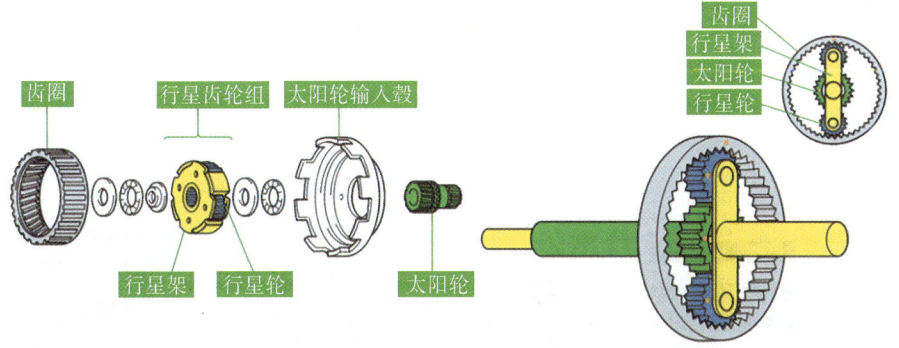

图 4-3-1　单排行星齿轮机构

二、行星齿轮机构的工作原理

单排行星齿轮机构具有两个自由度，在三个基本件中，任选两个分别作为主动件和从动件，而使另外一个元件固定不动（或受约束），则机构只有一个自由度，整个轮系以一定的传动比传递动力，具体工作方式如表 4-3-1 所示。

表 4-3-1 单排行星齿轮机构工作表

固定	主动件	从动件	转速	旋转方向
齿圈	太阳轮	行星齿轮架	减速	与主动件同向
齿圈	行星齿轮架	太阳轮	加速	与主动件同向
太阳轮	齿圈	行星齿轮架	减速	与主动件同向
太阳轮	行星齿轮架	齿圈	加速	与主动件同向
行星齿轮架	太阳轮	齿圈	减速	与主动件反向
行星齿轮架	齿圈	太阳轮	加速	与主动件反向
任意两个元件运动情况相同			相同	与主动件同向
没有固定任意一个元件				空挡

行星齿轮机构的减速、加速和倒挡（反向）时的传动路线分别如图 4-3-2～图 4-3-4 所示。

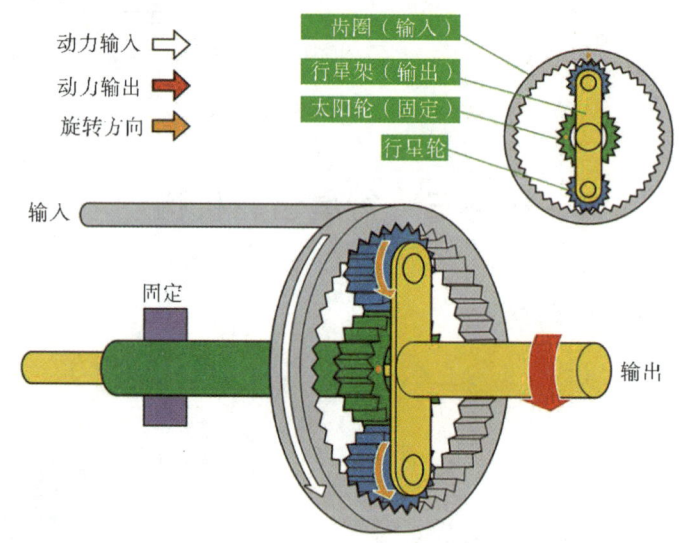

图 4-3-2 减速传动

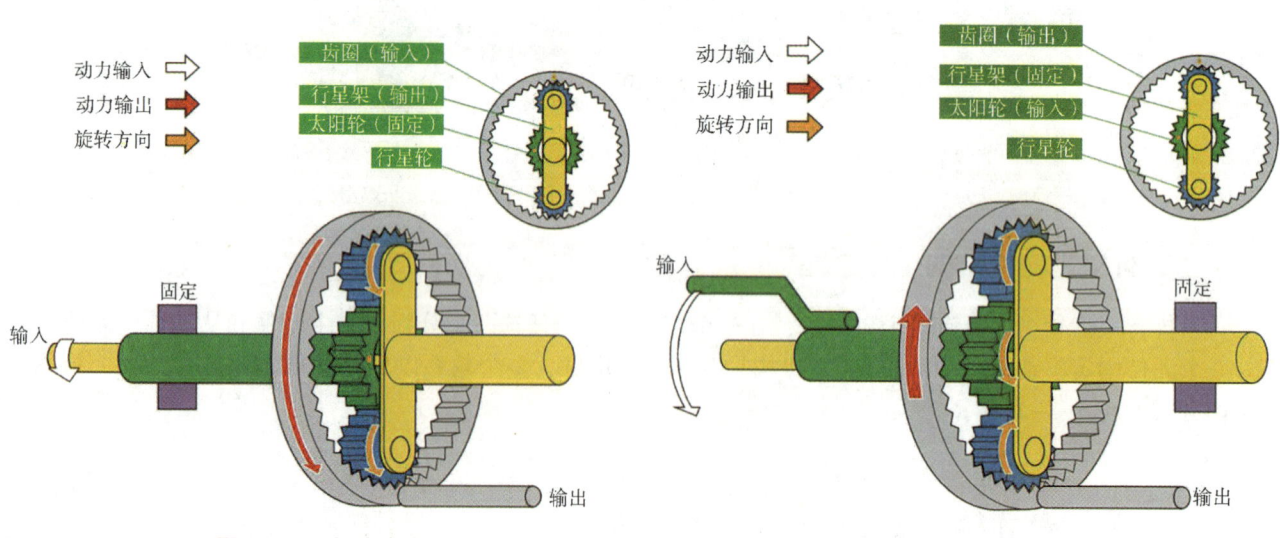

图 4-3-3 加速传动　　　　　图 4-3-4 倒挡（反向传动）

三、换挡执行元件

自动变速器想要完成换挡也就是实现传动比的改变,必须具有选择性地固定行星齿轮机构中的某个元件或者选择性地将动力传递到某个元件的功能,这是由换挡执行元件完成的。

行星齿轮变速器的换挡执行元件包括离合器、制动器和单向离合器。

(一)离合器

离合器的功用是连接轴和行星齿轮机构中的元件或是连接行星齿轮机构中的不同元件使之共同运动。

1. 离合器的构造及组成

自动变速器中使用的离合器为多片离合器,多片离合器由摩擦片、钢片、离合器活塞、离合器毂、卡环等组成,如图4-3-5所示。多片离合器能承受较大的转矩。活塞通过回位弹簧回位,回位弹簧由卡环定位。多片离合器中的钢片和摩擦片交替安装,摩擦片的两面有摩擦材料,而钢片两面光滑,没有摩擦材料。也有部分变速器的多片离合器采用单面带摩擦材料的摩擦片,即它一面带有摩擦材料,另一面则是光滑的钢片。

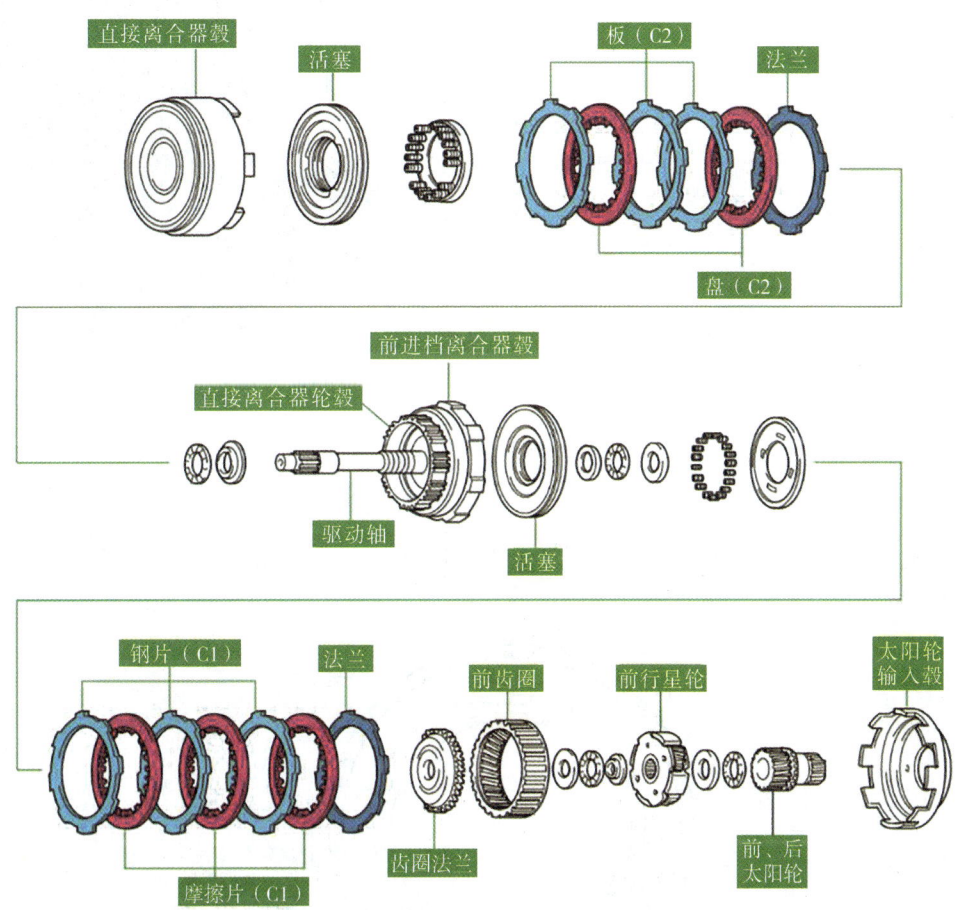

图 4-3-5 多片离合器

2. 离合器的工作原理

离合器的工作原理如图4-3-6所示。

当一定压力的ATF经控制油道进入活塞左面的液压缸时,液压作用力便克服回位弹簧力使活塞右移,将所有离合器片压紧,即离合器接合,与离合器主、从动部分相连的元件也被连接在一起,以相同的速度旋转。

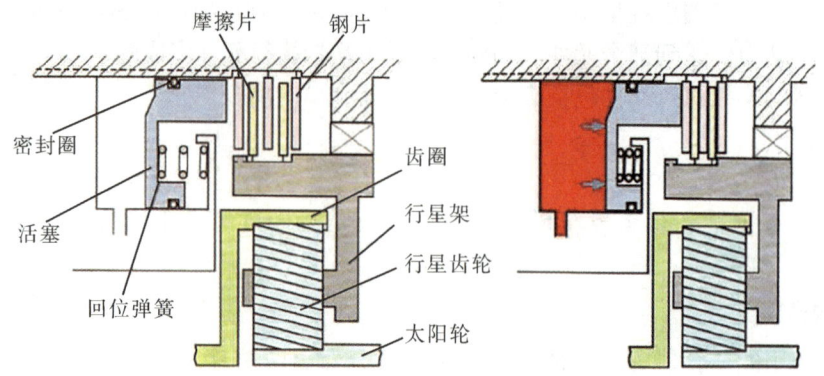

图 4-3-6 离合器工作原理

当控制阀将作用在离合器液压缸的油压撤除后,离合器活塞在回位弹簧的作用下恢复原位,并将缸内的变速器油从进油孔排出,使离合器分离,离合器主、从动部分可以不同转速旋转。

为了快速泄油,保证离合器彻底分离,一般在液压缸中都有一个单向球阀,如图 4-3-7 所示。当 ATF 被撤除时,球体在离心力的作用下离开阀座,开启辅助泄油通道,ATF 迅速撤离。

图 4-3-7 带单向安全阀的离合器

(二)制动器

制动器的功用是固定行星齿轮机构中的元件,防止其转动。制动器有片式和带式两种形式。片式制动器与离合器的构造和原理相同,不同之处是离合器是通过连接作用而传递动力,而片式制动器是通过连接而起制动作用,下面介绍带式制动器。

1. 制动器构造及组成

带式制动器主要由制动带和控制油缸组成,如图 4-3-8 所示。制动带是内表面带有镀层的开口式环形钢带。制动带的一端支承在与变速器壳体固连的支座上,另一端与控制油缸的活塞杆相连。

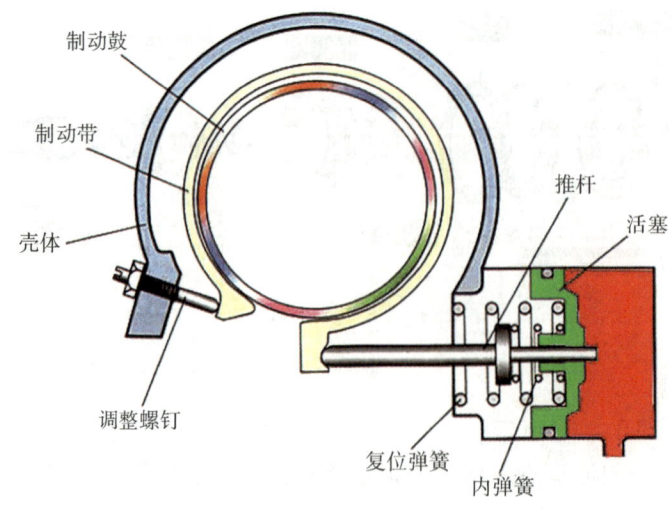

图 4-3-8 带式制动器

2. 制动器的工作原理

制动带开口处的一端通过支柱支承于固定在变速器壳体的调整螺钉上，另一端支承于油缸活塞杆端部，活塞在回位弹簧和左腔油压作用下位于右极限位置，此时，制动带和制动鼓之间存在一定间隙。

制动时，压力油进入活塞右腔，克服左腔油压和回位弹簧的作用力推动活塞左移，制动带以固定支座为支点收紧。在制动力矩的作用下，制动鼓停止旋转，行星齿轮机构某元件被锁止。随着油压撤除，活塞逐渐回位，制动解除。

（三）单向离合器

单向离合器的作用与离合器、制动器相同，用于固定或连接一些基本元件，让行星齿轮变速器实现自动换挡。它依靠单向锁止原理来发挥固定或连接作用，其固定和连接也只能单方向，而且它无须控制机构，只需根据相对运动情况自动起作用的换挡执行元件。因此大大简化了液压控制系统，又在一定程度上保证了换挡平顺无冲击。

其常见形式有两种：楔块式单向离合器和滚柱斜槽式单向离合器。

1. 楔块式单向离合器的组成及工作原理

楔块式单向离合器由外座圈、内座圈、保持架、楔块等组成，如图 4-3-9 所示。楔块式单向离合器的工作原理是：内座圈固定，当外座圈顺时针旋转时，楔块顺时针旋转，$L_1<L_2$，外座圈可相对楔块和内座圈旋转；反之，当外座圈逆时针旋转时，楔块逆时针旋转，$L_2>L_1$，楔块阻止外座圈旋转，如图 4-3-10 所示。

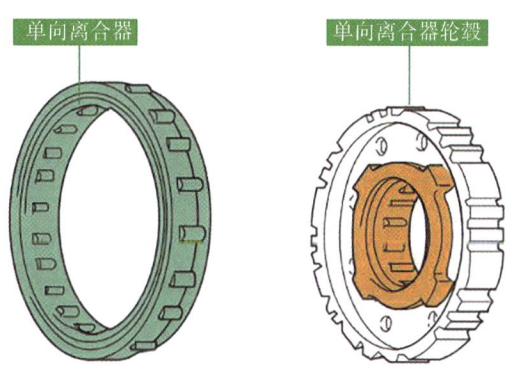

图 4-3-9 楔块式单向离合器结构

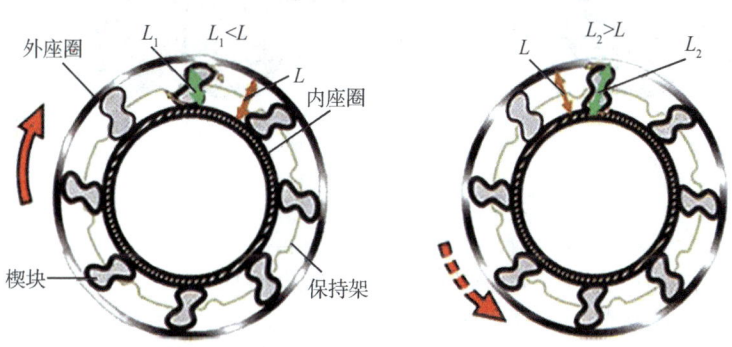

图 4-3-10 楔块式单向离合器的工作原理

2. 滚柱式单向离合器的组成及工作原理

滚柱式单向离合器由内座圈、外座圈、滚柱、叠片弹簧等组成，如图 4-3-11 所示。当外圈顺时针旋转，滚柱进入楔形槽的宽处，内、外座圈不能被滚柱楔紧，外座圈可自由转动。当外座圈逆时针旋转时，滚柱进入楔形槽的窄处，内、外座圈被滚柱楔紧，外座圈被固定不动。

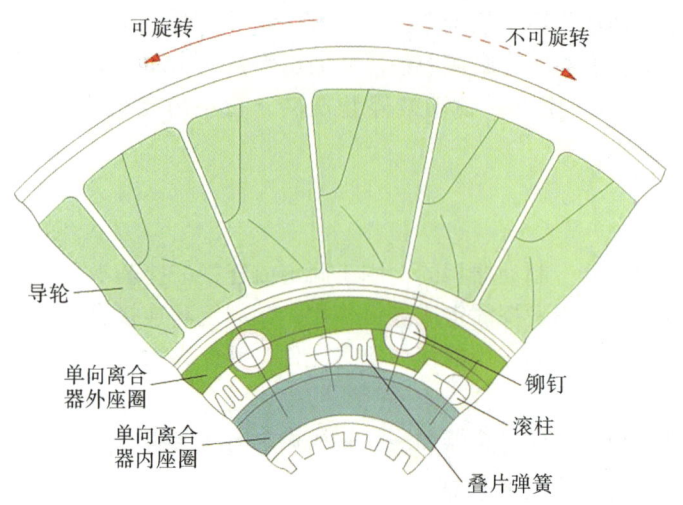

图 4-3-11 滚柱式单向离合器

任务四 辛普森式行星齿轮变速器

辛普森式行星齿轮变速器是在自动变速器中应用最广泛的一种行星齿轮变速器。它由美国福特公司的工程师 H·W·辛普森发明。目前多采用的是四挡辛普森行星齿轮变速器。

一、辛普森行星齿轮变速器的构造及组成

如图 4-4-1 为四挡辛普森行星齿轮变速器的构造简图。

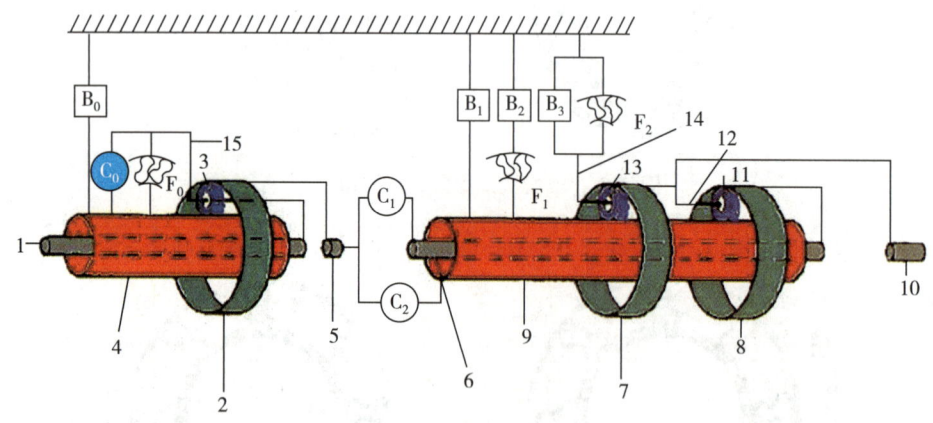

1—输入轴；2—超速齿圈；3—超速行星齿轮；4—超速太阳轮；5—输入轴；6—中间轴；7—前齿圈；
8—后齿圈；9—前后太阳轮；10—输出轴；11—后行星齿轮；12—后行星架；13—前行星齿轮；
14—前行星架；15—超速行星架；F_0、F_1、F_2—单向离合器；C_0、C_1、C_2—离合器；B_0、B_1、B_2、B_3—制动器

图 4-4-1 四挡辛普森行星齿轮变速器的构造简图

四挡辛普森行星齿轮变速器由四挡辛普森行星齿轮机构和换挡执行元件两大部分组成。其中，四挡辛普森行星齿轮机构由 3 排行星齿轮机构组成，前面一排为超速行星排，中间一排为前行星排，后面一排为后行星排，之所以这样命名是由于四挡辛普森行星齿轮机构是在三挡辛普森行星齿轮机构的基础上

发展起来的，沿用了三挡辛普森行星齿轮机构的命名。输入轴与超速行星排的行星架相连，超速行星排的齿圈与中间轴相连，中间轴通过前进挡离合器或直接挡、倒挡离合器与前、后行星排相连。前、后行星排的构造特点是，共用一个太阳轮，前行星排的行星架与后行星排的齿圈相连并与输出轴相连换挡。

二、辛普森行星齿轮变速器的换挡执行元件

换挡执行机构包括3个离合器、4个制动器和3个单向离合器共10个元件，具体功能见表4-4-1。

表4-4-1　换挡执行元件的功能

换挡执行元件		功能
C_0	超速挡（OD）离合器	连接超速行星排太阳轮与超速行星排行星架
C_1	前进挡离合器	连接中间轴与前行星排齿圈
C_2	直接挡、倒挡离合器	连接中间轴与前后行星排太阳轮
B_0	超速挡（OD）制动器	制动超速行星排太阳轮
B_1	二挡滑行制动器	制动前后行星排太阳轮
B_2	二挡制动器	制动F_1外座圈，当F_1起作用时，可以防止前后行星排太阳轮逆时针转动
B_3	低速挡、倒挡制动器	制动后行星排行星架
F_0	超速挡（OD）单向离合器	连接超速行星排太阳轮与超速行星排行星架
F_1	二挡（一号）单向离合器	当B_2工作时，防止前后行星排太阳轮逆时针转动
F_2	低速挡（二号）单向离合器	防止后行星排行星架逆时针转动

三、四挡辛普森行星齿轮变速器各挡传动路线

在变速器各挡位时，换挡执行元件的动作情况见表4-4-2。

表4-4-2　各挡位时换挡执行元件的动作情况

挡位	挡位	换挡执行元件										发动机制动
		C_0	C_1	C_2	B_0	B_1	B_2	B_3	F_0	F_1	F_2	
P	驻车挡	●										
R	倒挡	●		●				●	●			
N	空挡	●										
D	一挡	●	●						●		●	
D	二挡	●	●				●		●	●		
D	三挡	●	●	●					●			
D	四挡（OD挡）		●	●	●							
2	一挡	●	●						●		●	
2	二挡	●	●			●	●		●	●		●
2	三挡	●	●	●		●			●			●
L	一挡	●	●					●	●		●	●
L	二挡	●	●				●		●	●	●	●

注：换挡元件工作或有发动机制动。
　　各挡位动力传动路线。

1. D位一挡

如图4-4-2所示，D位一挡时，C_0、C_1、F_0、F_2工作。C_0和F_0工作将超速行星排的太阳轮和行星

架相连，此时超速行星排成为一个刚性整体，输入轴的动力顺时针传到中间轴。C_1 工作将中间轴与前行星排齿圈相连，前行星排齿圈顺时针转动驱动前行星排行星轮，前行星排行星轮既顺时针自转又顺时针公转，前行星排行星轮顺时针公转则输出轴也顺时针转动，这是一条动力传动路线。由于前行星排行星轮顺时针自转，则前后行星排太阳轮逆时针转动，再驱动后行星排行星轮顺时针自转，此时后行星排行星轮在前后行星排太阳轮的作用下有逆时针公转的趋势，但由于 F_2 的作用，使得后行星排行星架不动。这样顺时针转动的后行星排行星轮驱动齿圈顺时针转动，从输出轴也输出动力，这是第二条动力传动路线。

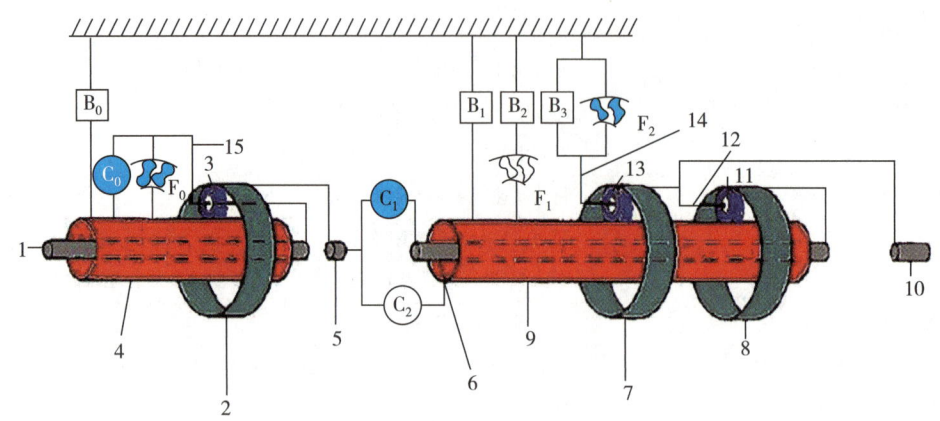

图 4-4-2 D 位一挡动力传动路线

2. D 位二挡

如图 4-4-3 所示，D 位二挡时，C_0、C_1、B_2、F_0、F_1 工作。C_0 和 F_0 工作，如前所述直接将动力传给中间轴。C_1 工作，动力顺时针传到前行星排齿圈，驱动前行星排行星轮顺时针转动，并使前后太阳轮有逆时针转动的趋势，由于 B_2 的作用，F_1 将防止前后太阳轮逆时针转动，即前后太阳轮不动。此时前行星排行星轮将带动行星架也顺时针转动，从输出轴输出动力。后行星排不参与动力的传动。

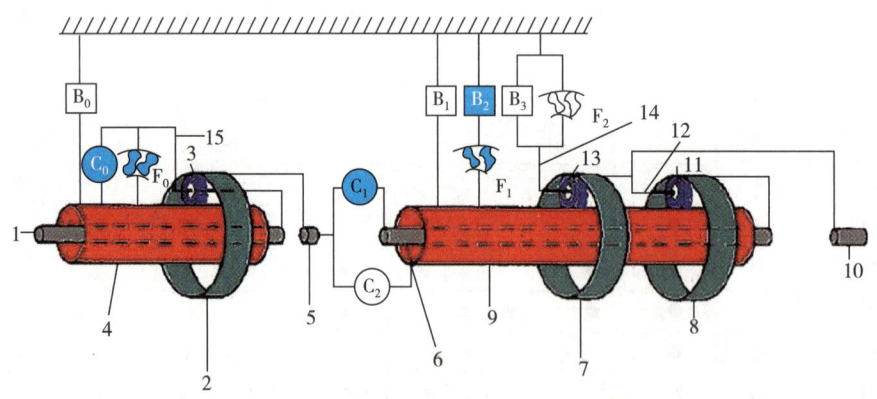

图 4-4-3 D 位二挡动力传动路线

3. D 位三挡

如图 4-4-4 所示，D 位三挡时，C_0、C_1、C_2、B_2、F_0 工作。C_0 和 F_0 工作，如前所述直接将动力传给中间轴。C_1、C_2 工作将中间轴与前行星排的齿圈和太阳轮同时连接起来，前行星排成为刚性整体，动力直接传给前行星排行星架，从输出轴输出动力。此挡为直接挡。

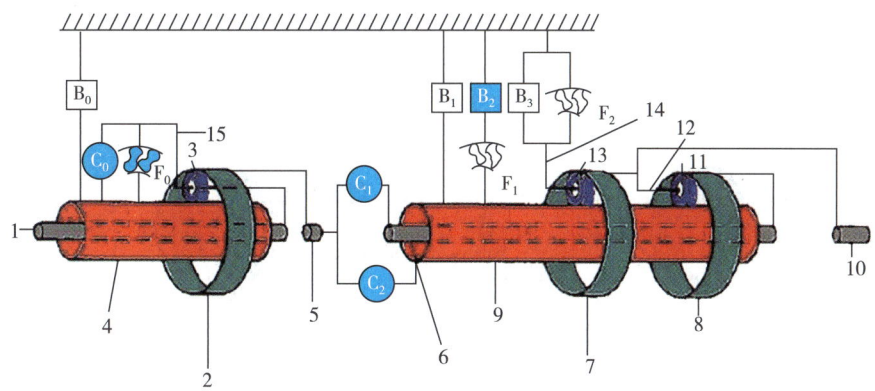

图 4-4-4　D 位三挡动力传动路线

4. D 位四挡

如图 4-4-5 所示，D 位四挡时，C_1、C_2、B_0、B_2 工作。B_0 工作，将超速行星排太阳轮固定。动力由输入轴输入，带动超速行星排行星架顺时针转动，并驱动行星轮及齿圈都顺时针转动，此时的传动比小于 1。C_1、C_2 工作使得前后行星排的工作同 D 位三挡，即处于直接挡。所以整个机构以超速挡传递动力。B_2 的作用同前所述。

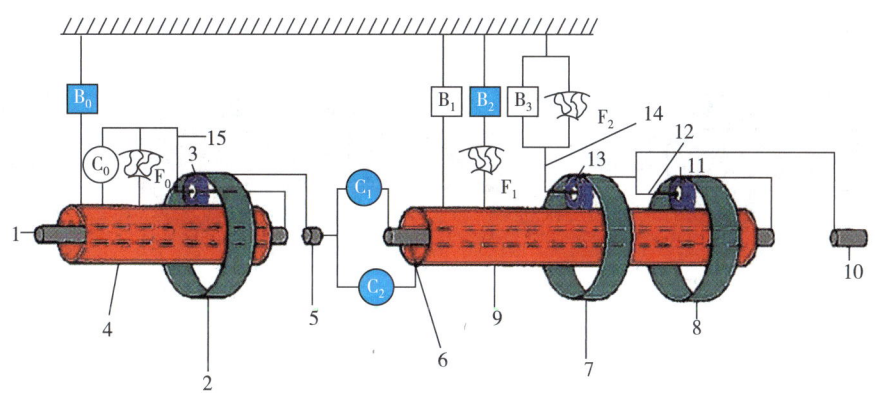

图 4-4-5　D 位四挡动力传动路线

5. 二位一挡

二位一挡的工作与 D 位一挡相同。

6. 二位二挡

如图 4-4-6 所示，二位二挡时，C_0、C_1、B_1、B_2、F_0、F_1 工作。动力传动路线与 D 位二挡时相同。区别只是由于 B_1 的工作，使得二位二挡有发动机制动的功能，可以通过发动机反拖传动轴来增加制动的效果，而 D 位二挡没有。此挡为高速发动机制动挡。

发动机制动是指利用发动机怠速时的较低转速及变速器的较低挡位来使较快的车辆减速。D 位二挡时，如果驾驶员抬起加速踏板，发动机进入怠速工况，而汽车在原有的惯性作用下仍以较高的车速行驶。此时，驱动车轮将通过变速器的输出轴反向带动行星齿轮机构运转，各元件都将以相反的方向转动，即前后太阳轮将有顺时针转动的趋势，F_1 不起作用，使得反传的动力不能到达发动机，无法利用发动机进行制动。而在二位三挡时，B_1 工作使得前后太阳轮固定，既不能逆时针转动也不能顺时针转动，这样反传到发动机，所以有发动机制动。

· 65 ·

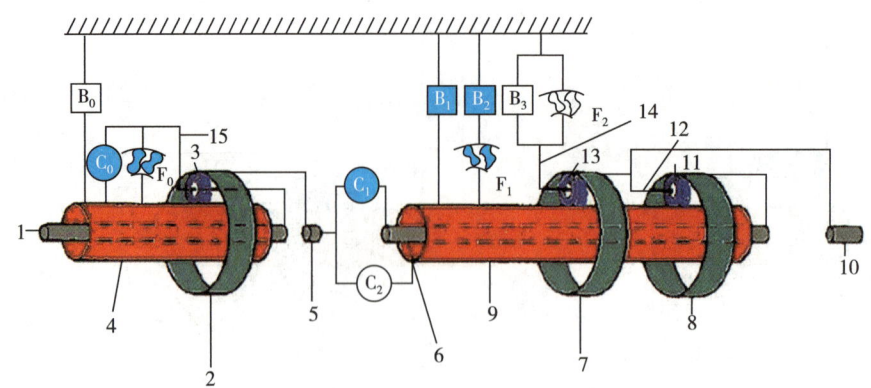

图 4-4-6 二位二挡动力传动路线

7. L 位一挡

如图 4-4-7 所示，L 位一挡时，C_0、C_1、B_3、F_0、F_2 工作。动力传动路线与 D 位一挡时相同。区别只是由于 B_3 的工作，使后行星排行星架固定，有发动机制动，原因同前所述。此挡为低速发动机制动挡。

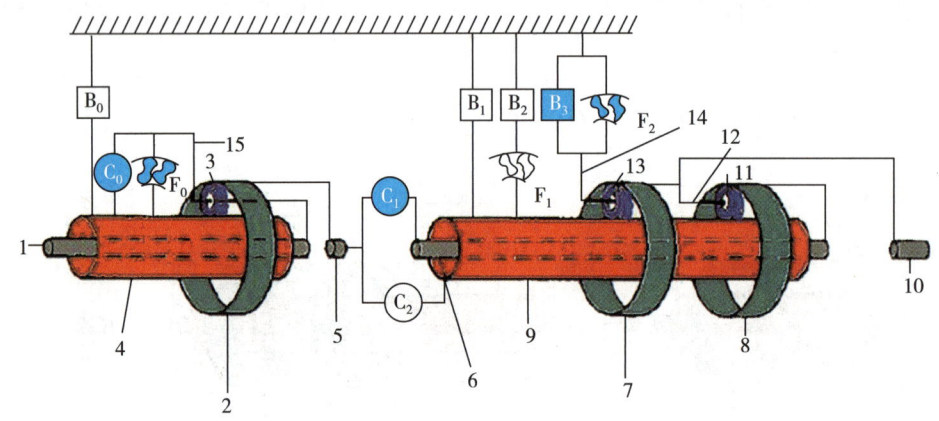

图 4-4-7 L 位一挡动力传动路线

8. L 位二挡

L 位二挡的工作与二位二挡相同。

9. R 挡

如图 4-4-8 所示，倒挡时，C_0、C_2、B_3、F_0 工作。C_0 和 F_0 工作，如前所述直接将动力传给中间

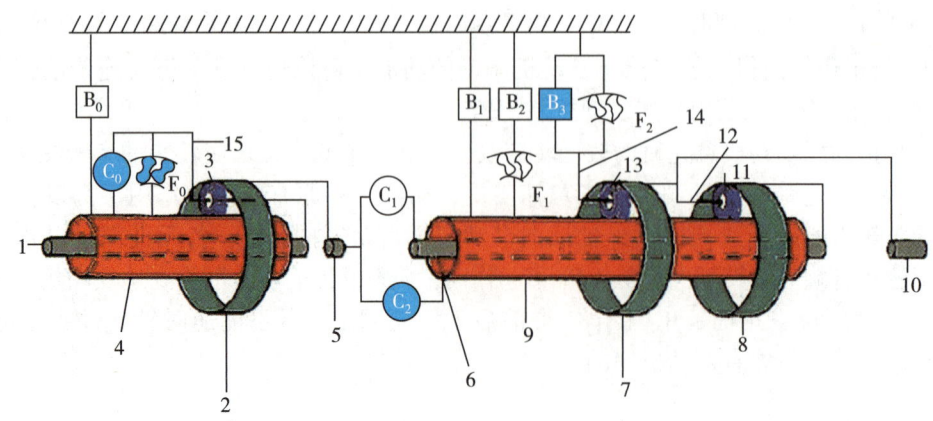

图 4-4-8 倒挡动力传动路线

轴，C_2 工作将动力传给前后行星排太阳轮。由于 B_3 工作，将后行星排行星架固使得行星轮仅相当于一个惰轮。前后行星排太阳轮顺时针转动驱动后行星排行星架逆时针转动，进而驱动后行星排齿圈也逆时针转动，从输出轴逆时针输出动力回中。

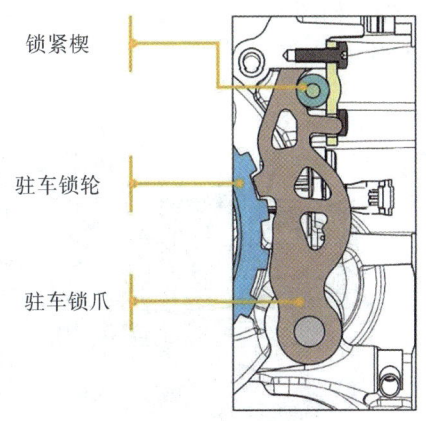

图 4-4-9 驻车锁止机构

10. P 挡（驻车挡）

选挡杆置于 P 位时，一般自动变速器都是通过驻车锁止机构将变速器输出轴锁止实现驻车。如图 4-4-9 所示，驻车锁止机构由锁紧楔、驻车锁轮、驻车锁爪等组成，驻车锁爪与固定在变速器壳体上的枢轴相连。当选挡杆处于 P 位时，与选挡杆相连的连杆通过锁紧楔将驻车锁爪推向驻车锁轮，并嵌入齿中，使变速器驻车锁轮与壳体相连而无法转动。当选挡杆处于其他位置时，锁止锁爪在回位弹簧的作用下离开驻车锁轮，锁止撤销。

任务五　拉威挪式行星齿轮变速器

一、拉威挪式行星齿轮机构

拉威挪式行星齿轮机构如图 4-5-1 所示，由一个前单行星轮排和一个后双行星轮排组合而成。大太阳轮、长行星轮、行星架和齿圈共同组成一个单行星轮式行星排；小太阳轮、短行星轮、长行星轮、行星架和齿圈共同组成一个双行星轮式行星排。

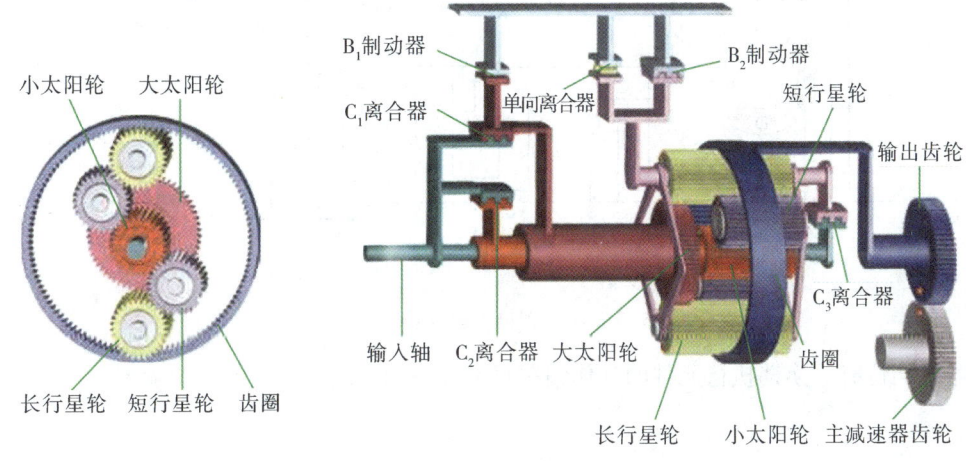

图 4-5-1 拉威挪式行星齿轮机构

二、01M型拉威挪式自动变速器的构造、组成

01M型自动变速器由带锁止离合器的单级双向三元件液力变矩器、可自动换挡的拉威挪式行星齿轮机构两部分组成,是液力机械式变速器,如图4-5-2所示。该变速器共有7个挡位,4个前进挡、1个倒挡(R)、1个空挡(N)、1个驻车挡(P)。

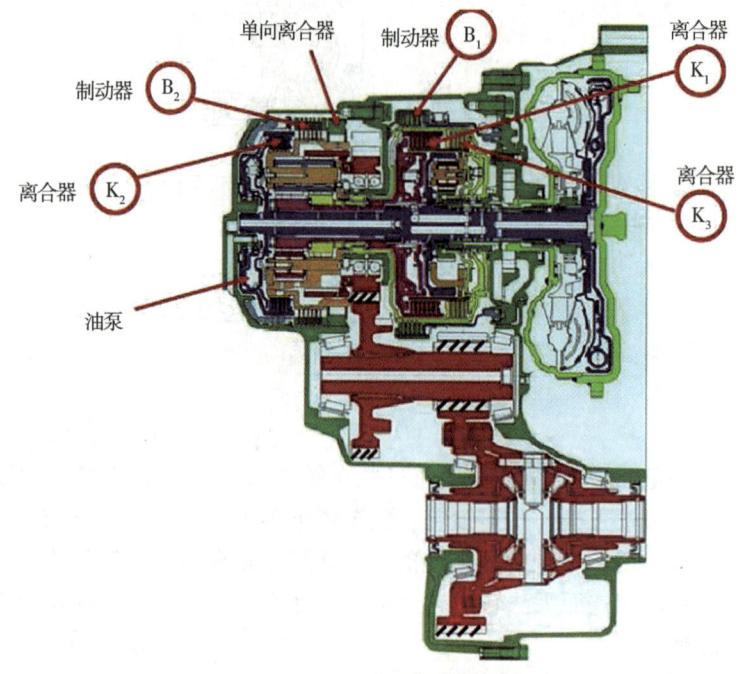

图4-5-2　01M型自动变速器

三、01M型拉威挪式自动变速器各挡传动路线

01M型自动变速器传动示意图如图4-5-3所示,其中离合器C_2用于驱动大太阳轮,离合器C_3用于驱动行星齿轮架,制动器B_1用于制动行星齿轮架,制动器B_2用于制动大太阳轮,单向离合器F_0、F防止行星架逆时针转动,锁止离合器C_0将变矩器的泵轮和涡轮刚性连接在一起。

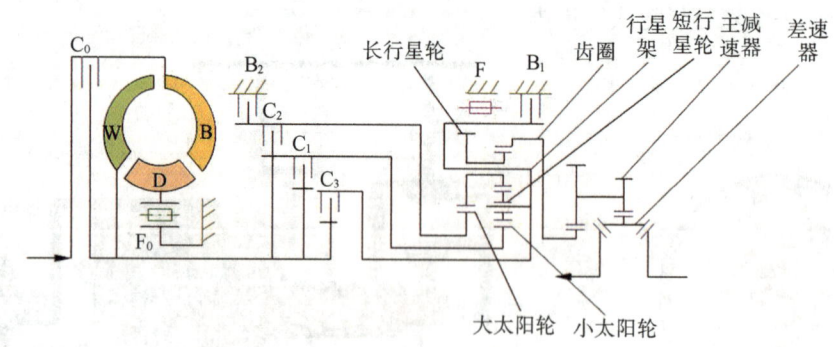

图4-5-3　01M型自动变速器传动示意图

在变速器各挡位时,换挡执行元件的动作情况见表4-5-1所示。

表 4-5-1　各挡位时换挡执行元件的动作情况

挡位	换挡执行元件							
	C_0	C_1	C_2	C_3	B_1	B_2	F_0	F
R			●		●		●	
1挡		●					●	●
2挡		●				●	●	
3挡	●	●		●				
4挡	●			●		●		●

（一）1挡

1挡动力传递时，离合器C_1、单向离合器F_0、单向离合器F工作，如图4-5-4所示。动力传动路线为：泵轮→涡轮→涡轮轴→离合器C_1→小太阳轮→短行星轮→长行星轮驱动齿圈→主减速器→差速器。

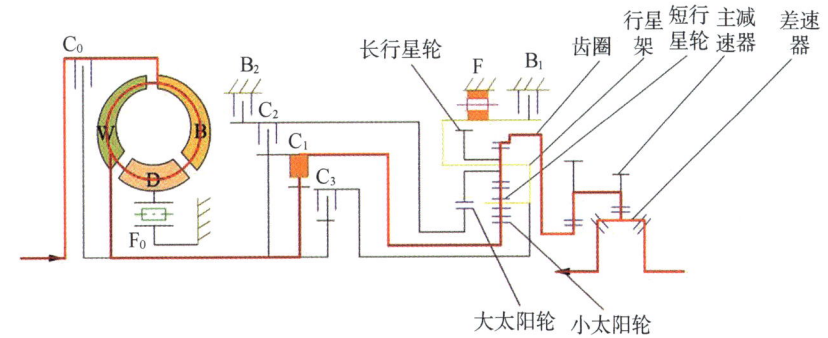

图4-5-4　1挡动力传动路线

（二）2挡

2挡动力传递时，离合器C_1接合，单向离合器F_0工作，制动器B_2制动大太阳轮，如图4-5-5所示。动力传动路线为：泵轮→涡轮→涡轮轴→离合器C_1→小太阳轮→短行星轮→长行星轮围绕大太阳轮转动并驱动齿圈→主减速器→差速器。

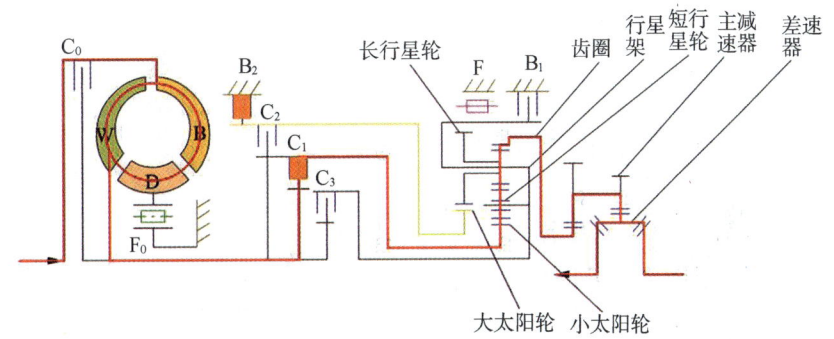

图4-5-5　2挡动力传动路线

（三）3挡

3挡动力传递时，离合器C_0、离合器C_1、离合器C_3接合，如图4-5-6所示。动力传动路线为：泵轮→涡轮→涡轮轴→离合器C_1和离合器C_3→整个行星齿轮转动→主减速器→差速器。

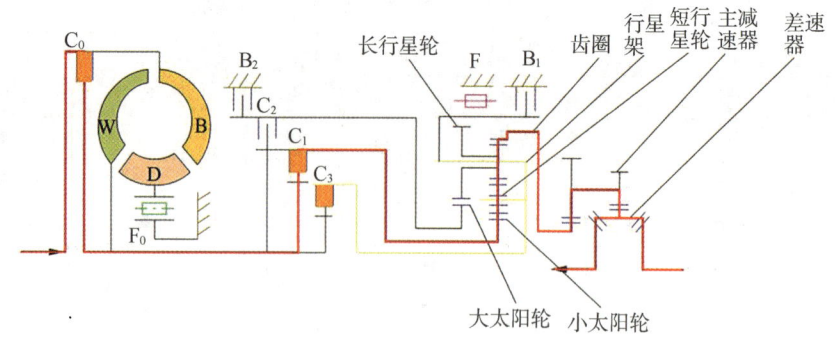

图 4-5-6　3 挡动力传动路线

(四) 4 挡

4 挡动力传递时，离合器 C_0、离合器 C_3 接合，离合器 F 工作，制动器 B_2 工作，使行星架工作，并制动大太阳轮，如图 4-5-7 所示。动力传动路线为：泵轮→涡轮→涡轮轴→离合器 C_3→行星架→长行星轮围绕大太阳轮转动并驱动齿圈→主减速器→差速器。

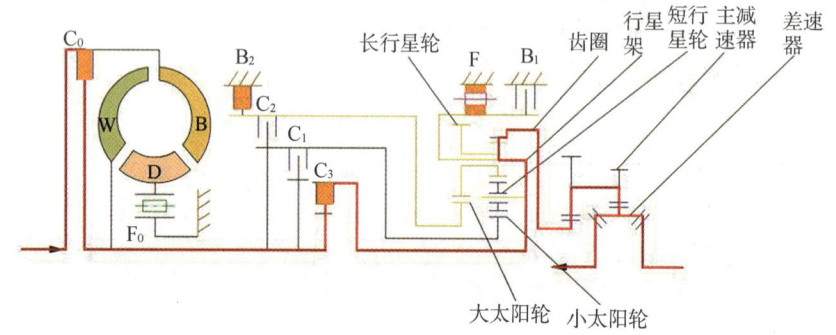

图 4-5-7　4 挡动力传动路线

(五) R 挡

R 挡动力传递时，离合器 C_2 接合、驱动大太阳轮；制动器 B_1 工作，使行星架制动，如图 4-5-8 所示。动力传动路线为：泵轮→涡轮→涡轮轴→离合器 C_2→大太阳轮→长行星轮反向驱动齿圈→主减速器→差速器。

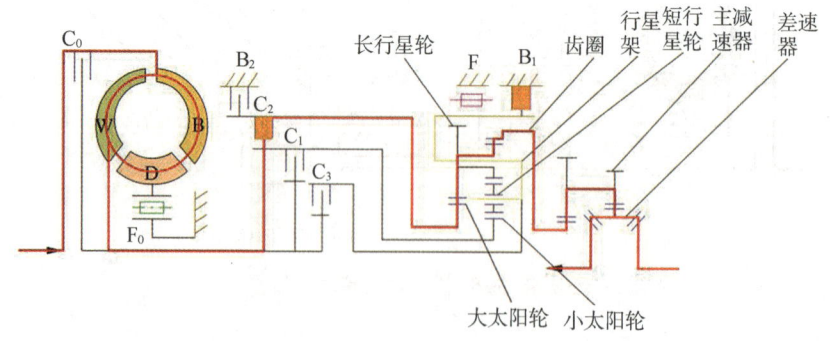

图 4-5-8　R 挡动力传动路线

任务六　自动变速器的拆装与检修

导学视频

自动变速器在工作中由于负荷的作用，随着行驶里程的增加，内部零件的磨损、变形也随之增加，引起各零件间的配合关系变坏，从而引起一系列的故障，需要将自动变速器总成从车上拆下，对自动变速器的零件进行检修。

一、前期准备

安全防护：实训着装、完成设备防护。
工具设备：工具车、工作台、常用维修工具、常用测量工具等。
实训设备：自动变速器总成。
辅助资料：维修手册、教材。

二、操作项目及工作要点

1. 认知自动变速器

（1）认知液力变矩器的形状及结构，正确识别液力变矩器的各零部件，如图4-6-1所示。
（2）认知行星齿轮的形状及结构，正确识别各种形状的行星齿轮，如图4-6-2所示。

图 4-6-1　液力变矩器

图 4-6-2　行星齿轮

（3）认知离合器的形状及结构，正确识别换挡执行元件中的离合器，如图4-6-3所示。
（4）认知片式制动器的形状及结构，正确识别换挡执行元件中的片式制动器，如图4-6-4所示。

图 4-6-3　离合器

图 4-6-4　片式制动器

(5) 认知带式制动器的形状及结构,正确识别换挡执行元件中的带式制动器,如图4-6-5所示。

(6) 认知单向离合器的形状及结构,如图4-6-6所示。

图4-6-5 带式制动器

图4-6-6 单向离合器

(7) 认知自动变速器型号的位置和组成,如图4-6-7所示。

(8) 认知自动变速器挡位的位置和标示,正确识别P、R、N、D等挡位,如图4-6-8所示。

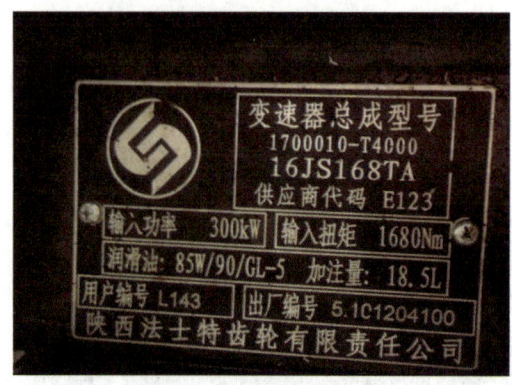
图4-6-7 自动变速器型号

图4-6-8 自动变速器挡把

(9) 正确识别典型前置前驱自动变速器的结构特点,如图4-6-9所示。

(10) 正确识别典型前置后驱自动变速器的结构特点,如图4-6-10所示。

图4-6-9 前置前驱自动变速器

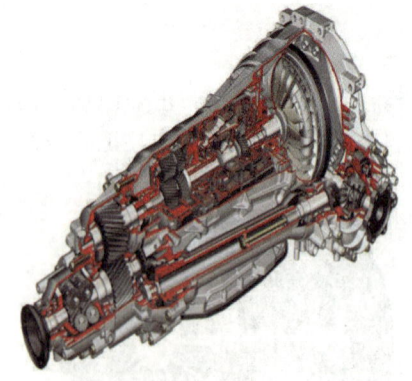
图4-6-10 前置后驱自动变速器

2. DSG自动变速箱(双离合器)的拆卸

(1) 选用合适的工具,拆下离合器齿毂的卡环,如图4-6-11所示。

（2）用卡钩和螺丝刀将齿毂取出，如图4-6-12所示。

图4-6-11　拆下离合器齿毂的卡环　　　　图4-6-12　用卡钩和螺丝刀将齿毂取出

（3）使用工具T10376和支撑装置T10323轻压离合器，如图4-6-13所示。
（4）选用扁口卡环钳，拆下离合器卡环，如图4-6-14所示。

图4-6-13　使用专用工具轻压离合器　　　　图4-6-14　拆下离合器卡环

（5）安装拉拔器T10373，旋紧拉拔器螺栓使离合器分离，如图4-6-15所示。

图4-6-15　安装拉拔器T10373，旋紧拉拔器螺栓使离合器分离

（6）利用拉拔器T10373拔出离合器，如图4-6-16所示。
（7）取下小接合轴承，如图4-6-17所示。

图 4-6-16　利用拉拔器 T10373 拔出离合器

图 4-6-17　取下小接合轴承

(8) 拆下大接合杆及分离轴承,如图 4-6-18 所示。

(9) 拧出小接合杆的两个固定螺栓,如图 4-6-19 所示。

图 4-6-18　拆下大接合杆及分离轴承

图 4-6-19　拧出小接合杆的两个固定螺栓

(10) 拆下小接合杆、分离轴承和导向套,如图 4-6-20 所示。

(11) 拆下两个接合杆的塑料固定器,如图 4-6-21 所示。

图 4-6-20　拆下小接合杆、分离轴承和导向套

图 4-6-21　拆下塑料固定器

(12) 检查变速箱壳体的支撑面是否有毛边,如图 4-6-22 所示。

(13) 检查接触面是否有油脂,若有油脂则需要用抹布进行清洁,如图 4-6-23 所示。

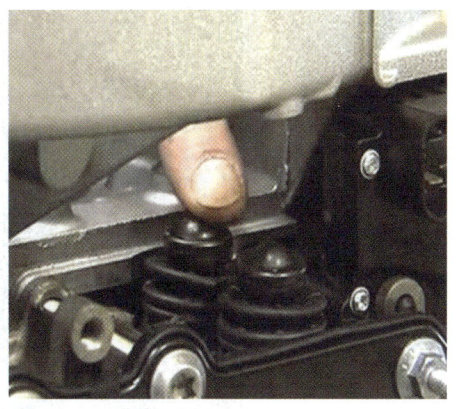

图 4-6-22　检查变速箱壳体的支撑面是否有毛边　　图 4-6-23　检查接触面是否有油脂

3. DSG 自动变速箱（双离合器）接合轴承 K_1 和 K_2 的位置调整

（1）安装两个接合杆的塑料固定器，如图 4-6-24 所示。

（2）将固定卡箍套入离合器 2 的小接合杆内，如图 4-6-25 所示。

图 4-6-24　安装塑料固定器　　图 4-6-25　将固定卡箍套入小接合杆内

（3）安装离合器 2 的小接合杆，检查小接合杆处于正确的位置，如图 4-6-26 所示。

（4）安装新的小接合杆固定螺栓，如图 4-6-27 所示。

图 4-6-26　安装离合器 2 的小接合杆　　图 4-6-27　安装新的小接合杆固定螺栓

（5）装入离合器 1 的大接合杆，检查大接合杆处于正确的位置，如图 4-6-28 所示。

图 4-6-28　装入离合器 1 的大接合杆并检查大接合杆处于正确的位置

（6）调整垫片的确定，在计算之前需要测量 B、A_1 和 A_2 的数值，B、A_1 和 A_2 的测量位置如图 4-6-29 所示。

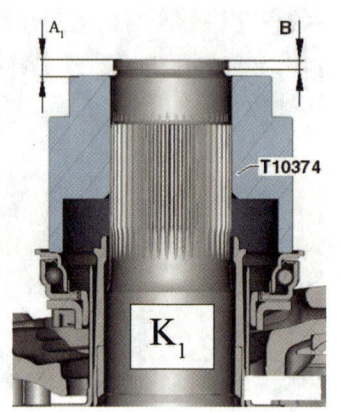 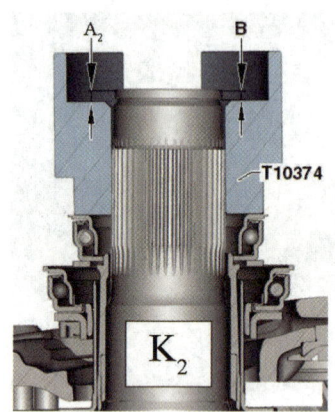

图 4-6-29　B、A_1 和 A_2 的测量位置

（7）测量"B"的值，安装旧的卡环，如图 4-6-30 所示。

（8）检查安装位置是否正确，如图 4-6-31 所示。

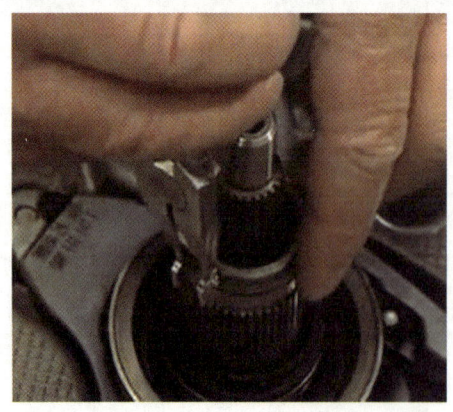 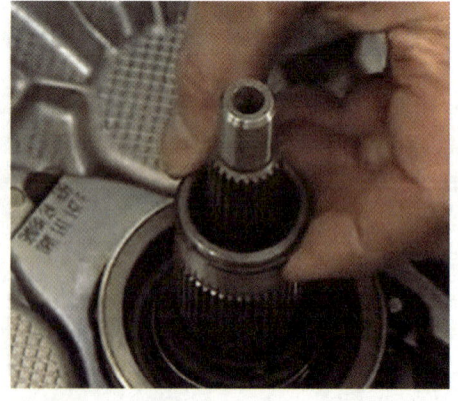

图 4-6-30　安装旧的卡环　　　　图 4-6-31　检查卡环安装位置是否正确

（9）检查螺纹法兰的支撑面是否有毛边，如图 4-6-32 所示。

（10）将量尺 T40100 竖立在变速箱法兰上，将深度计 VAS6594 放在量尺上，如图 4-6-33 所示。

图 4-6-32　检查螺纹法兰的支撑面是否有毛边

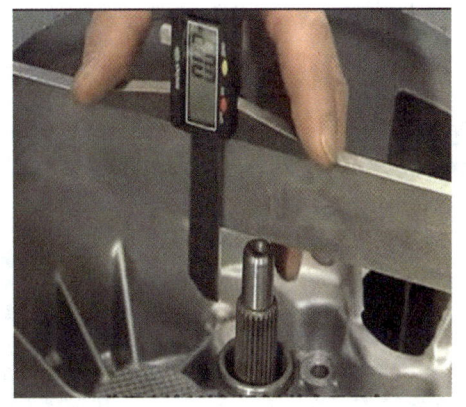
图 4-6-33　安装量尺和深度计

(11) 将深度尺放到外侧输入轴上端，如图 4-6-34 所示。

(12) 将显示器调零，如图 4-6-35 所示。

图 4-6-34　将深度尺放到外侧输入轴上端

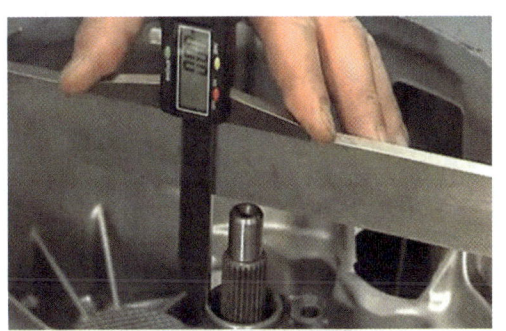
图 4-6-35　将显示器调零

(13) 测量外侧输入轴上端到卡环之间的距离，如图 4-6-36 所示。

(14) 测量值为 3.01mm，记录此数值，作为 B 的第一个数值，如图 4-6-37 所示。

图 4-6-36　测量外侧输入轴上端到卡环之间的距离

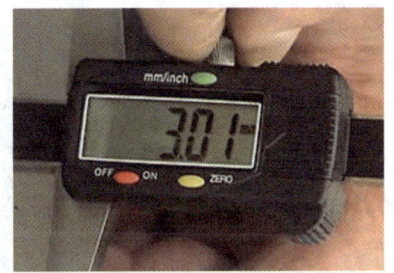
图 4-6-37　B 的第一个数值

(15) 用同样的方法在另一侧再测量一次尺寸 B，测量值为 2.98mm，记录此数值，作为 B 的第二个数值，如图 4-6-38 所示。

(16) 把上述 B 的两个尺寸相加并除以 2 计算出平均值，平均值为 2.995mm，四舍五入，尺寸 B 为 3mm。

（17）取下旧卡环，并作报废处理，如图4-6-39所示。

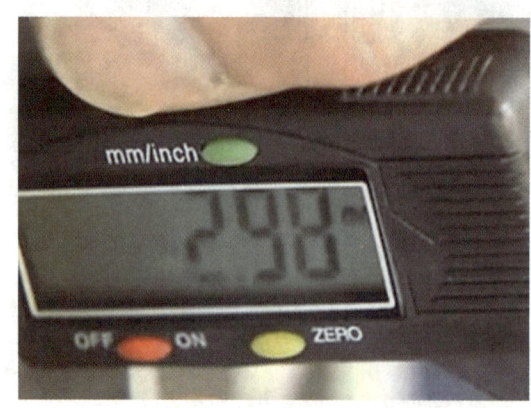
图4-6-38　B的第二个数值

图4-6-39　取下旧卡环

（18）测量离合器 K_1 的 " A_1 " 的值。将量块T10374开口较大的一端朝下，放到大接合轴承上，并来回转动，如图4-6-40所示。

（19）将量尺T40100竖立在法兰上，将深度计VAS6594放在量尺上，如图4-6-41所示。

图4-6-40　量块T10374

图4-6-41　安装量尺和深度计

（20）把深度尺放在外侧输入轴上端，如图4-6-42所示。

（21）将显示调零，如图4-6-43所示。

图4-6-42　把深度尺放在外侧输入轴上端

图4-6-43　将显示调零

（22）测量外侧输入轴上端与量块之间的距离，如图 4-6-44 所示。

（23）测量值为 2.74mm，记录此数值，作为 A_1 的第一个数值。

（24）用同样的方法在另一侧再测量一次尺寸 A_1，测量值为 2.79mm，如图 4-6-45 所示，记录此数值，作为 A_1 的第二个数值。

 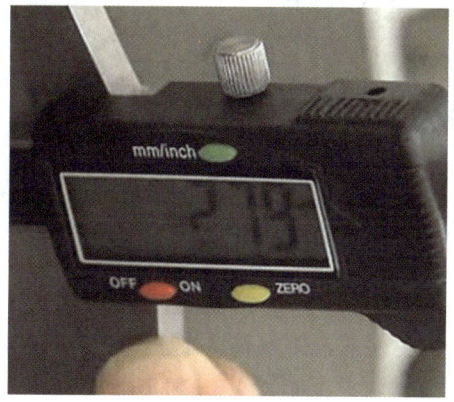

图 4-6-44　测量外侧输入轴上端与量块之间的距离　　图 4-6-45　A_1 的第二个数值

（25）把上述 A_1 的两个尺寸相加并除以 2 计算出平均值，平均值为 2.765mm，四舍五入，尺寸 A_1 为 2.77mm。

（26）取下旧卡环，并作报废处理，如图 4-6-46 所示。

（27）取下上次测量时用到的量块 T10374。

（28）测量离合器 K_2 的"A_2"的值。装上小接合轴承，接合轴承上有 4 个凹槽，只能卡在一个位置，如图 4-6-47 所示。

（29）转动小接合轴承，检查安装位置是否正确。

图 4-6-46　装上小接合轴承　　图 4-6-47　检查小接合轴承安装位置是否正确

（30）把量块开口较大的一端朝上，放在小接合轴承上，如图 4-6-48 所示。

（31）将量尺 T40100 竖立在变速箱法兰上，将深度计 VAS6594 放在量尺上，如图 4-6-49 所示。

图 4-6-48　放入量块

图 4-6-49　安装量尺和深度计

（32）把深度尺放在外侧输入轴上端，如图 4-6-50 所示。

（33）将显示调零，如图 4-6-51 所示。

图 4-6-50　把深度尺放在外侧输入轴上端

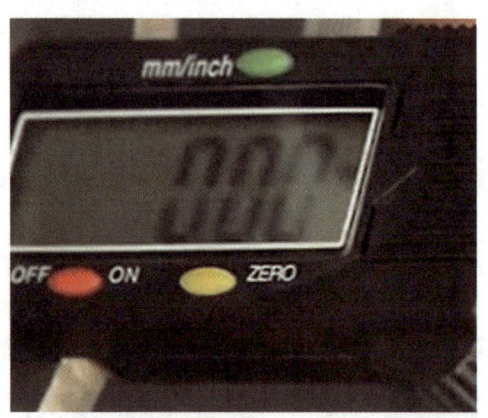
图 4-6-51　将显示调零

（34）测量外侧输入轴上端与量块之间的距离，如图 4-6-52 所示。

（35）测量值为 2.67mm，记录此数值，作为 A_2 的第一个数值，如图 4-6-53 所示。

图 4-6-52　测量外侧输入轴上端与量块之间的距离

图 4-6-53　A_2 的第一个数值

（36）用同样的方法在另一侧再测量一次尺寸 A_2，测量值为 2.75mm，记录此数值，作为 A_2 的第二个数值，如图 4-6-54 所示。

（37）把上述 A_2 的两个尺寸相加并除以 2 计算出平均值，平均值为 2.71mm，得尺寸 A_2 为 2.71mm。

(38）双离合器的部件公差，部件公差刻在双离合器上，离合器 K_1 和 K_2 的公差值都有，如图 4-6-55 所示。

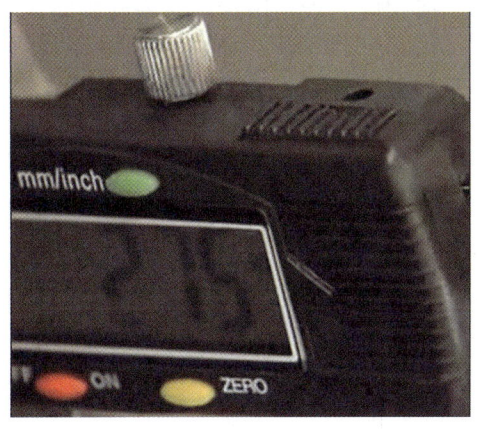

图 4-6-54　A_2 的第二个数值

图 4-6-55　双离合器的部件公差

（39）计算离合器 1 接合轴承的深度。尺寸 A_1 为 2.77mm，减去尺寸 B 为 3mm，等于 -0.23mm，将这个数值与量块的外侧高度（固定值为 51.81mm）相加，计算得出离合器 1 接合轴承的深度为 51.58mm。

（40）计算离合器 1 的空气间隙。离合器 1 空气间隙的数值是由计算出的接合轴承的深度尺寸 51.58mm 减去接合轴承深度的额定值（固定值为 50.08mm），计算得出离合器 1 的空气间隙为 1.5mm。

（41）考虑到离合器 1 的部件公差，需要读取新离合器上的校正值，这个值用 K_1 表示，这里为正 0.0mm，如图 4-6-56 所示。

（42）离合器 1 计算得出的调整垫片厚度是由空气间隙 1.50mm 和校正值相加算出，由于此时 K1 为 0.0mm，因此计算出的垫片厚度就等于空气间隙，也就是 1.50mm。

（43）计算离合器 2 接合轴承的深度。尺寸 A_2 为 2.71mm，减去尺寸 B 为 3mm，等于 -0.29mm，将这个数值与量块的内侧高度（固定值为 36.20mm）相加，计算得出离合器 2 接合轴承的深度为 35.91mm。

（44）计算离合器 2 的空气间隙。离合器 2 空气间隙的数值是由计算出的接合轴承的深度尺寸 35.91mm 减去接合轴承深度的额定值（固定值为 34.35mm），计算得出离合器 2 的空气间隙为 1.56mm。

（45）考虑到离合器 2 的部件公差，需要读取新离合器上的校正值，这个值用 K2 表示，这里为正 0.4mm，如图 4-6-57 所示。

图 4-6-56　离合器 1 的部件公差值

图 4-6-57　离合器 2 的部件公差值

(46）离合器 2 计算得出的调整垫片厚度是由空气间隙 1.56mm 和校正值 0.4mm 相加算出，因此计算出的垫片厚度为 1.96mm。

（47）根据计算得出的调整垫片厚度数值，从维修手册相应的表格中选取需要安装的调整垫片，如表 4-6-1 所示。

表 4-6-1　安装的调整垫片厚度选取规格表

计算得出的调整垫片厚度（单位：mm）	需安装的调整垫片厚度（单位：mm）
0.31～0.9	0.8
0.91～1.1	1
1.11～1.3	1.2
1.31～1.5	1.4
1.51～1.7	1.6
1.71～1.9	1.8
1.91～2.1	2
2.11～2.3	2.2
2.31～2.5	2.4
2.51～2.7	2.6
2.71～3.3	2.8

（48）离合器 1 计算得出的调整垫片厚度为 1.5mm，按规定是选用厚度为 1.4mm 的调整垫片，如图 4-6-58 所示。

（49）离合器 2 计算得出的调整垫片厚度为 1.96mm，按规定是选用厚度为 2mm 的调整垫片，如图 4-6-59 所示。

（50）从维修套件中选出合适的调整垫片。

图 4-6-58　厚度为 1.4mm 的调整垫片

图 4-6-59　厚度为 2mm 的调整垫片

4. DSG 自动变速箱双离合器的安装

（1）放入新计算出厚度的离合器 2 上小接合轴承的调整垫片，如图 4-6-60 所示。

（2）装入小接合轴承，转动小接合轴承，确认凹槽位置是否正确，如图 4-6-61 所示。

图 4-6-60 放入小接合轴承的调整垫片

图 4-6-61 装入小接合轴承

(3) 点上 3 滴黏合剂来固定，防止在放入离合器时，垫片从固定位置上滑出。
(4) 安装离合器 2 上大接合轴承的调整垫片，如图 4-6-62 所示。
(5) 使用拉拔器 T10373 将离合器放入变速箱体内，如图 4-6-63 所示。

图 4-6-62 安装大接合轴承的调整垫片

图 4-6-63 将离合器放入变速箱体内

(6) 取下拉拔器，装入压块 T10376，将支撑装置与变速箱法兰平行放置，并补偿间距，将离合器压入限位位置，当听到轻微的咔嗒声，则表明已经被压入离合器座里，如图 4-6-64 所示。
(7) 取下支撑装置和压块。
(8) 放入卡环，其接口呈斜角，安装时将卡环较窄的一面向上，如图 4-6-65 所示。

图 4-6-64 压入离合器

图 4-6-65 安装卡环

(9) 如果卡环能够放入凹槽内，则表明离合器已经正确压入位，如图 4-6-66 所示。
(10) 再次装上拉拔器，用手转动螺杆，用卡环将离合器锁紧，如图 4-6-67 所示。

图 4-6-66　离合器正确压入位状态　　　　图 4-6-67　将离合器锁紧

(11) 旋转离合器 1 和离合器 2 检查其转动是否灵活无卡滞，如图 4-6-68 所示。
(12) 检查从动片是否有明显的高度间隙，如图 4-6-69 所示。

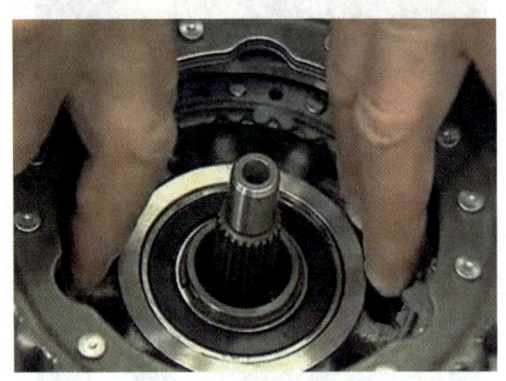

图 4-6-68　旋转离合器灵活无卡滞　　　　图 4-6-69　检查从动片是否有明显的高度间隙

(13) 确认盘毂上特殊齿形的位置，对准标记，安装盘毂，如图 4-6-70 所示。
(14) 确认盘毂安装位置和标记一致，如图 4-6-71 所示。

图 4-6-70　安装盘毂　　　　图 4-6-71　确认盘毂安装位置和标记一致

(15) 安装盘毂的卡环，卡环切口必须朝向离合器凸缘，如图 4-6-72 所示。
(16) 用手转动离合器，检查接合杆位置是否安装正确，接合杆不允许上下活动，必须牢牢地固定在安装位置上，如图 4-6-73 所示。

图 4-6-72 安装盘毂的卡环

图 4-6-73 检查接合杆位置是否安装正确

(17) 清洁、整理场地。

三、任务考核

自动变速器的认知、DSG 自动变速箱的拆装与检修评分标准。

序号	作业项目	考核内容	配分	评分标准	扣分	得分
1	前期准备	清理工位及工位布置,设备的外观检查	5	未清理工位扣5分,未对设备进行外观和安全检查扣5分		
2	自动变速器部件认知	能否正确认知液力变矩器的形状及结构 能否正确认知行星齿轮的形状及结构 能否正确认知离合器的形状及结构 能否正确认知片式制动器的形状及结构 能否正确认知带式制动器的形状及结构 能否正确认知单向离合器的形状、装配关系及结构 能否正确认知自动变速器型号的位置和组成 能否正确认知自动变速器挡位的位置和标示 能否正确识别典型前置前驱自动变速器的结构特点 能否正确识别典型前置后驱自动变速器的结构特点	30	不能快速并正确认知相应部件每次扣3分		
3	自动变速器零部件拆卸	能否正确按照维修手册的要求进行拆卸并按照规定摆放	20	未按照维修手册进行拆卸工作,每次扣2分		
4	自动变速器零部件清洁	能否正确按照维修手册的要求进行零件的清洁	10	每一个元件未按照维修手册要求进行清洁扣2分		
5	自动变速器零部件检测	能否正确利用维修资料完成零部件的检测,并分析得出结论和维修建议	20	不能正确利用维修资料完成零部件的检测每项扣5分,测量条件不正确每一次扣5分,结论或维修建议错误每次扣5分		

续表

序号	作业项目	考核内容	配分	评分标准	扣分	得分
6	自动变速器零部件安装	能否正确按照维修手册的要求进行安装并按照规定进行紧固	5	未按照维修手册进行安装工作，包括紧固角度、转矩值错误等，每次扣1分		
7	维修资料使用	能否正确使用维修资料	5	不会使用维修资料扣5分，使用不熟练扣2分		
8	6S现场管理	遵守实训室安全操作规范，无人身伤害和设备损坏	5	每次扣1分，扣完为止。因违规操作发生人身伤害和设备损坏，此项不得分		
		合计	100			

项目测评

一、填空题

1. 自动变速器按构造、控制方式的不同，可以分为＿＿＿＿、＿＿＿＿和＿＿＿＿。
2. 液力自动变速器主要由＿＿＿＿、＿＿＿＿、＿＿＿＿和换挡执行机构等组成。
3. 液力变矩器主要由＿＿＿＿、＿＿＿＿、＿＿＿＿、单向离合器、变矩器壳体等组成。
4. 导轮位于＿＿＿＿和＿＿＿＿之间，并带有单向离合器。
5. 行星齿轮变速器的换挡执行元件包括＿＿＿＿、＿＿＿＿和＿＿＿＿。
6. 制动器有＿＿＿＿和＿＿＿＿两种形式。

二、单项选择题

1. 液力变矩器位于发动机和机械变速器之间，以（　　）为工作介质。
   A. 齿轮油　　　　B. 润滑脂　　　　C. 自动变速器油　　　　D. 机油
2. 泵轮是液力变矩器的（　　）。
   A. 锁止元件　　　B. 输入元件　　　C. 输出元件　　　　D. 附件
3. 离合器的功用是连接轴和行星齿轮机构中的元件使之（　　）运动。
   A. 变矩　　　　　B. 旋转　　　　　C. 共同　　　　　　D. 禁止
4. 自动变速器中使用的离合器为（　　）。
   A. 多齿离合器　　B. 多片离合器　　C. 多带离合器　　　D. 滑移离合器

三、判断题（对的画"√"，错的画"×"）

1. 液力式自动变速器是目前应用最广泛、技术最成熟的自动变速器。（　　）
2. 自动变速器按车辆驱动方式的不同，分为后驱动自动变速器和前驱动自动变速器。（　　）
3. 液力变矩器不可以在一定范围内实现转速和转矩的无级变化。（　　）
4. 涡轮是液力变矩器的输出元件。（　　）
5. 制动器的功用是让行星齿轮机构中的元件保持转动。（　　）
6. 带式制动器主要由制动带和控制油缸组成。（　　）

四、简答题

1. 简述自动变速器的组成及功用。
2. 简述液力式自动变速器的结构特点。
3. 简述DSG自动变速箱的拆装与检修。

项目五　万向传动装置的构造与拆装

知识目标：
- 熟悉万向传动装置的功用、组成和应用。
- 熟悉万向节的功用、类型、构造及速度特性。

技能目标：
- 能够在实训整车上正确地对万向传动装置各组成零部件进行认知。
- 能够按照维修手册的技术要求熟练地拆装万向传动装置。
- 能够选择合适的工量具按照维修资料的要求正确对万向传动装置进行检修。

职业素养目标：
- 及时反思总结，在训练中积累经验。
- 养成组员之间互相协作的合作能力。
- 养成安全文明操作的习惯。
- 严格执行6S现场管理（SEIRI——整理、SEITON——整顿、SEISO——清扫、SEIKETSU——清洁、SHITSUKE——素养、SECURITY——安全），养成良好的职业习惯。

任务一　万向传动装置概述

一、万向传动装置的功用与组成

（一）功用

万向传动装置的功用是在轴间夹角及相互位置经常发生变化的转轴之间传递动力。

在发动机前置后轮驱动的汽车上，变速器与发动机、离合器连在一起安装在车架上，而驱动桥则通过弹性悬架与车架连接。在汽车行驶过程中，弹性悬架受路面冲击而产生振动，使变速器输出轴和驱动桥输入轴的相对位置经常发生变化，如图5-1-1所示。因此，在变速器的输出轴与驱动桥的输入轴之间采用了万向传动装置。

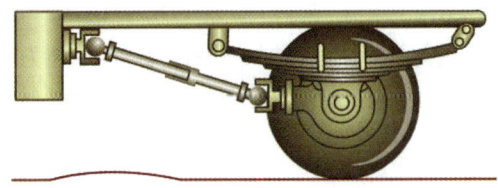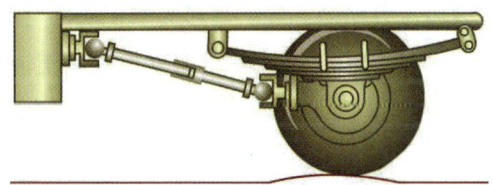

图5-1-1　变速器输出轴和驱动桥输入轴的相对位置发生变化

（二）万向传动装置组成

万向传动装置主要由万向节、传动轴及中间支承等组成。对于传动距离较远的分段式传动轴，为了提高传动轴的刚度，还设有中间支承，如图5-1-2所示。

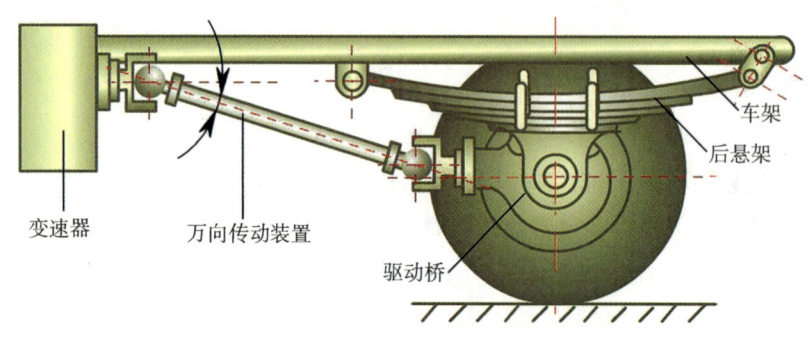

图 5-1-2　万向传动装置

二、万向传动装置的应用

万向传动装置在汽车上的应用主要有以下几个方面。

1. 变速器与驱动桥之间

如图5-1-3所示，一般汽车的变速器、离合器与发动机三者合为一体，装在车架上，驱动桥通过悬架与车架相连。在负荷变化及汽车在不平路面行驶时引起的跳动，会使驱动桥输入轴与变速器输出轴之间的夹角和距离发生变化。

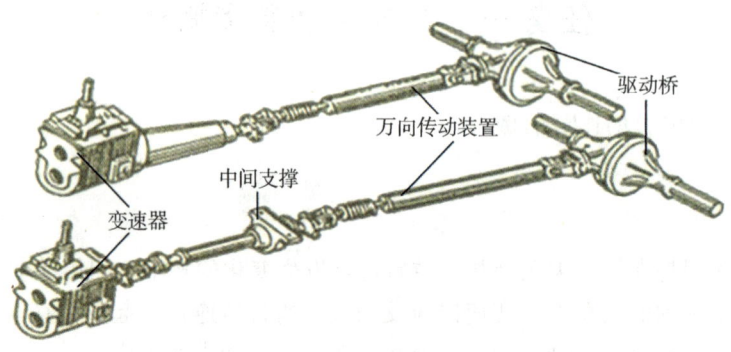

图 5-1-3　变速器与驱动桥之间的万向传动装置

2. 变速器与分动器、分动器与驱动桥之间（越野汽车）

如图5-1-4所示，为消除车架变形及制造、装配误差等引起的其轴线同轴度误差对动力传递的影响，需装有万向传动装置。

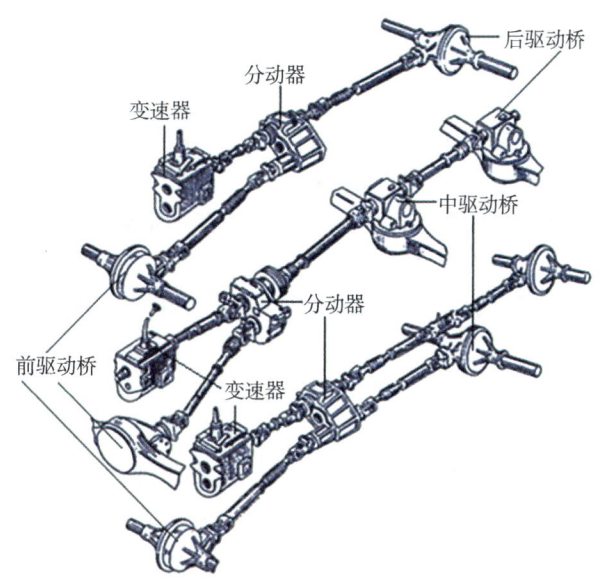

图 5-1-4　变速器与分动器、分动器与驱动桥之间的万向传动装置

3. 转向驱动桥的内、外半轴之间

如图 5-1-5 所示，转向时两段半轴轴线相交且交角变化，因此要用万向节。

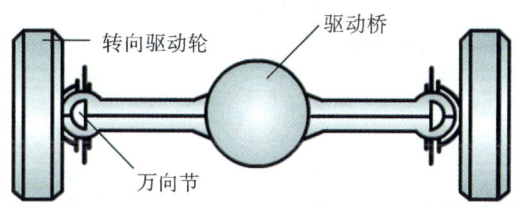

图 5-1-5　转向驱动桥的内、外半轴之间的万向传动装置

4. 断开式驱动桥的半轴之间

如图 5-1-6 所示，主减速器壳在车架上是固定的，桥壳上下摆动，半轴是分段的需用万向节。

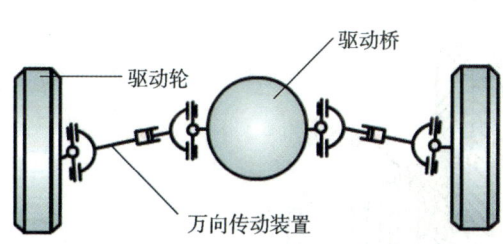

图 5-1-6　断开式驱动桥的半轴之间的
万向传动装置

图 5-1-7　转向机构的转向轴和转向器
之间的万向传动装置

5. 转向机构的转向轴和转向器之间

如图 5-1-7 所示，有利于转向机构的总体布置。

任务二 万向节

在汽车上使用的万向节如果在扭转方向没有弹性、动力靠零件的铰链式连接传递，是刚性万向节。刚性万向节按其速度特性分为不等速万向节（常用的为十字轴式）、准等速万向节（双联式和三销轴式）和等速万向节（球叉式和球笼式）。如果万向节在扭转方向有一定弹性、动力靠弹性零件传递且有缓冲减振作用，是柔性万向节。目前，在汽车上应用较多的是十字轴式刚性万向节和等速万向节。十字轴式刚性万向节主要用于发动机前置后轮驱动的变速器与驱动桥之间；等速万向节主要用于发动机前置前轮驱动的内、外半轴之间。

一、十字轴式刚性万向节

十字轴式刚性万向节结构简单、工作可靠且允许所连接的两轴之间有较大交角，在汽车上应用最为普遍，如图5-2-1所示，它允许相邻两轴的最大交角为15°~20°。

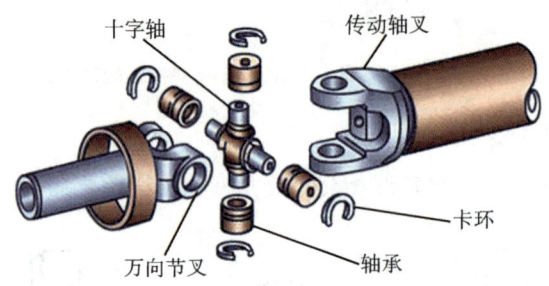

图 5-2-1 十字轴式万向节

1. 构造特点

十字轴式刚性万向节主要由十字轴、万向节叉等组成。万向节叉上的孔分别套在十字轴的4个轴颈上，在十字轴轴颈与万向节叉孔之间装有滚针和套筒，用带有锁片的螺钉和轴承盖来使之轴向定位。为了润滑轴承，十字轴内钻有油道，且与油嘴、安全阀相通，如图5-2-2所示。为避免润滑油流出及尘垢进入轴承，十字轴轴颈的内端套装有油封。安全阀的作用是当十字轴内腔润滑脂压力超过允许值时，阀打开润滑脂外溢，使油封不会因油压过高而损坏。

现代汽车多采用橡胶油封，多余的润滑油从油封内圆表面与十字轴轴颈接触处溢出，故无须安装安全阀。

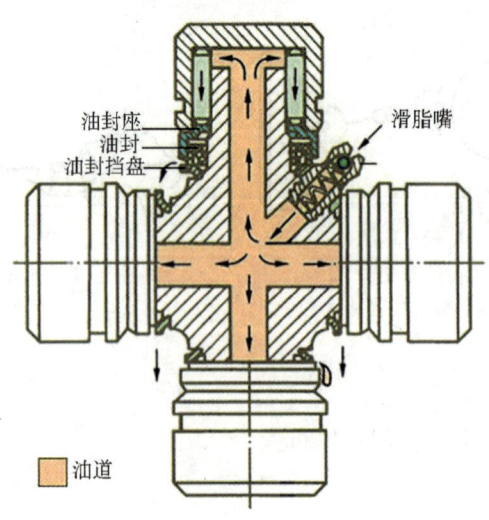

图 5-2-2 十字轴万向节润滑油道及密封装置

2. 定位方式

万向节轴承的常见定位方式，除了用盖板定位外，还有用内、外挡圈进行定位，内挡圈定位如图 5-2-3 所示，外挡圈定位如图 5-2-4 所示。

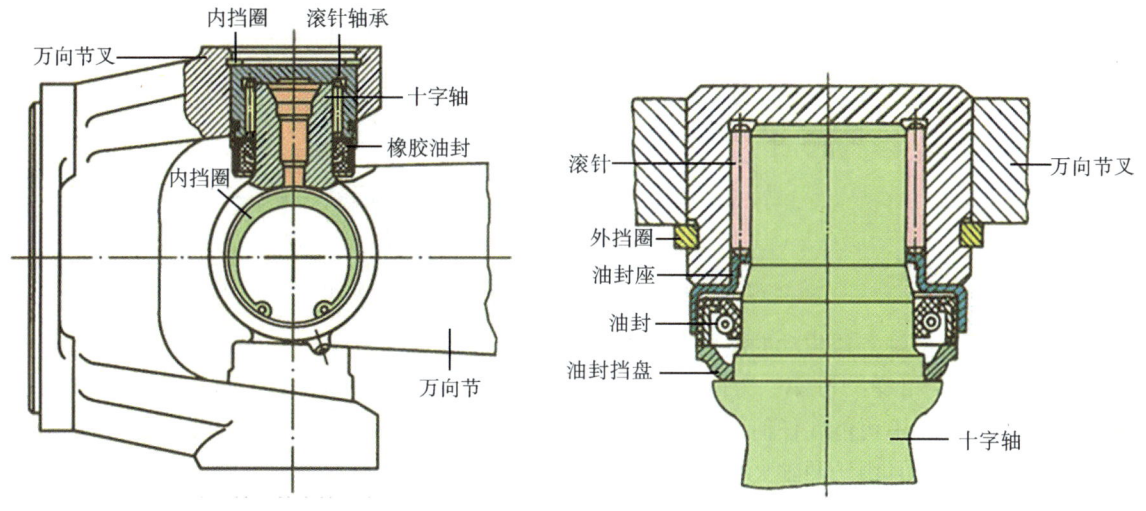

图 5-2-3　滚针轴承的内挡圈定位　　　　　图 5-2-4　滚针轴承的外挡圈定位

3. 速度特性

单个十字轴式刚性万向节在主动轴和从动轴之间有夹角的情况下，当主动叉等角速转动时，从动叉是不等角速的，这称为十字轴式刚性万向节的不等速特性。且两转轴之间的夹角 α 越大，转角差越大，万向节的不等速性就越大，如图 5-2-5 所示。

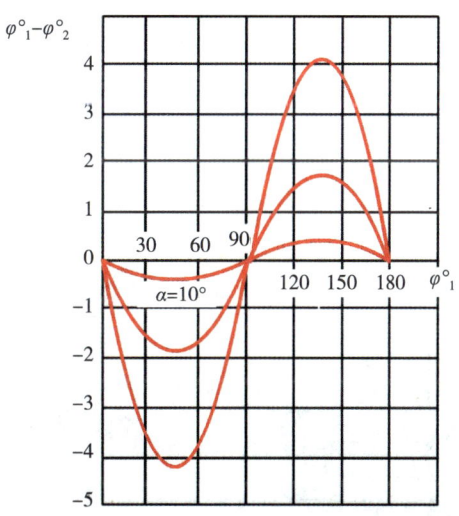

图 5-2-5　十字轴式刚性万向节的不等速特性

十字轴式刚性万向节的不等速特性，将使从动轴及其相连的传动部件产生扭转振动，从而产生附加的交变载荷，影响部件寿命。

所以可以采用如图 5-2-6 所示的双十字轴刚性万向节的传动方式，第一万向节的不等速特性可以被第二万向节的不等速特性所抵消，从而实现两轴间的等角速传动。

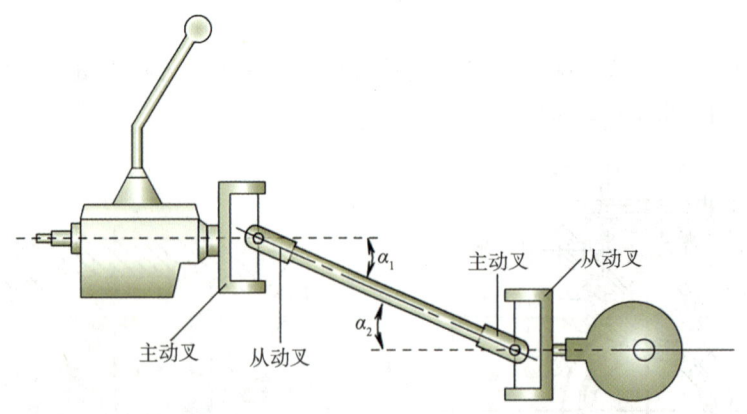

图 5-2-6 双十字轴刚性万向节等速传动布置图

实现输入轴与输出轴等速传动的条件：① 采用双万向节传动；② 第一万向节两轴间夹角 a_1 与第二万向节两轴间夹角 a_2 相等；③ 第一万向节的从动叉与第二万向节的主动叉处于同一平面向。

由于悬架的振动，不可能在任何时候都保证 $a_1=a_2$，因此这种双十字轴刚性万向节的传动只能近似地解决等速传动问题，且由于两轴夹角最大只能是 20°，因此使用上受到限制。

二、准等速万向节和等速万向节

（一）准等速万向节

根据双万向节实现等速传动的原理而设计的万向节称为准等速万向节，可分为双联式万向节和三销轴式万向节两种类型。

1. 双联式万向节

双联式万向节的两个十字轴式万向节相连，中间传动轴长度缩减至最小，它允许有较大的轴间夹角，如图 5-2-7 所示，轴承密封性好、效率高、制造工艺简单、加工方便、工作可靠等，多用于越野汽车。

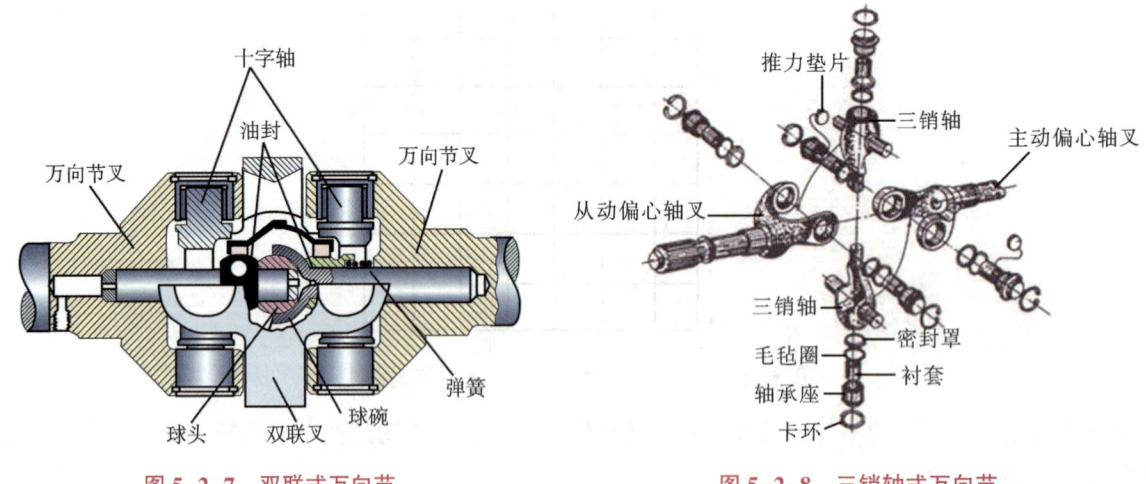

图 5-2-7 双联式万向节　　　　　图 5-2-8 三销轴式万向节

2. 三销轴式万向节

三销轴式万向节允许相邻两轴间有较大的夹角，用于一些越野车的转向驱动桥，如图 5-2-8 所示。

（二）等速万向节

等速万向节的基本原理是传力点永远位于两轴交点的平分面上。如图 5-2-9 所示为等速万向节的工作原理图，一对大小相同的锥齿轮的接触点 P 位于两齿轮轴线交角的平分面上，由 P 点到两轴的垂直距离都等于 r。P 点处两齿轮的圆周速度相等，两齿轮的角速度也相等。可见，若万向节的传力点在其交角变化时，始终位于两轴夹角的平分面上，就能保证等速传动。

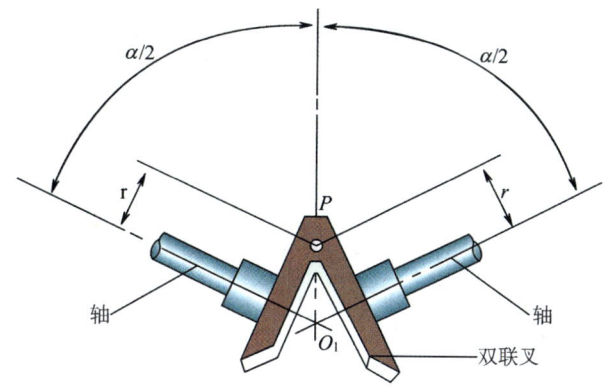

图 5-2-9　等速万向节的工作原理

等速万向节的常见构造形式有球笼式等速万向节和球叉式等速万向节。

1. 球笼式等速万向节

如图 5-2-10 所示，球笼式万向节由 6 个钢球、星形套、球形壳和保持架等组成。万向节星形套与主动轴用花键固接在一起，星形套外表面有 6 条弧形凹槽滚道，球形壳的内表面有相应的 6 条凹槽，6 个钢球分别装在各条凹槽中，由球笼使其保持在同一平面内动力由主动轴、钢球、球形壳输出。

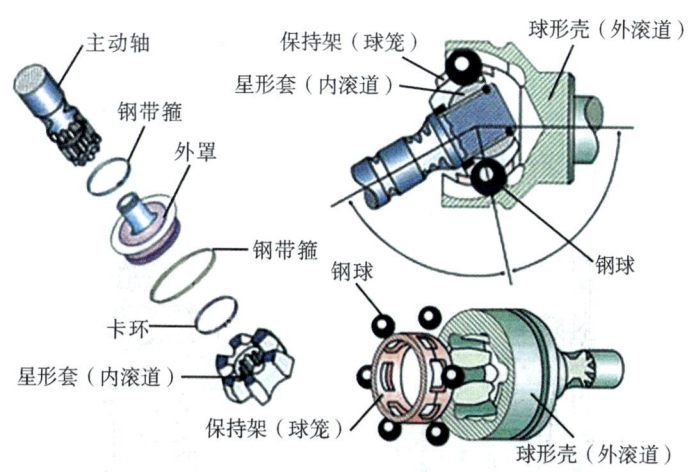

图 5-2-10　球笼式等速万向节

球笼式万向节工作时 6 个钢球都参与传力，故承载能力强、磨损小、寿命长。它被广泛应用于各种型号的转向驱动桥和独立悬架的驱动桥。

2. 球叉式等速万向节

球叉式万向节如图 5-2-11 所示，它是由主动叉、从动叉、4 个传动钢球、中心钢球、定位销、锁止销组成。主动叉与从动叉分别与内、外半轴制成一体。在主、从动叉上，分别有4个曲面凹槽，装配后，则形成两个相交的环形槽，作为钢球滚道。4个传动钢球放在槽中，中心钢球放在两球中心的凹槽内，以定中心。

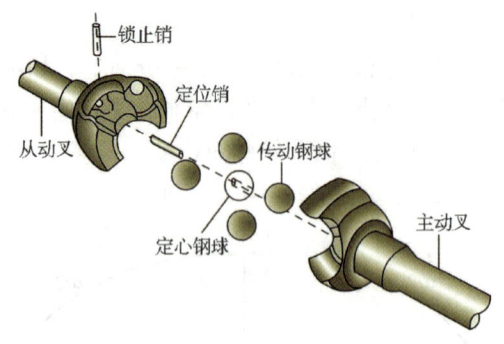

图 5-2-11　球叉式等速万向节

3. 等速万向节的应用

每个驱动轮都需要两个万向节，其中至少有一个采用伸缩型万向节。具体应用如图 5-2-12 所示。伸缩型球笼式万向节（VL 节），在转向驱动桥中均布置在主传动器一侧（内侧），而轴向不能伸缩的固定型球笼式万向节（RF 节），则布置在转向节处（外侧）。RF 节和 VL 节广泛应用于采用独立悬架的轿车转向驱动桥。

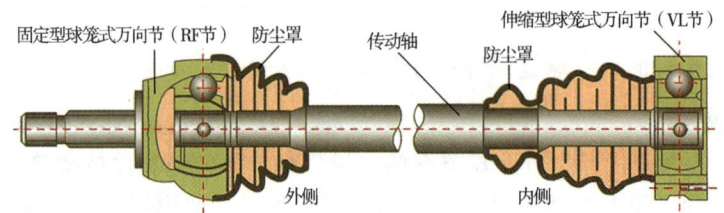

图 5-2-12　RF 节与 VL 节在转向驱动桥中的应用

三、柔性万向节

柔性万向节依靠其中弹性件的弹性变形来保证在相交两轴间传动时不发生机械干涉，如图 5-2-13 所示。由于弹性件的弹性变形量有限，故柔性万向节一般用于两轴间夹角不大和只有微量轴向位移的万向传动场合。

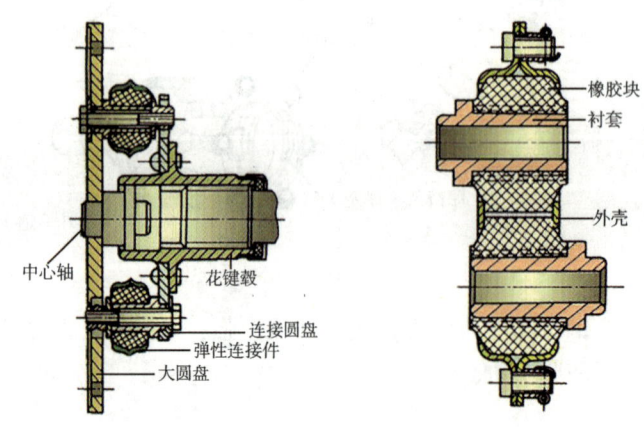

图 5-2-13　柔性万向节

任务三 传动轴和中间支承

一、传动轴

传动轴通常用来连接变速器（或分动器）和驱动桥，在转向驱动桥和断开式驱动桥中，则用来连接差速器和驱动轮。

（1）为适应汽车行驶过程中变速器与驱动桥的相对位置变化，传动轴上设有由滑动叉和花键轴组成的滑动花键连接，传动轴如图5-3-1所示，滑动叉如图5-3-2所示，滑动叉能够使传动轴的长度随传动距离的变化而伸缩。

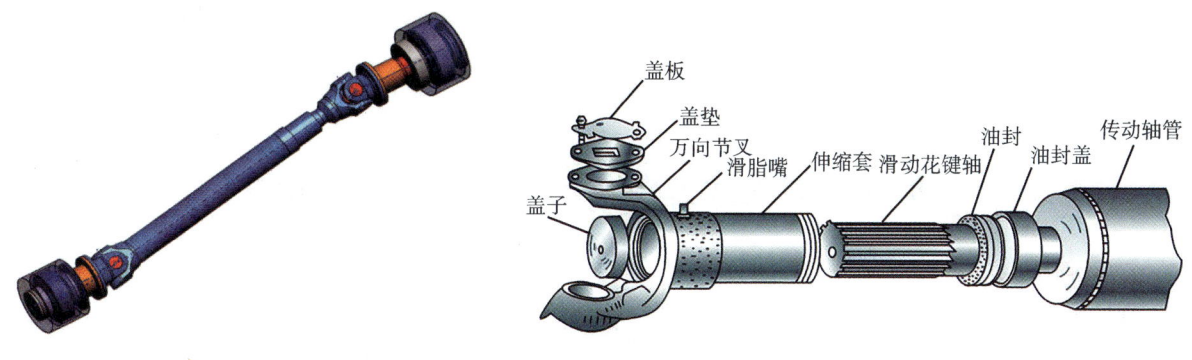

图5-3-1 传动轴　　　　　　　　　　图5-3-2 滑动叉

（2）为了减轻传动轴的质量，节省材料，提高轴的强度、刚度及临界转速，传动轴多为空心轴，一般用厚度为1.5～3.0mm且厚薄均匀的钢板卷焊而成，超重型货车则直接采用无缝钢管。而转向驱动桥、断开式驱动桥及微型汽车的传动轴通常制成实心轴。

（3）传动轴在工作过程中处于高速旋转状态，其转速和所传递的转矩都在不断发生变化。为了避免由于离心力的作用而引起传动轴的振动，在传动轴和万向节装配后，必须进行平衡试验以满足动平衡的要求。平衡后在滑动花键部分还制有箭头标记，以便重装时保持两者的相对位置不变。

（4）当传动距离较远时，为了避免因传动轴过长而使自振频率降低，高速时产生共振，将传动轴分为两段。传动轴前段称为中间传动轴，其后端部设有中间支承；传动轴后段称为主传动轴，都用薄钢板卷焊而成。中间传动轴的两端分别焊有万向节叉和带花键的轴头，花键轴头与凸缘连接，并用螺母紧固。主传动轴前端有由花键轴头与万向节滑动叉套安装而成的滑动连接，使主传动轴可以轴向伸缩。

（5）由于万向传动装置中润滑脂嘴较多，为了加注方便，装配时应保证所有润滑脂嘴处于同一条直线上，且十字轴上的润滑脂嘴朝向传动轴。

二、中间支承

传动轴分段时需加设中间支承，通常将其安装在车架横梁上，如图5-3-3所示。中间支承除对传动轴起支承作用外，还应能补偿传动轴轴向和角度方向的安装误差，以及汽车行驶过程中由于发动机窜动或车架变形等引起的位移。

普通中间支承通常用弹性元件来满足上述要求。它主要由轴承、带油封的轴承盖、支架和使轴承与支架间成弹性连接的弹性元件所组成。常见的类型有双列圆锥滚子轴承式中间支承、蜂窝软垫式中间支承（图5-3-4）、摆动中间支承，以及中间支承轴式中间支承等。

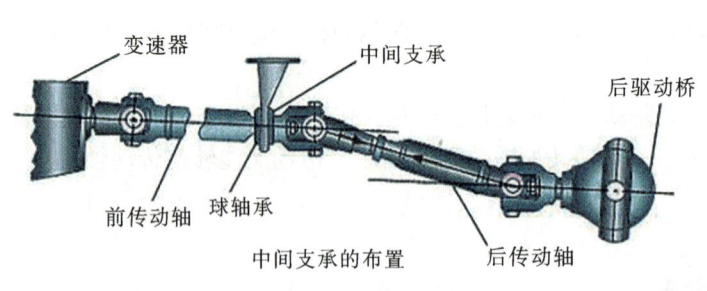
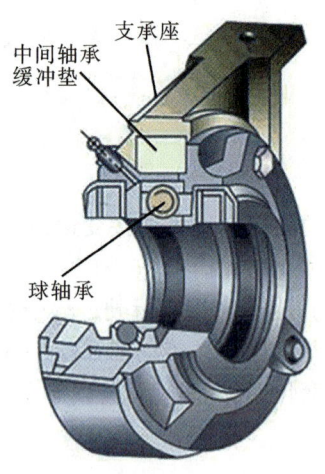

图 5-3-3　中间支承的布置　　　　　图 5-3-4　蜂窝软垫式中间支承

任务四　球笼式万向传动装置的拆装与检修

任务描述

球笼式万向传动装置通常装备在发动机前置前驱的轿车上。其等速性及安全性要求高，这需要在安装过程中严格按照工艺规范来执行。本任务通过拆装对球笼式万向传动装置的零部件进行认知，熟练正确地进行球笼式万向传动装置拆装。

任务实施

一、前期准备

安全防护：实训着装、完成设备防护。
工具设备：工具车、工作台、常用维修工具、常用测量工具等。
实训设备：实训整车。
辅助资料：维修手册、教材。

二、操作项目及工作要点

1. 球笼式万向节的拆卸

（1）举升和顶起车辆。
（2）拆卸车轮螺母，如图 5-4-1 所示。
（3）拆下制动分泵，如图 5-4-2 所示。

项目五　万向传动装置的构造与拆装

图 5-4-1　拆卸车轮螺母

图 5-4-2　拆下制动分泵

（4）拆下制动摩擦片，如图 5-4-3 所示。
（5）取下半轴螺母开口销，如图 5-4-4 所示。

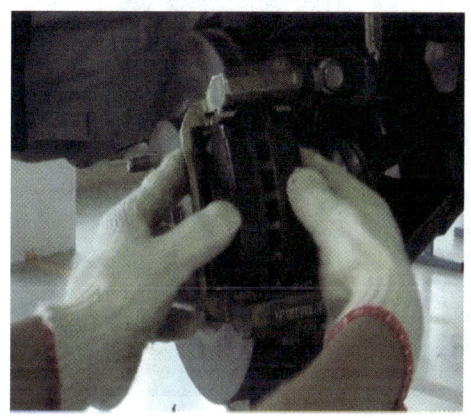

图 5-4-3　拆下制动摩擦片

图 5-4-4　取下半轴螺母开口销

（6）拆卸半轴螺母，如图 5-4-5 所示。
（7）拆下横拉杆球头连接螺母的开口销，如图 5-4-6 所示。

图 5-4-5　拆卸半轴螺母

图 5-4-6　拆下横拉杆球头连接螺母的开口销

（8）拆下横拉杆球头连接螺母，如图 5-4-7 所示。

· 97 ·

图 5-4-7　拆下横拉杆球头连接螺母

（9）拆下轮速传感器，如图 5-4-8 所示。

图 5-4-8　拆下轮速传感器

（10）拆下减震器下支座螺栓，如图 5-4-9 所示。

图 5-4-9　拆下减震器下支座螺栓

（11）松开外球笼防尘罩卡箍，如图 5-4-10 所示。

图 5-4-10　松开外球笼防尘罩卡箍

(12) 脱开外球笼防尘罩,如图 5-4-11 所示。

图 5-4-11　脱开外球笼防尘罩

(13) 安装外球笼拆卸工具,如图 5-4-12 所示。

图 5-4-12　安装外球笼拆卸工具

(14) 拧紧外球笼拆卸工具的螺栓,拆卸外球笼,如图 5-4-13 所示。

图 5-4-13 拆卸外球笼

2. 球笼式万向节的安装

（1）安装外球笼前，用专用润滑脂充分挤入球笼内，如图 5-4-14 所示。

图 5-4-14 用专用润滑脂充分挤入球笼内

（2）将外球笼装在半轴上，如图 5-4-15 所示。

 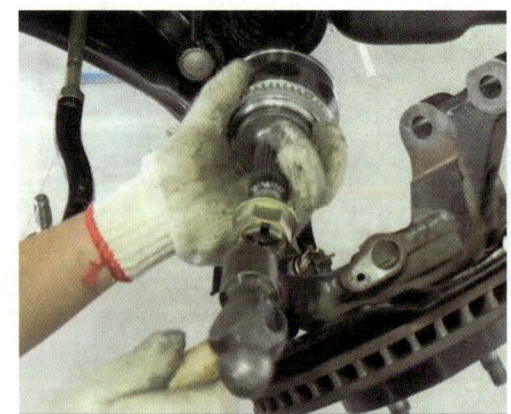

图 5-4-15 将外球笼装在半轴上

（3）安装外球笼卡箍，并使用工具夹紧外球笼的内、外侧卡箍，如图 5-4-16 所示。

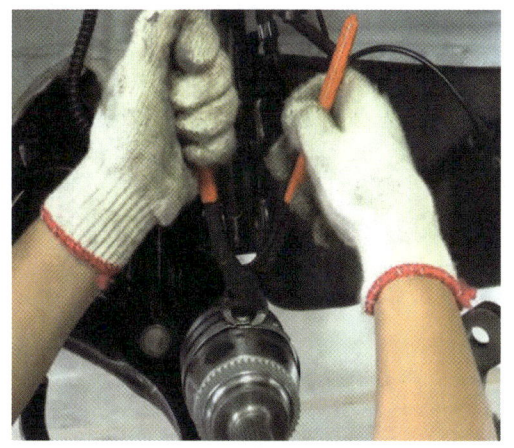
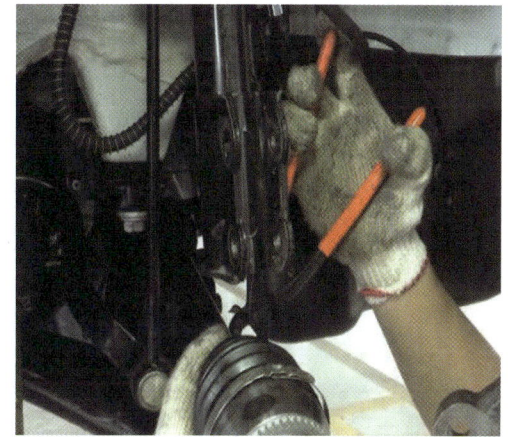

图 5-4-16　安装外球笼卡箍并使用工具夹紧外球笼的内、外侧卡箍

（4）安装减震器下支座螺栓，如图 5-4-17 所示。

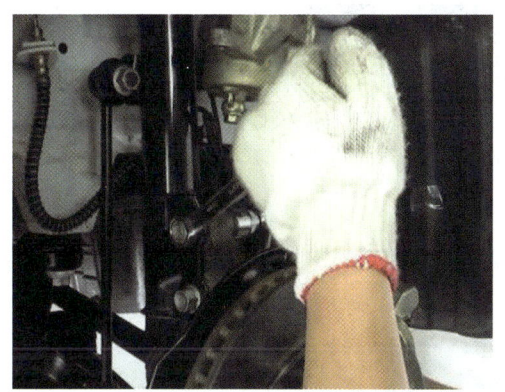
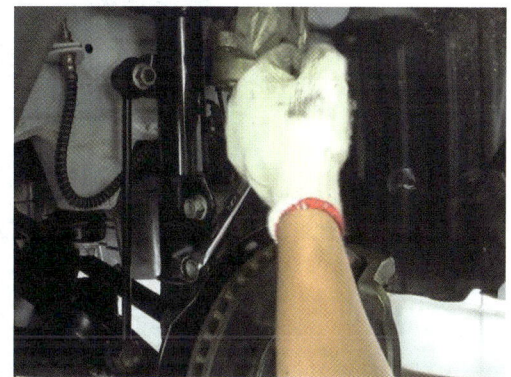

图 5-4-17　安装减震器下支座螺栓

（5）安装轮速传感器，并拧紧固定螺栓，如图 5-4-18 所示。
（6）安装横拉杆球头，如图 5-4-19 所示。

图 5-4-18　安装轮速传感器　　　　　　图 5-4-19　安装横拉杆球头

（7）安装横拉杆球头螺母，如图 5-4-20 所示。
（8）安装横拉杆球头螺母的开口销，如图 5-4-21 所示。

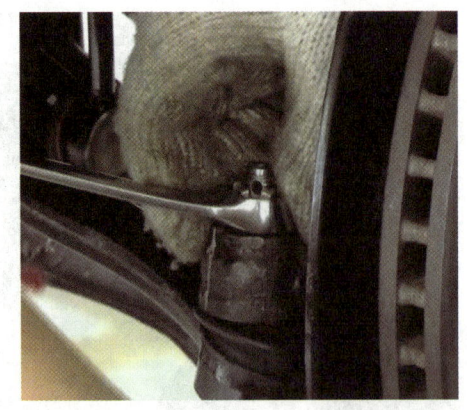
图 5-4-20　安装横拉杆球头螺母

图 5-4-21　安装横拉杆球头螺母的开口销

（9）安装并拧紧半轴螺母，如图 5-4-22 所示。

图 5-4-22　安装并拧紧半轴螺母

（10）安装半轴螺母的开口销，如图 5-4-23 所示。

图 5-4-23　安装半轴螺母的开口销

（11）安装制动摩擦片，如图 5-4-24 所示。

图 5-4-24　安装制动摩擦片

（12）安装制动分泵，如图 5-4-25 所示。

（13）清洁、整理场地，如图 5-4-26 所示。

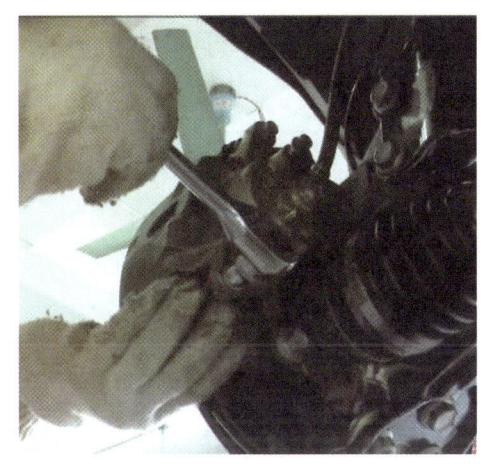 

图 5-4-25　安装制动分泵　　　　　图 5-4-26　清洁、整理场地

三、任务考核

球笼式万向节的更换评分标准。

序号	作业项目	考核内容	配分	评分标准	扣分	得分
1	前期准备	清理工位及工位布置，设备的外观检查	10	未清理工位扣 5 分，未对设备进行外观和安全检查扣 5 分		
2	零部件拆卸	能否正确按照维修手册的要求进行拆卸并按照规定摆放	30	未按照维修手册进行拆卸工作，每次扣 5 分		
3	零部件清洁	能否正确按照维修手册的要求进行零件的清洁	10	每一个元件未按维修手册要求进行清洁扣 2 分		
4	零部件安装	能否正确按照维修手册的要求进行安装并按照规定进行紧固	30	未按照维修手册进行安装工作，包括紧固角度、转矩值错误等，每次扣 5 分		
5	维修资料使用	能否正确使用维修资料	10	不会使用维修资料扣 10 分，使用不熟练扣 5 分		

序号	作业项目	考核内容	配分	评分标准	扣分	得分
6	6S现场管理	遵守实训室安全操作规范，无人身伤害和设备损坏	10	每单项扣5分，扣完为止。因违规操作发生人身伤害和设备损坏，此项不得分		
	合计		100			

项目测评

一、填空题

1. 万向传动装置主要由_____、_____及_____等组成。
2. 万向传动装置除用于汽车的传动系外，还可用于_____和_____。
3. 十字轴式刚性万向节主要由_____和_____组成。
4. 目前，汽车传动系中广泛应用的是_____万向节。
5. 万向传动装置用来传递轴线_____且相对位置_____的转轴之间的动力。

二、单项选择题

1. 十字轴式刚性万向节的损坏是以（　　）的磨损为标志的。
   A. 十字轴轴颈　　B. 滚针轴承　　C. 油封　　D. 万向节叉
2. 下面万向节中属于等速万向节的是（　　）。
   A. 球笼式　　B. 双联式　　C. 球叉式　　D. 三销轴式
3. 十字轴式刚性万向节的十字轴轴颈一般都是（　　）。
   A. 实心的　　B. 空心的　　C. 压制的　　D. 无所谓

三、判断题（对的画"√"，错的画"×"）

1. 万向传动装置的功用是在轴间夹角及相互位置经常发生变化的转轴之间传递动力。（　　）
2. 对于十字轴式万向节，主、从动轴的交角越大，则传动效率越高。（　　）
3. 对于十字轴式万向节，主、从动轴之间只要存在交角，就有摩擦损失。（　　）

四、简答题

1. 简述万向传动装置组成和功用。
2. 简述万向传动装置的应用。
3. 简述球笼式万向节的更换。

项目六　驱动桥的构造与拆装

知识目标：
- 熟悉驱动桥的组成、功用和类型。
- 熟悉主减速器和差速器的功用、类型、构造特点。
- 熟悉半轴和桥壳的功用、类型、构造特点。

技能目标：
- 能够在实训整车上正确地对驱动桥各组成零部件进行认知。
- 能够按照维修手册的技术要求熟练地拆装主减速器和差速器。
- 能够选择合适的工量具按照维修资料的要求正确对主减速器和差速器进行检修。

职业素养目标：
- 及时反思总结，在训练中积累经验。
- 养成组员之间互相协作的合作能力。
- 养成安全文明操作的习惯。
- 严格执行 6S 现场管理（SEIRI——整理、SEITON——整顿、SEISO——清扫、SEIKETSU——清洁、SHITSUKE——素养、SECURITY——安全），养成良好的职业习惯。

任务一　驱动桥概述

驱动桥是位于传动系末端能改变来自变速器的转速和转矩，并将它们传递给驱动轮的机构。

一、驱动桥的组成

驱动桥一般是由主减速器、差速器、半轴、桥壳等组成，如图 6-1-1 所示。

驱动桥是传动系统的最后一个总成，发动机的动力传到驱动桥后，首先传到主减速器，在这里将转矩放大并降低转速后，经差速器分配给左右半轴，最后通过半轴外端的凸缘传到驱动车轮的轮毂。驱动桥的主要零部件都装在驱动桥的桥壳中。桥壳由主减速器壳和半轴套管组成。

二、驱动桥的功用

驱动桥的功用是将由万向传动装置传来的发动机转矩传给驱动车轮，并经降速增矩、改变动力传动方向，使汽车行驶，而且允许左右驱动车轮以不同的

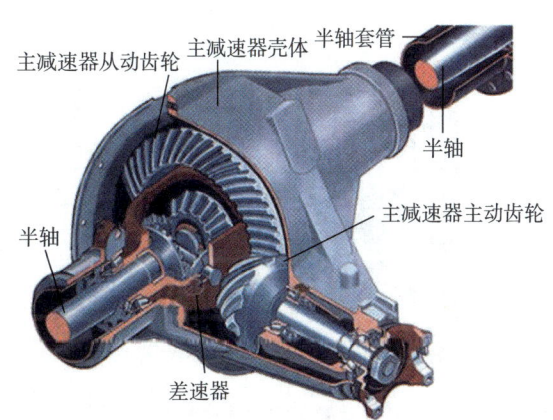

图 6-1-1　驱动桥的组成

转速旋转。

具体来说,主减速器的功用为降速增矩,改变动力传动方向;差速器的功用是允许左右驱动车轮以不同的转速旋转;半轴的功用是将动力由差速器传给驱动车轮。

三、驱动桥的分类

按照悬架构造的不同,驱动桥可以分为整体式驱动桥和断开式驱动桥。整体式驱动桥又称为非断开式驱动桥。

1. 整体式驱动桥

整体式驱动桥,与非独立悬架配用,整体式驱动桥实物如图 6-1-2 所示。其驱动桥壳为一刚性的整体,驱动桥两端通过悬架与车架或车身连接,左右半轴始终在一条直线上,即左右驱动轮不能相互独立地跳动。当某一侧车轮通过地面的凸起物或凹坑升高或下降时,整个驱动桥及车身都要随之发生倾斜,车身波动大,整体式驱动桥结构如图 6-1-3 所示。

图 6-1-2 整体式驱动桥实物

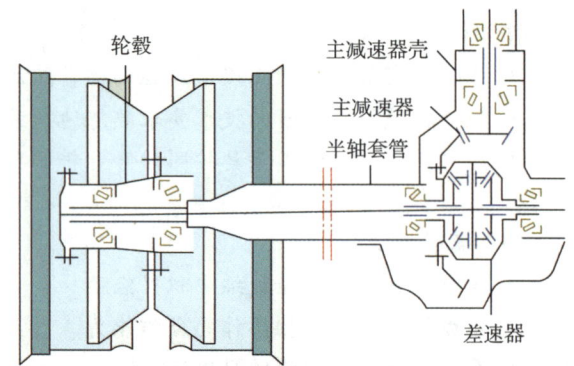

图 6-1-3 整体式驱动桥结构示意图

2. 断开式驱动桥

断开式驱动桥如图 6-1-4 所示,与独立悬架配用。其主减速器固定在车架或车身上驱动桥壳制成分段并用铰链连接,半轴也分段并用万向节连接。驱动桥两端分别用悬架与车架或车身连接。这样,两侧驱动车轮及桥壳可以彼此独立地相对于车架或车身上下跳动。某轿车的断开式后驱动桥如图 6-1-5 所示。

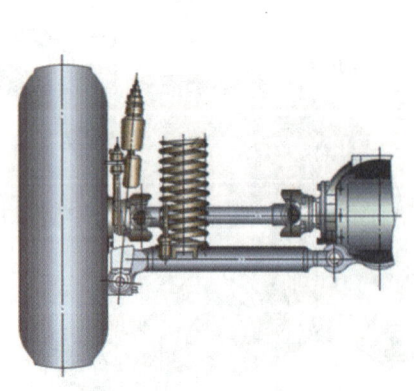

图 6-1-4 断开式驱动桥结构示意图

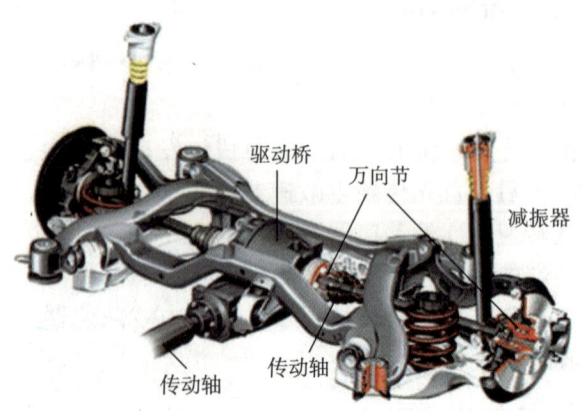

图 6-1-5 某轿车的断开式后驱动桥

任务二　主减速器和差速器

一、主减速器

（一）主减速器的功用

主减速器将万向传动装置传来的发动机转矩传给差速器；在动力的传动过程中要将转矩增大并相应降低转速；对于纵置发动机，还要将转矩的旋转方向改变90°。

（二）主减速器的类型

按参加传动的齿轮副数目，可分为单级式主减速器和双级式主减速器。有些重型汽车又将双级式主减速器的第二级圆柱齿轮传动设置在两侧驱动车轮附近，称为轮边减速器。

按主减速器传动比挡数分，可分为单速式主减速器和双速式主减速器。单速式的主减速器的传动比是固定的，而双速式主减速器则有两个传动比供驾驶员选择。

按齿轮副构造形式，可分为圆柱齿轮式（又可分为定轴轮系和行星轮系）主减速器和圆锥齿轮式（又可分为螺旋锥齿轮式和准双曲面锥齿轮式）主减速器。目前，在轿车中主要是应用单级式主减速器。

（三）单级主减速器

单级主减速器是指主减速传动是由一对齿轮传动完成的。单级主减速器构造简单，质量小，体积小，传动效率高，主要用于轿车及中型以下客货车。

对于发动机纵向布置的汽车，由于需要改变动力传递方向，单级主减速器都采用一对圆锥齿轮传动；对于发动机横向布置的汽车，单级主减速器采用一对圆柱齿轮即可。

如图6-2-1所示为典型的单级主减速器的构造。由于发动机纵向前置前轮驱动，整个传动系统都集中布置在汽车前部，因此其主减速器装于变速器壳体内，没有专门的主减速器壳体。由于省去了变速器到主减速器之间的万向传动装置，所以变速器输出轴即为主减速器主动轴。

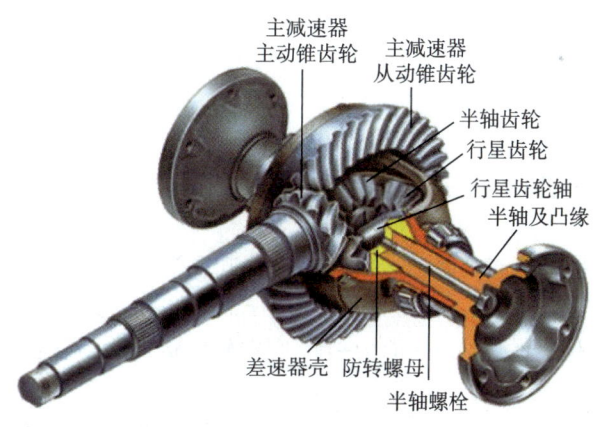

图6-2-1　单级主减速器

主减速器由一对准双曲面锥齿轮组成，主动锥齿轮的齿数为9，从动锥齿轮的齿数为40，其传动比为4.444。主动锥齿轮与变速器输出轴一体，用双列圆锥滚子轴承和圆柱滚子轴承支承在变速器壳体内，属于悬臂式支承。环状的从动锥齿轮靠凸缘定位，并用螺栓与差速器壳连接。差速器壳由一对圆锥滚子轴承支承在变速器壳体上。

（四）双级主减速器

有些汽车需要较大的主减速器传动比，单级主减速器已不能满足它的需求，这就需要采用由两对齿轮降速的双级主减速器。如图 6-2-2 所示为典型的双级主减速器。

第一级传动为第一级主动锥齿轮和第一级从动锥齿轮，这是一对螺旋锥齿轮，其传动比为 25/13 = 1.923；第二级传动为第二级主动齿轮和第二级从动齿轮，这是一对斜齿圆柱齿轮，其传动比为 45/15 = 3。

第一级主动锥齿轮和第一级主动齿轮轴制成一体，用两个圆锥滚子轴承（相距较远）支承在轴承座的座孔中，因主动锥齿轮悬伸在两轴承之后，故称为悬臂式支承。第一级从动锥齿轮用铆钉铆接在中间轴的凸缘上。第二级主动齿轮与中间轴制成一体，用两个圆锥滚子轴承支承在两端轴承盖的座孔中，轴承盖用螺栓与主减速器壳固定连接。第二级从动齿轮夹在左右两半差速器壳之间，并用螺栓将它们紧固在一起。

（五）轮边减速

在重型载货车、越野汽车或大型客车上，当要求传动系的传动比值较大，离地间隙较大时，往往在两侧驱动轮附近再增

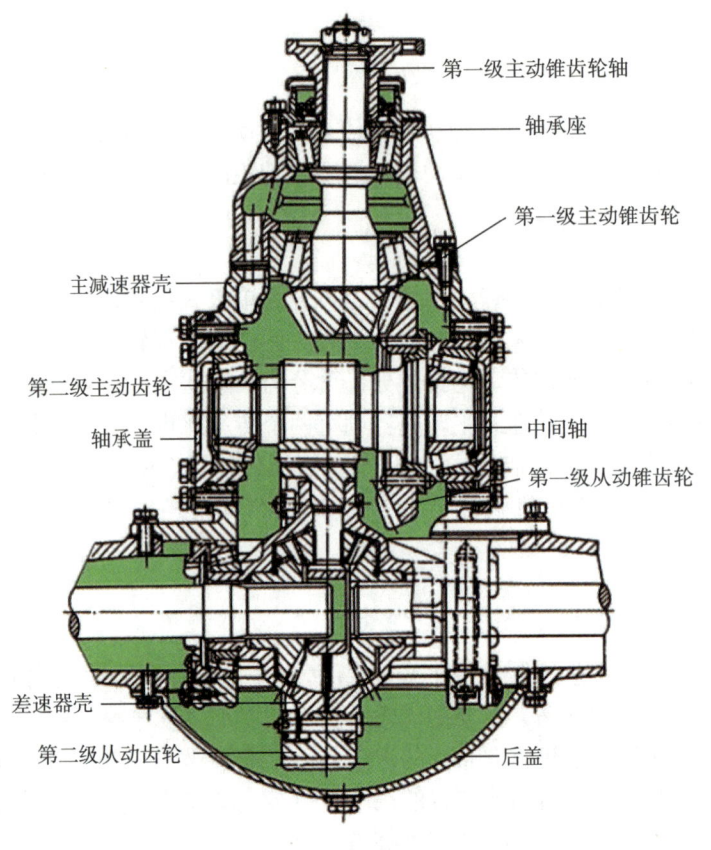

图 6-2-2 双级主减速器

加一级减速传动，称为轮边减速器，轮边减速也可以看作是主减速器的第二级传动。

二、差速器

（一）差速器的功用

差速器的功用是既能向两侧驱动轮传递转矩，又能使两侧驱动轮以不同转速转动，如图 6-2-3 所示。

汽车行驶过程中，车轮相对路面有两种运动状态：滚动和滑动。滑动又有滑转和滑移两种。设车轮中心相对路面的速度为 v，车轮旋转角速度为 a，车轮滚动半径为 r。如果 $U=ar$，则车轮对路面的运动为滚动，这是最理想的运动状态；如果 $a>0$，但 $U=0$，则车轮的运动为滑转；如果 $U>0$，但 $a=0$，则车轮的运动为滑移。

当汽车转弯行驶时，内外两侧车轮中心在同一时间内移过的曲线距离显然不同，即外侧车轮移过的距离大于内侧车轮，如图 6-2-4 所示。若两侧车轮都固定在同一刚性转轴上，两轮角速度相等，则此时外轮必然是边滚动边滑移，内轮必然是边滚动边滑转。

图 6-2-3 差速器

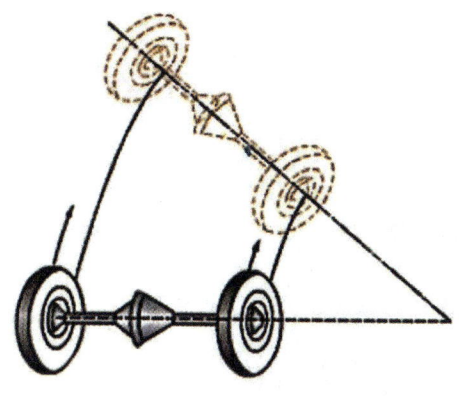
图 6-2-4 汽车转向时驱动车轮的运动示意图

（二）普通差速器

普通行星齿轮式差速器如图 6-2-5 所示，它由差速器壳、行星齿轮、半轴齿轮、行星齿轮轴（十字轴）、行星齿轮球面垫片和半轴齿轮推力垫片组成。左右差速器壳用螺栓连器壳相应凹槽组成的十字形孔中，每个轴颈上套着行星齿轮。主减速器从动锥齿轮用螺栓固定在差速器壳的凸缘上。行星齿轮轴的 4 个轴颈在由左、右半轴齿轮以其轴颈支承在差速器壳相应的孔中，并以内花键与半轴连接。行星齿轮的背面和差速器壳相应位置的内表面，均做成球面，保证行星齿轮的对中，以利于与半轴齿轮正确啮合。行星齿轮和半轴齿轮的背面装有软钢制成的减磨垫片。使用过程中，由摩擦引起的磨损主要发生在垫片上。改变垫片的厚度可以调整行星齿轮与半轴齿轮的啮合间隙。

从万向传动装置传来的动力自主减速器从锥齿轮依次经差速器壳、行星齿轮轴、行星齿轮、半轴齿轮、半轴输送到驱动车轮。

对于中型以下的货车或轿车，因传递的转矩较小，故可用两个行星齿轮，相应的行星齿轮轴为一根直轴。

轿车差速器的结构，如图 6-2-6 所示。差速器壳为一整体框架结构，行星齿轮轴装入差速器壳后用止动销定位，半轴齿轮背面也制成球面，其背面的推力垫片与行星齿轮背面的推力垫片制成一个整体，称为复合式推力垫片，螺纹套用来紧固半轴齿轮。

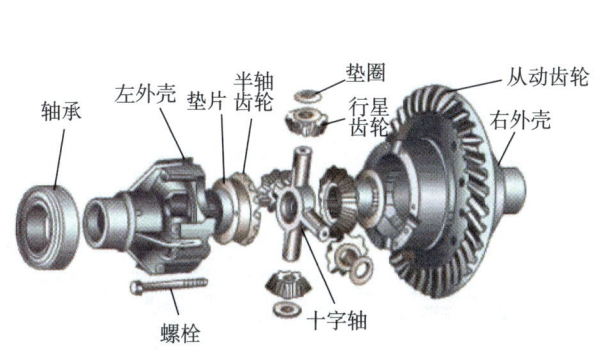
图 6-2-5 汽车行星齿轮式差速器

图 6-2-6 轿车差速器的结构

上述普通行星齿轮式差速器具有如下特点：无论左右驱动轮转速是否相等，其转矩基本上是平均分配的。这种特性对于汽车在好路面上行驶是有利的。但汽车在坏路面上行驶时却严重影响了其通过能力。例如，当汽车的驱动轮处于泥泞路面或冰雪路面时，会因附着力小而原地滑转。而在好路面上的另一驱动轮却静止不动。这是因为附着力小的路面只能对驱动车轮作用一个很小的反作用力矩，虽然另一驱动轮的附着力较大，但分配的驱动转矩只能与滑转的驱动轮上很小的驱动转矩相等，以至于汽车总的牵引力不足，汽车不能行驶。

（三）防滑差速器

为了提高汽车通过坏路面的能力，可采用防滑差速器。当汽车某一侧驱动轮发生滑转时，差速器的差速作用即被禁止，并将大部分或全部转矩分配给未滑转的驱动轮，充分利用未滑转车轮与地面之间的附着力，以产生足够的牵引力。

汽车上常用的防滑差速器，有多种形式，下面仅介绍托森差速器的构造和工作原理。如图6-2-7所示为某轿车全轮驱动轿车前、后驱动桥之间采用的新型托森差速器。"托森"表示"转矩-灵敏"，它是一种轴间自锁差速器，装在变速器后端。转矩由变速器输出轴传给托森差速器，再由差速器直接分配给前驱动桥和后驱动桥。

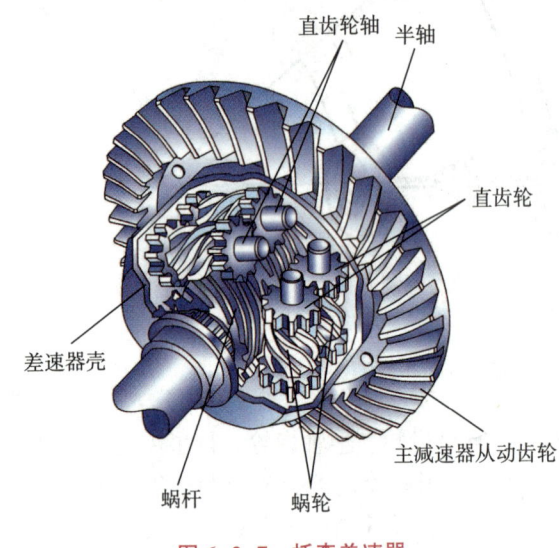

图6-2-7 托森差速器

托森差速器由差速器壳、6个蜗轮、6根蜗轮轴、12个直齿圆柱齿轮及前、后轴蜗杆组成。当前、后驱动桥无转速差时，蜗轮绕自身轴自转。各蜗轮、蜗杆与差速器壳一起等速转动，差速器不起差速作用。当前、后驱动桥需要有转速差，如汽车转弯时，因前轮转弯半径大，差速器起差速作用。此时，蜗轮除公转传递动力外，还要自转。由于直齿圆柱齿轮的相互啮合，使前后蜗轮自转方向相反，从而使前轴蜗杆转速增加，后轴蜗杆转速减小，实现了差速。托森差速器起差速作用时，由于蜗杆蜗轮啮合副之间的摩擦作用，转速较低的后驱动桥比转速较高的前驱动桥所分配到的转矩大。若后桥分配到的转矩大到一定程度而出现滑转时，则后桥转速升高一点，转矩又立刻重新分配给前桥一些，所以驱动力的分配可根据转弯的要求自动调节，使汽车转弯时具有良好的驾驶性。当前、后驱动桥中某一桥因附着力小而出现滑转时，差速器起作用，将转矩的大部分分配给附着力好的驱动桥（最大可达3.5倍），从而提高了汽车通过坏路面的能力。

任务三 半轴和桥壳

一、半轴

（一）半轴的功用

半轴的功用是将差速器传来的动力传给驱动轮。因其传递的转矩较大，常制成实心轴。

（二）半轴的构造

半轴的构造因驱动桥构造形式的不同而异。整体式驱动桥中的半轴为一刚性整轴，如图6-3-1所示，而转

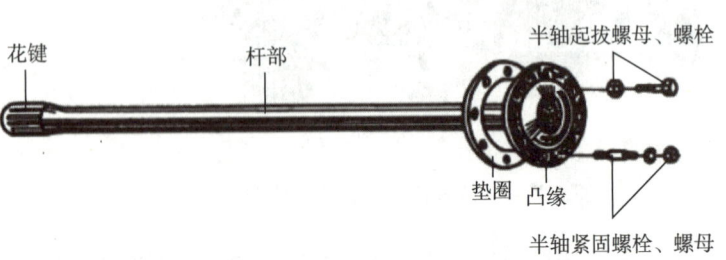

图6-3-1 半轴

向驱动桥和断开式驱动桥中的半轴则分段并用万向节连接。半轴内端一般制有外花键和半轴齿轮连接，半轴外端有的直接在轴端锻造出凸缘盘，也有的制成花键与单独制成的凸缘盘滑动配合；还有的制成锥形并通过键和螺母与轮毂固定连接。

（三）半轴的支承形式

现代汽车常采用全浮式和半浮式两种半轴支承形式。

(1) 全浮式半轴支承

全浮式半轴支承广泛应用于各型货车上。如图 6-3-2 所示为全浮式半轴支承的示意图。半轴外端锻造有半轴凸缘，用螺栓紧固在轮毂上，轮毂用一对圆锥滚子轴承支承在半轴套管上，半轴套管与空心梁压配成一体，组成驱动桥壳。这种支承形式，半轴与桥壳没有直接联系。半轴内端用花键与半轴齿轮套合，并通过差速器壳支承在主减速器壳的座孔中。

这种半轴支承形式，半轴只在两端承受转矩，不承受其他任何反力和弯矩，所以称为全浮式半轴支承。所谓"浮"，是对卸除半轴的弯曲载荷而言。

全浮式半轴支承便于拆装，只需拧下半轴凸缘上的轮毂螺栓，即可将半轴抽出，而车轮和桥壳照样能支持住汽车。

(2) 半浮式半轴支承

半浮式半轴支承如图 6-3-3 所示，半轴外端制成锥形，锥面上铣有键槽，最外端制有螺纹。轮毂以其相应的锥孔与半轴上锥面配合，并用键连接，用锁紧螺母紧固。半轴用一个圆锥滚子轴承直接支承在桥壳凸缘的座孔内。车轮与桥壳之间无直接联系，而支承于悬伸出的半轴外端。因此，地面作用于车轮的各种反力都需经半轴外端的悬伸部分传给桥壳，使半轴外端不仅要承受转矩，而且还要承受各种反力及其形成的弯矩。半轴内端通过花键与半轴齿轮连接，不承受弯矩，故称这种支承形式为半浮式半轴支承。

半浮式半轴支承构造简单，但半轴受力情况复杂且拆装不便，多用于反力、弯矩较小的各类轿车上。

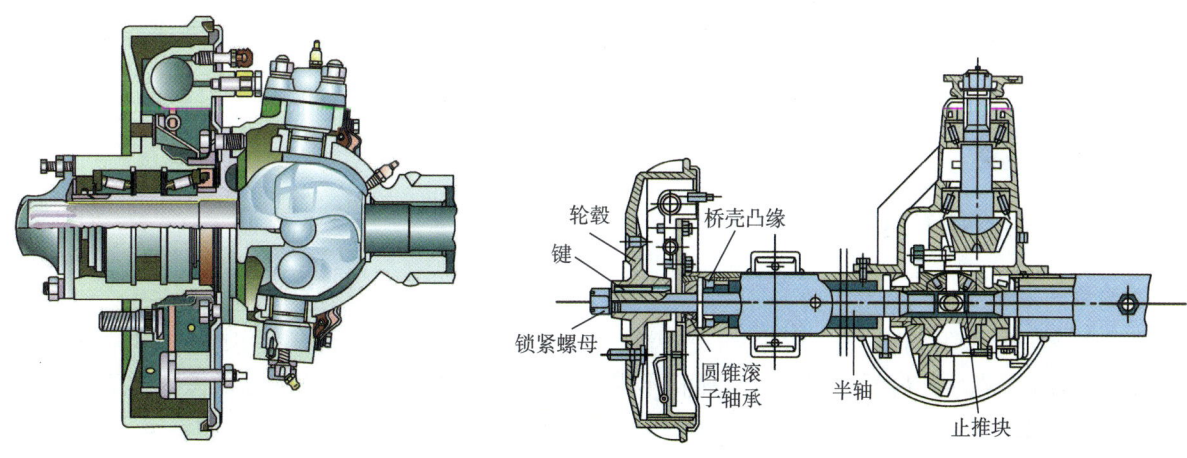

图 6-3-2　全浮式半轴支承示意图　　　　　图 6-3-3　半浮式半轴支承

二、桥壳

（一）桥壳的功用

驱动桥壳既是传动系的组成部分，同时也是行驶系的组成部分。作为传动系的组成部分，其功用是安装并保护主减速器、差速器和半轴。作为行驶系的组成部分，其功用是安装悬架或轮毂，和从动桥一起支承汽车悬架以上各部分质量，承受驱动轮传来的反力和力矩，并在驱动轮与悬架之间传力。

由于桥壳承受较复杂的载荷，因此要求桥壳应具有足够的强度和刚度，质量小，还要便于主减速器的拆装和调整。

(二) 桥壳的类型

驱动桥壳可分为整体式桥壳和分段式桥壳两种类型，如图 6-3-4 所示。

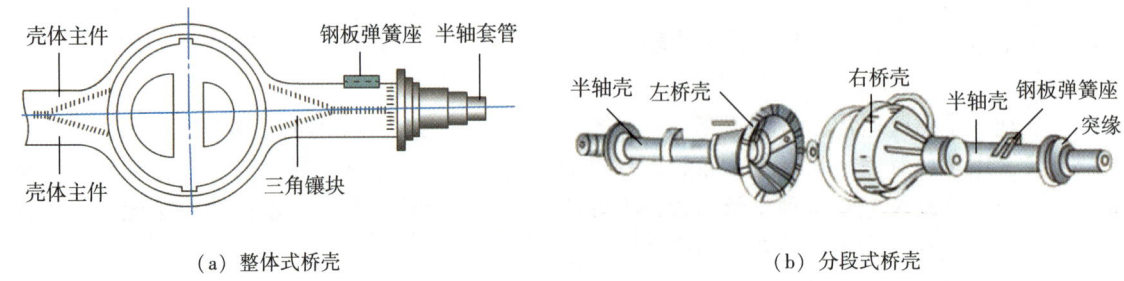

(a) 整体式桥壳　　　　　　　　　　(b) 分段式桥壳

图 6-3-4　桥壳的类型

整体式桥壳一般是铸造，具有较大的强度和刚度，且便于主减速器的拆装和调整。缺点是质量大，铸造质量不易保证。因此，适用于中型以上货车。

分段式桥壳一般分为两段，由螺栓将两段连成一体。分段式桥壳最大的缺点是拆装维修主减速器、差速器十分不便，必须把整个驱动桥从车上拆下来，现已很少应用。

任务四　主减速器和差速器的拆装与检修

任务描述

主减速器和差速器在工作中由于负荷的作用，随着行驶里程的增加，内部零件的磨损、变形也随之增加，引起各零件间的配合关系变坏，从而引起一系列的故障。出现问题后需要将主减速器和差速器总成从车上拆下，对主减速器和差速器的零件进行检修或更换。

一、主减速器和差速器的检测

1. 检查各齿轮

检查主减速器主动齿轮、从动齿轮、行星齿轮，及半轴齿轮的齿面是否有刮伤或严重磨损。齿轮不允许有明显的疲劳剥落，齿面出现黑斑的面积不得大于工作面的 30%。主减速器及差速器壳不得有裂纹。否则，应更换总成。

2. 检查从动锥齿轮的偏摆量

如图 6-4-1 所示，固定百分表座，将百分表针抵在从动齿轮背面最外端，从动齿轮旋转 1 周，记下百分表摆差读数。偏摆量要小于 0.10mm，否则应予以更换。

3. 检查主、从动齿轮的啮合间隙

如图 6-4-2 所示，固定百分表座，将百分表针抵在从动齿轮任一齿面上，固定主动齿轮，将从动齿轮沿轴向来回拉动，记下百分表摆差读数。数值应在 0.13～0.18mm 范围内，否则应调整侧向轴承。

 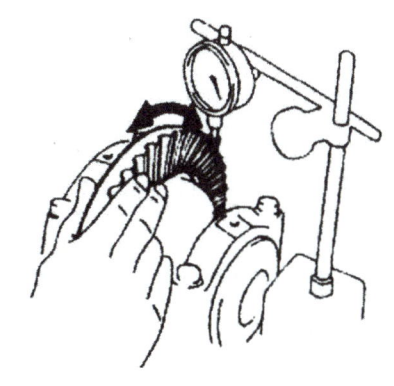

图 6-4-1　从动主齿轮偏摆量的检查　　图 6-4-2　主、从动齿轮啮合间隙的检查

4. 检查半轴齿轮与行星齿轮的啮合间隙

如图 6-4-3 所示，固定百分表座，将百分表针抵在半轴齿轮任一齿面上，将一个行星齿轮固定，用手拨动半轴齿轮，记下百分表摆差读数。数值应在 0.05～0.20mm 范围内。如间隙不当，可调整行星齿轮和半轴齿轮背面的垫片。

5. 检查主、从动齿轮轮齿的啮合印痕

在从动齿轮上 3 个不同位置上的 3 个或 4 个轮齿上涂以红丹油，如图 6-4-4 所示。

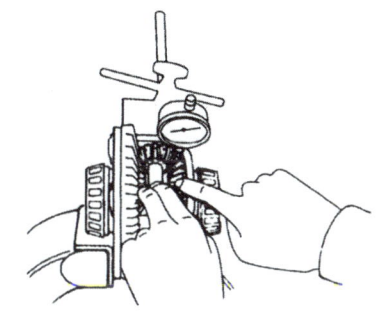 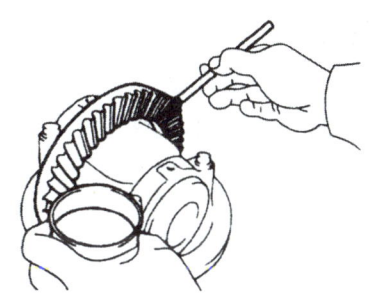

图 6-4-3　半轴齿轮与行星齿轮啮合间隙的检查　　图 6-4-4　在从动齿轮上涂以红丹油

朝两个不同方向转动主动齿轮，检视轮齿的啮合印痕，正确的印痕应在从动齿轮的中间偏齿根（国产载货车则偏向轮齿的小端）的位置，如图 6-4-5 所示。

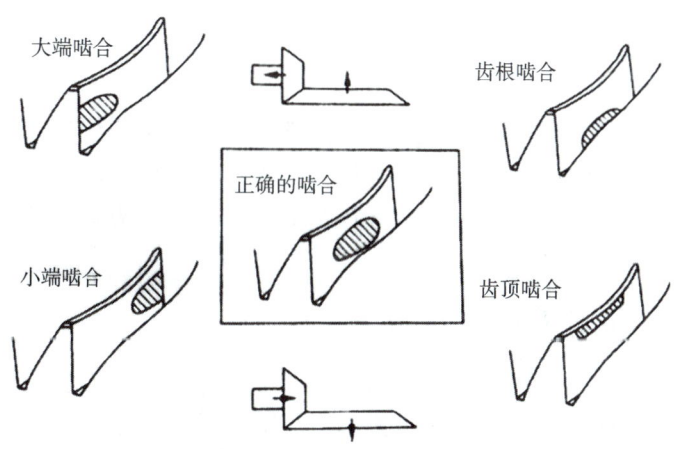

图 6-4-5　齿轮啮合情况的检查

二、主动锥齿轮轴承预紧度的调整

1. 装配主动锥齿轮

依次将调整垫片、后轴承装在主动锥齿轮轴颈上,再装入隔圈后,一起装入轴承座壳内,如图 6-4-6 所示。再依次装入前轴承、接合法兰、槽形螺母,不装油封(调整轴承预紧力后,再装油封)。

2. 调整预紧力

用维修工具夹紧接合法兰,拧紧接合法兰槽形螺母来调整主动锥齿轮轴承预紧力,如图 6-4-7 所示。扭力矩为 170～210N·m。

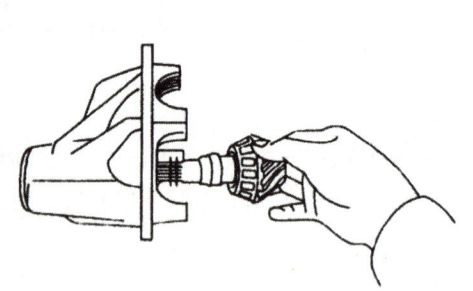
图 6-4-6 主动锥齿轮的装配

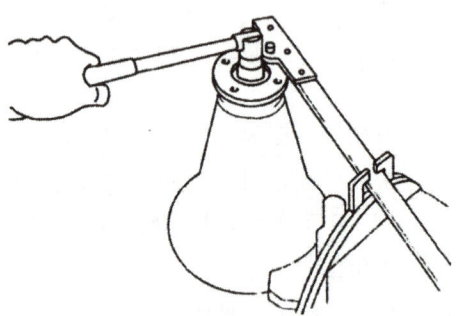
图 6-4-7 接合法兰槽形螺母的拧紧

3. 检验预紧力

如图 6-4-8 所示,用扭力扳手扭转主动锥齿轮,扭力矩为:新轴承取 1.9～2.6N·m;旧轴承取 0.9～1.3N·m。亦可凭经验检查:用手左右转动接合法兰,转动灵活无阻滞,沿轴向推拉法兰时没有可感觉到的轴向间隙即为合适。

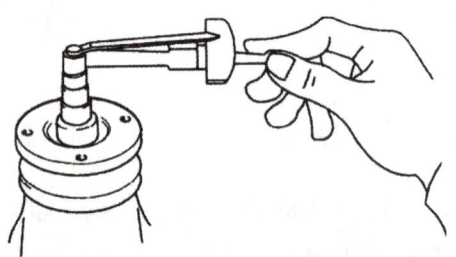
图 6-4-8 主动锥齿轮预紧力的检验

4. 预紧力调整

如果转动主动锥齿轮的力矩不合适,也就是说主动锥齿轮轴承预紧力不合适,一般通过拧紧接合法兰槽形螺母来调整;如果调整槽形螺母满足不了预紧力要求,则可通过更换后轴承后面的调整垫片来调整。垫片厚度为 0.25～0.45mm,每 0.05mm 一个级差,如果转动力矩过大,应减小垫片厚度;反之,加厚垫片厚度。

三、半轴齿轮与行星齿轮啮合间隙的调整

(1) 选择适当的止推垫圈,把止推垫圈和半轴齿轮装入差速器壳内。按前述方法测量半轴齿轮与行星齿轮的啮合间隙,应在 0.05～0.20mm。如间隙不当,换用不同厚度的止推垫圈。左右两边的止推垫圈厚度应一致,垫圈厚度有 3 种:1.60mm、1.70mm、1.80mm。

(2) 半轴齿轮轮齿大端端面的弧面与行星齿轮的背面弧面应相吻合,并在同一球面上。不合适

时，应通过改变行星齿轮背面球形垫圈的厚度来调整。

（3）安装行星齿轮轴上的直销，并把销和差速器壳铆死，如图6-4-9所示。重复检查半轴齿轮的转动是否灵活，半轴齿轮与行星齿轮啮合间隙是否合适。

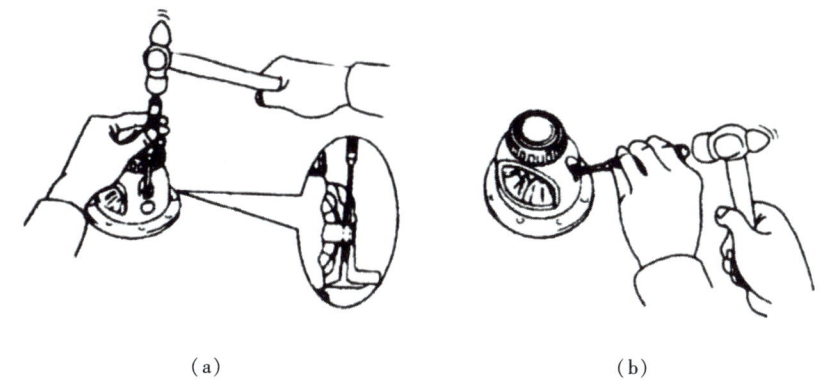

（a）　　　　　　　　　　　（b）

图6-4-9　行星齿轮轴上直销的安装及销和差速器壳的铆死

四、从动齿轮轴承预紧度的调整

（1）如图6-4-10所示，将从动齿轮在油浴中加热至100℃后，对准记号装上差速器壳。

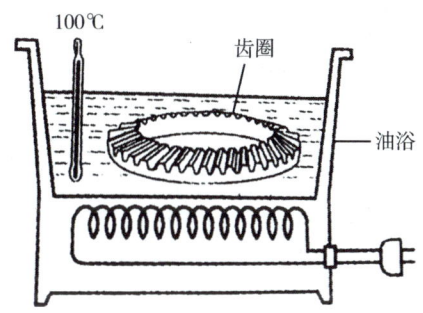

图6-4-10　从动齿轮在油浴中加热

（2）按图6-4-11所示的顺序，把差速器总成装在托架上。左右轴承外座圈不能交换位置。先装调整螺母，再装轴承盖，但不能拧紧轴承盖螺栓。轴承盖要按拆卸前做的记号装回，用手拧紧左右调整螺母，对称均匀地压紧差速器总成左右轴承。

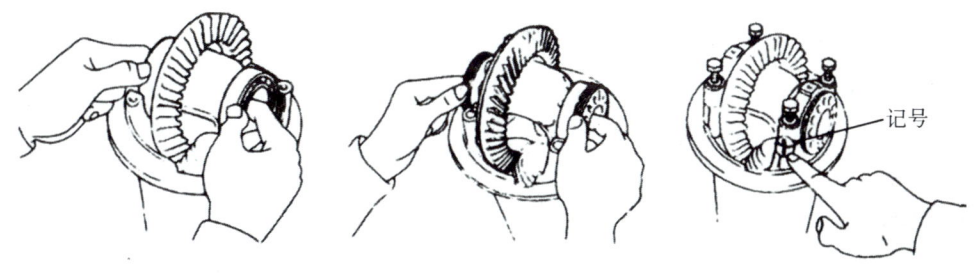

图6-4-11　差速器总成、调整螺母、轴承盖的装配顺序

（3）用维修工具将从动齿轮一侧的调整螺母拧紧，直至主、从动齿轮啮合间隙约0.2mm，如图6-4-12所示。

（4）将百分表指针抵在从动齿轮一侧的调整螺母顶上（要压表），如图6-4-13所示用维修工具拧紧另一侧调整螺母直至百分表指针开始摆动，再将调整螺母拧入1~1.5圈，最后按转矩拧紧轴承盖螺栓并锁紧。

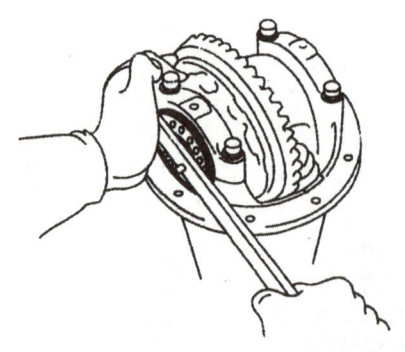

图 6-4-12　拧紧从动齿轮一侧的调整螺母　　图 6-4-13　拧紧从动此轮另一侧的调整螺母

（5）预紧力检查。用扭力扳手扭转主动锥齿轮，扭力矩应增加 $0.4\sim0.6\mathrm{N\cdot m}$。

五、主、从动齿轮啮合间隙的调整

按前面所讲述的方法检测主、从动齿轮的啮合间隙，如间隙不符，可通过等量转动差速器壳左右两边的调整螺母来调整，即一侧拧紧多少圈；另一侧拧松多少圈；如间隙过大，则将从动齿轮（离开主动齿轮）一侧的调整螺母拧松，从动齿轮另一侧的调整螺母拧紧；间隙过小，则反之，直至调整到合适为止。

六、主、从动齿轮轮齿啮合印痕的调整

1. 螺旋线齿轮的调整

（1）在调整好主、从动齿轮啮合间隙之后，才能调整轮齿啮合印痕。按前面所述的方法检验印痕。当接触印痕在从动齿轮轮齿大端时，应将从动齿轮向主动齿轮靠拢（简"进从"）。如因此而使主、从动齿轮啮合间隙过小，可调整主动齿轮轴承垫圈，使主动齿轮移离从动齿轮。

（2）当接触印痕在从动齿轮轮齿小端时，应将从动齿轮移离主动齿（简"出从"）。如因此而使齿隙过大，可将主动齿轮向从动齿轮移动。

（3）当接触印痕在从动齿轮轮齿顶端时，应将主动齿轮向从动齿轮靠拢（简称"进主"）。如因此而使齿隙过小，可将从动齿轮移离主动齿轮。

（4）当接触印痕在从动齿轮轮齿根部时，应将主动齿轮移离从动齿轮（简称"出主"）。如因此而使间隙过大，可将从动齿轮向主动齿轮移动。

（5）简化口诀：大进从，小出从；顶进主，根出主。

2. 双曲线齿轮的调整

简化口诀：大出从，小进从；顶进主，根出主。

一、前期准备

安全防护：实训着装。
工具设备：磁力表座，百分表，红丹油，常用维修工具，加热器等。
实训设备：主减速器、差速器总成。
辅助资料：维修手册、教材。

项目六 驱动桥的构造与拆装

导学视频

二、操作项目

1. 差速器总成的分解

（1）准备差速器总成和工具，如图 6-4-14 所示。

（2）预松差速器行星齿轮机构上盖固定螺栓，如图 6-4-15 所示。

图 6-4-14 准备差速器总成和工具

图 6-4-15 预松差速器行星齿轮机构上盖固定螺栓

（3）拆下差速器行星齿轮机构上盖固定螺栓，如图 6-4-16 所示。

（4）拆卸固定螺丝后的差速器行星齿轮机构上盖，如图 6-4-17 所示。

图 6-4-16 拆下差速器行星齿轮机构上盖固定螺栓

图 6-4-17 拆卸固定螺丝后的差速器行星齿轮机构上盖

（5）取下差速器行星齿轮机构上盖，如图 6-4-18 所示。

（6）取出一侧差速器半轴齿轮，如图 6-4-19 所示。

图 6-4-18 取下差速器行星齿轮机构上盖

图 6-4-19 取出一侧差速器半轴齿轮

(7)取出行星齿轮轴和行星齿轮,如图 6-4-20 所示。

(8)取出另一对行星齿轮轴和行星齿轮,如图 6-4-21 所示。

图 6-4-20　取出行星齿轮轴和行星齿轮

图 6-4-21　取出另一对行星齿轮轴和行星齿轮

(9)取出另一侧半轴齿轮,如图 6-4-22 所示。

(10)分解后的差速器总成,如图 6-4-23 所示。

图 6-4-22　取出另一侧半轴齿轮

图 6-4-23　分解后的差速器总成

(11)按照拆卸的相反顺序安装差速器。

三、任务考核

差速器的拆装评分标准。

序号	作业项目	考核内容	配分	评分标准	扣分	得分
1	前期准备	清理工位及工位布置,设备的外观检查	10	未清理工位扣 5 分,未对设备进行外观和安全检查扣 5 分		
2	差速器的零部件拆卸	能否正确按照维修手册的要求进行拆卸并按照规定摆放	30	未按照维修手册进行拆卸工作,每次扣 5 分		
3	差速器的零部件清洁	能否正确按照维修手册的要求进行零件的清洁	10	每一个元件未按照维修手册要求进行清洁扣 5 分		
4	差速器的零部件安装	能否正确按照维修手册的要求进行安装并按照规定进行紧固	30	未按照维修手册进行安装工作,包括紧固角度、转矩值错误等,每次扣 5 分		
5	维修资料使用	能否正确使用维修资料	10	不会使用维修资料扣 10 分,使用不熟练扣 5 分		

续表

序号	作业项目	考核内容	配分	评分标准	扣分	得分
6	6S 现场管理	遵守实训室安全操作规范，无人身伤害和设备损坏	10	每单项扣 5 分，扣完为止。因违规操作发生人身伤害和设备损坏，此项不得分		
	合计		100			

一、填空题

1. 驱动桥是位于传动系末端能改变来自变速器的_____和_____，并将它们传递给驱动轮的机构_____。
2. 驱动桥一般是由_____、_____、_____和桥壳等组成。
3. 桥壳由_____和_____组成。
4. 主减速器的功用为_____以及改变动力传动_____。
5. 按照悬架构造的不同，驱动桥可以分为_____驱动桥和_____驱动桥。
6. 差速器的功用是既能向两侧驱动轮_____，又能使两侧驱动轮以_____转速转动。

二、单项选择题

1. 现代汽车常采用全浮式和（　　）两种半轴支承形式。
   A. 锁定式　　　　B. 半浮式　　　　C. 浮动式　　　　D. 静止式
2. 汽车转弯时，因前轮转弯半径大，差速器能够起（　　）作用。
   A. 稳速　　　　B. 降速　　　　C. 差速　　　　D. 增速
3. 汽车行驶过程中，车轮相对路面有两种运动状态，分别是（　　）和滑动。
   A. 锁止状态　　　B. 静止状态　　　C. 移动　　　　D. 滚动
4. 轮边减速也可以看作是主减速器的第（　　）级传动。
   A. 一　　　　B. 二　　　　C. 三　　　　D. 四

三、判断题（对的画"√"，错的画"×"）

1. 差速器的功用是锁止左右驱动车轮以相同的转速旋转。（　　）
2. 半轴的功用是将动力由差速器传给驱动车轮。（　　）
3. 整体式驱动桥又称为非断开式驱动桥。（　　）
4. 主减速器将万向传动装置传来的发动机转矩传给半轴。（　　）
5. 主减速器按参加传动的齿轮副数目，可分为单级式主减速器和双级式主减速器。（　　）
6. 从万向传动装置传来的动力自主减速器从锥齿轮依次经差速器壳、行星齿轮轴、行星齿轮、半轴齿轮、半轴输送到驱动车轮。（　　）

四、简答题

1. 简述驱动桥的组成、功用和分类。
2. 简述主减速器的功用和类型。
3. 简述差速器的功用和类型。
4. 简述半轴和桥壳的功用、构造。
5. 简述差速器的拆装过程。

项目七　车桥和轮胎的构造与拆装

知识目标：
- 熟悉车架和车桥的作用、类型及结构特点。
- 熟悉车轮和轮胎的作用及构造。

技能目标：
- 能够在实训整车上正确地对车架、车桥、车轮、轮胎的各组成零部件进行认知。
- 能够按照维修手册的技术要求熟练地拆装车轮。
- 能够按照技术要求对车轮进行动平衡调整。
- 能够选择合适的工量具按照维修资料的要求正确对车轮进行检修。

职业素养目标：
- 及时反思总结，在训练中积累经验。
- 养成组员之间互相协作的合作能力。
- 养成安全文明操作的习惯。
- 严格执行 6S 现场管理（SEIRI——整理、SEITON——整顿、SEISO——清扫、SEIKETSU——清洁、SHITSUKE——素养、SECURITY——安全），养成良好的职业习惯。

任务一　车架和车桥

一、车架

（一）车架的作用

就像人的身体由骨架来支撑一样，汽车也必须有一副骨架，这就是车架。除了普通轿车和部分大客车外，现代大多数汽车都有起着骨架作用的车架，它承担着两个重要的任务：一是作为支承连接汽车各总成零件的安装基体，承受车内外的各种静载荷，主要是汽车自身零部件的重量；二是在汽车极为复杂的行驶工况中，承受动载荷，包括行驶时所受的冲击、扭曲和惯性力等。

（二）车架的类型

现有的车架种类有边梁式车架、中梁式车架、综合式车架及承载式车架等。

1. 边梁式车架

边梁式车架由两根位于两边的纵梁和若干根横梁组成，用铆接法或焊接法将纵梁与横梁连接成坚固的刚性构架。边梁式车架根据汽车总体构造布置的需要，可制成前宽后窄，前窄后宽，前后等宽等形式，如图 7-1-1 所示。载重汽车大多采用前后等宽式，这是为了简化制造工艺，避免纵梁宽度转折处应力集中，提高车架的使用寿命。

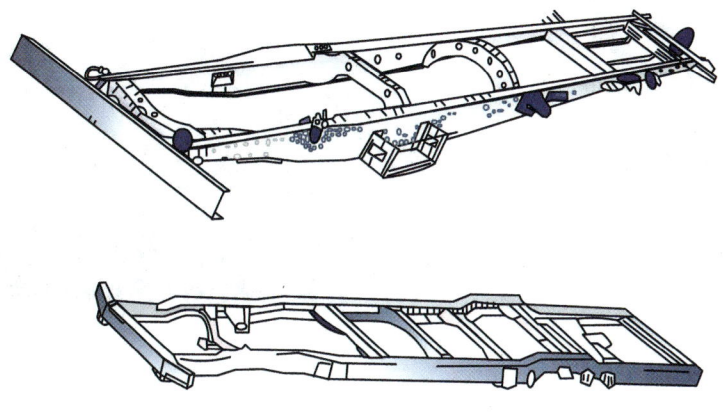

图 7-1-1 边梁式车架

边梁式车架的构造特点是便于安装车身（驾驶室、车厢及一些特种装备等）和布置其他总成，有利于改装变型车和发展多品种汽车。因此被广泛采用在货车和大多数的特种汽车上。

2. 中梁式车架

中梁式车架主要由一根位于中央贯穿前后的纵梁和若干根横向悬伸托架组成，也称脊骨式车架。如图 7-1-2 所示，中梁的断面可做成管形或箱形，传动轴由中梁内孔通过。纵梁的前端做成叉形支架，用来安装发动机。主减速器壳固定在中梁的尾端。

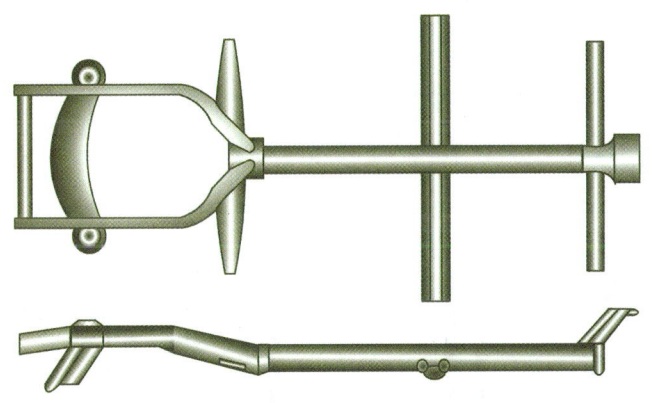

图 7-1-2 中梁式车架

中梁式车架质量轻、重心低、刚度和强度较大、行驶稳定性好，而且车轮运动空间足够大，前轮转向角大，便于采用独立悬架系统，适用于闭式传动轴。但这种车架制造工艺复杂，精度要求高，维护不便。

3. 综合式车架

综合式车架综合了边梁式车架和中梁式车架的构造特点，如图 7-1-3 所示。纵梁前后段类似边梁式构造，用以安装发动机；中部采用中梁式构造，传动轴从中梁管内通过。

由于安装车门槛的位置附近没有边梁的影响，故可使底板的外侧高度有所降低。缺点是中间梁的断面尺寸大，造成底板中部的凸起。另外，不规则的构造增加了车架的制造难度。

4. 承载式车架

许多轿车和公共汽车没有单独的车架，而以车身代替车架，主要部件安装在车身上，称为承载式车身，如图 7-1-4 所示。这种构造的车身底板用纵梁和横梁进行加固，车身刚度较好，质量较轻，但制造要求高。

图 7-1-3 综合式车架

图 7-1-4 承载式车架

二、车桥

(一) 车桥的概述

1. 车桥的作用

车桥，也称车轴，通过悬架与车架（或承载式车身）相连接，两端安装汽车车轮。车架所承受的垂直载荷通过车桥传到车轮，车轮上的滚动阻力、驱动力、制动力和侧向力及其弯矩、转矩又通过车桥传递给悬架和车架，故车桥的作用是传递车架与车轮之间各个方向的作用力及其所产生的弯矩和转矩。

2. 车桥的分类

按照悬架结构不同，车桥分为整体式和断开式两种。整体式车桥的中部是刚性实心或空心梁，与非独立悬架配用，如图 7-1-5（a）所示；断开式车桥为活动关节式结构，与独立悬架配用，如图 7-1-5（b）所示。

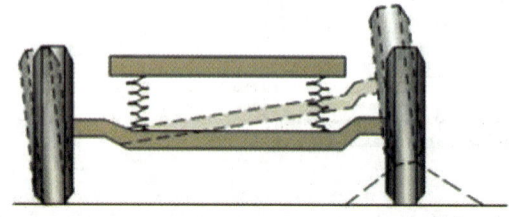
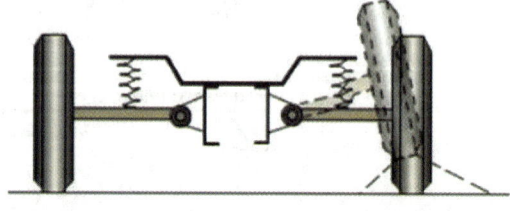

（a）整体式车桥　　　　　　　　　　　　　（b）断开式车桥

图 7-1-5 车桥的分类

按车桥上车轮的作用不同，车桥分为转向桥、驱动桥、转向驱动桥、支持桥 4 种类型，其中转向桥和支持桥都属于从动桥。

(二) 转向桥

转向桥利用其轴端起铰链作用的转向节，使车轮在一定的偏转角度范围内实现汽车的转向。它除了承受汽车上下颠簸产生的垂直载荷外，还承受驱动、制动和转弯行驶时产生的纵向力和横向力，以及这些力引起的力矩。由于转向桥大多位于汽车的前部，因此也常被称作前桥。转向桥主要由转向节、前梁、主销和轮毂等部分组成，如图 7-1-6 所示。

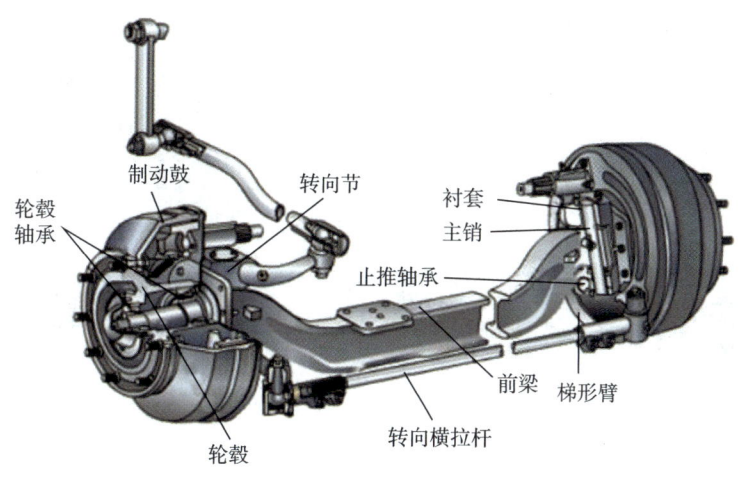

图 7-1-6 转向桥的结构

1. 转向节

转向节是由上、下两叉和支承轮载的轴构成,两叉制有安装主销的同轴孔,孔内压入青铜套或尼龙衬套,在衬套上开有润滑油槽。转向节轴上存两道轴颈,内大外小,用来安装内外轮毂轴承,如图 7-1-7 所示。靠近两叉根部有呈方形的凸缘,其上的通孔用来固定制动底板。一般在左、右转向节的下叉上各有一个带键槽的锥孔,分别安装左右梯形臂,在左转向节的上叉上也有一个带键槽的锥孔,用以安装转向节臂。

2. 前轴

前轴是由钢材锻造而成,一般采用工字形断面,两端略成方形,前轴中部向下凹,两端向上翘起呈拳形,其中有通孔,主销插入孔内可将前轴与转向节铰接。如图 7-1-8 所示,前轴上平面有两处用以支承钢板弹簧的加宽面,其上钻有安装 U 形螺栓的通孔和钢板弹簧定位坑。

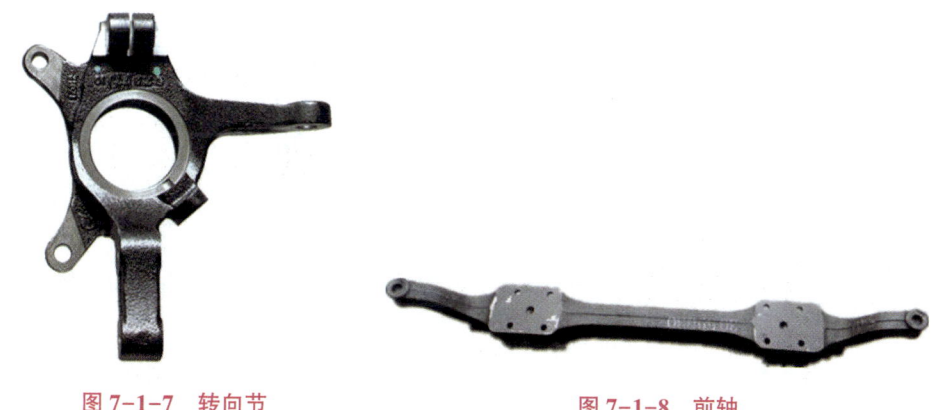

图 7-1-7 转向节　　　　　　　图 7-1-8 前轴

3. 主销

主销的作用是铰接前轴与转向节,使转向节绕着主销摆动以实现车轮转向。常见的主销形式有实心圆柱形、空心圆柱形、圆锥形和阶梯形 4 种,主销中部一般都切有四槽(图 7-1-9),通过带螺纹的楔形销将主销固定在前轴主销孔内,使之不能转动。

4. 轮毂

如图 7-1-10 所示,轮毂用于连接制动鼓、轮盘和半轴凸缘,它通过内外两个圆锥滚柱轴承装在转向节轴颈上。轴承的松紧度可通过调整螺母的松紧度加以调整,调整后用锁紧垫圈锁紧。在轮载外端装有端盖，以防止泥水和尘土浸入；内侧装有油封、挡油盘，以防止润滑油进入制动器。

图 7-1-9　主销实物　　　　　图 7-1-10　轮毂

（三）转向驱动桥

转向驱动桥有一般驱动桥具有的主减速器、差速器和半轴等，也具有一般转向桥所具有的转向节和主销等。为了满足既能转向又能驱动的需要，与车轮相连的半轴必须分成两段；与差速器相连的内半轴和与轮毂相连的外半轴，两者之间用等速万向节连接，转向驱动桥的构造如图 7-1-11 所示。

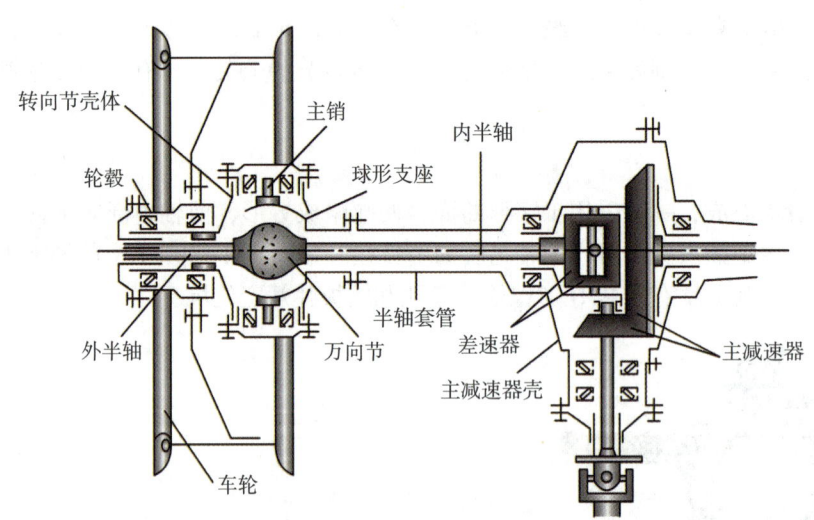

图 7-1-11　转向驱动桥

（四）车轮定位

1. 转向轮定位

为了保证汽车直线行驶的稳定性和操纵的轻便性，减少轮胎和其他机件的磨损，转向车轮、转向节和前轴三者与车架的安装应保持一定的相对位置关系，这种安装位置关系称为转向车轮定位，也称前轮定位。

（1）主销后倾角

主销安装在前轴上，其上端略向后倾斜，这种现象称为主销后倾，如图 7-1-12 所示。在垂直于汽车支承平面的纵向平面内，主销轴线与汽车支承平面垂线之间的夹角叫主销后倾角。主销后倾角的作用主要为了保持汽车直线行驶的稳定性，并在汽车转向时能使前轮自动回正。

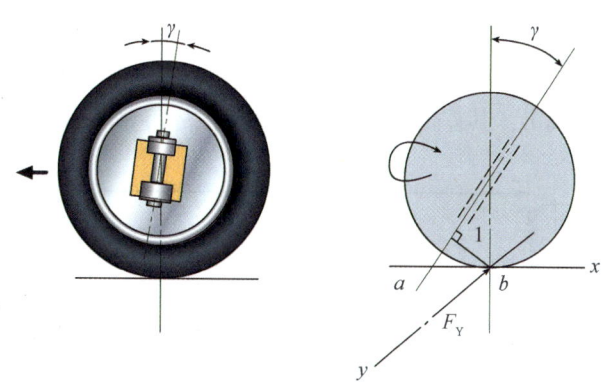

图 7-1-12　主销后倾角

（2）主销内倾角

主销安装在前轴上，其上端略向内倾斜，这种现象称为主销内倾，如图 7-1-13 所示。在垂直于车支承平面的横向平面内，主销轴线与汽车支承平面垂线之间的夹角称为主销内倾角。主销内倾的作用是使转向轮自动回正，并使转向操纵轻便。主销后倾和主销内倾都具有使车轮自动回正及保证汽车直线行驶稳定性的作用，但其区别在于：主销后倾角的回正作用随着车速的增大而增大，而主销内倾的回正作用几乎与车速无关。

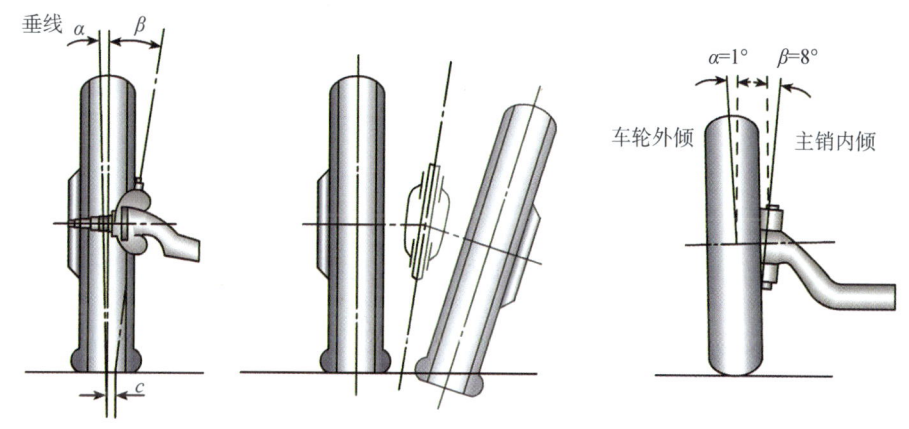

图 7-1-13　主销内倾角及前轮外倾角

（3）前轮外倾角

转向车轮安装在转向节上时，其旋转平面上端向外倾斜，这种现象称为前轮外倾。车轮旋转平面与垂直于车辆支承面的纵向平面之间的夹角称为前轮外倾角，如图 7-1-14 所示。前轮外倾角的作用是提高车轮工作的安全性和转向操纵的轻便性，外倾可以保证汽车满载时车轮与地面垂直。

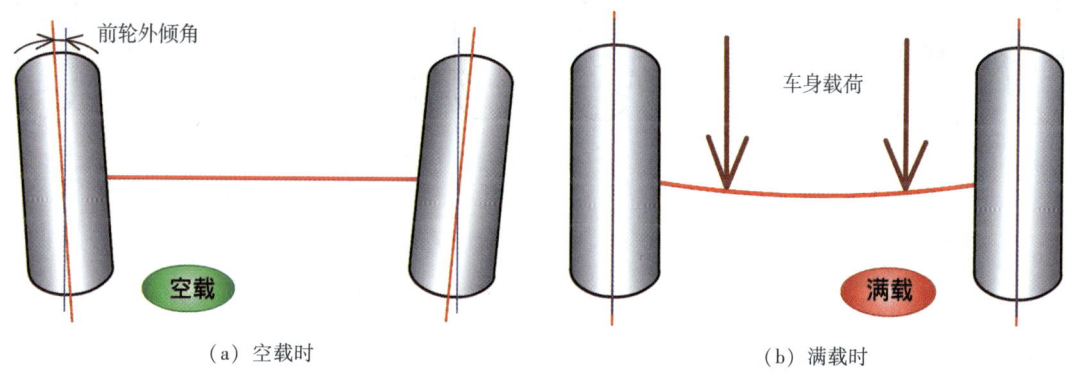

（a）空载时　　　　　　　　　　　（b）满载时

图 7-1-14　汽车外倾的作用

(4) 前轮前束角

车轮安装在车桥上，两前车轮的中心平面不平行，其前端略向内侧倾斜，这种现象称为前轮前束。两前轮后端距离 A 大于前端距离 B，其差值 A−B 称为前轮前束值，如图 7-1-15 所示。

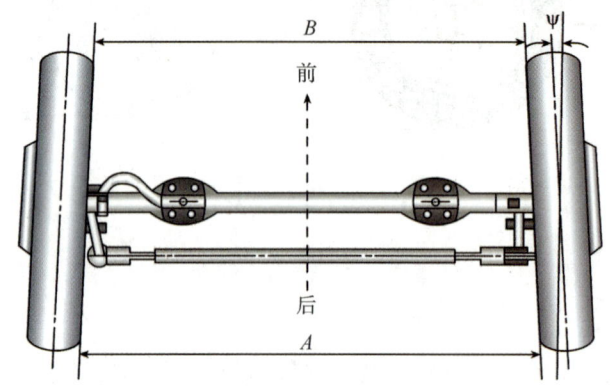

图 7-1-15　前轮前束角（俯视图）

前轮前束的作用是消除因车轮外倾所造成的不良后果，保证车轮不向外滚动，防止车轮侧滑和减轻轮胎的磨损。

前轮前束值可以通过改变转向横拉杆的长度来调整。一般汽车前束值为 0～12mm。因为斜交轮胎的胎面和胎肩容易产生较大的变形，从而产生较大的外倾推力，所以，斜交轮胎采用的车轮前束值大于子午线轮胎所采用的车轮前束值。有些汽车前轮外倾角接近于零甚至为负值，故车轮前束值也采用零或负值。

2. 后轮定位

（1）后轮外倾角

像前轮外倾角一样，后轮外倾角也对轮胎磨损和操纵性有影响。理想状态是 4 个车轮的运动外倾角均为零，这样轮胎和路面接触良好，从而得到最佳的牵引性能和操纵性能。采用独立后悬架的大多数车辆常有一个较小的正后轮外倾角。

（2）后轮前束

和前轮前束一样，后轮前束也是后轮定位的一个重要项目。前束可抵消汽车高速行驶且驱动力较大时，车轮出现的负前束（前张），减少轮胎的磨损，如图 7-1-16 所示。

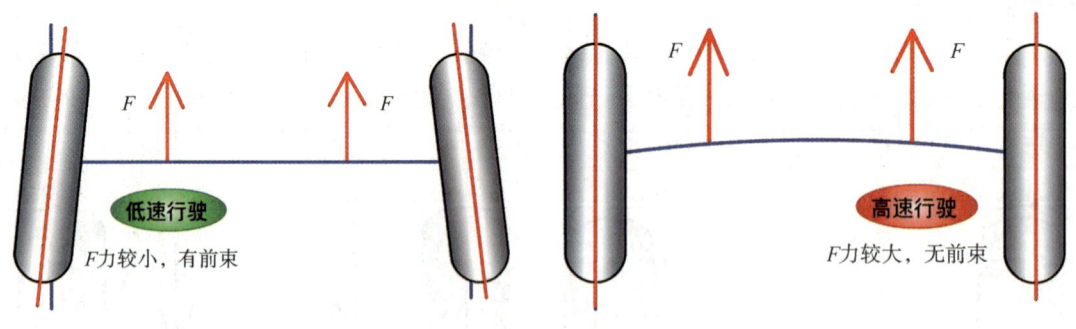

(a) 低速行驶时有前束　　　　　　　　(b) 高速行驶时无前束

图 7-1-16　后轮前束的状态变化

任务二 车架和车桥的认知

任务描述

通过实物或照片,能正确识别车架、车桥的类型,会分析车架、车桥各部分的作用;了解车架和车桥功用,掌握不同类型车架和车桥的基本结构及应用场合。

任务实施

一、前期准备

安全防护:实训着装、完成设备防护。
工具设备:工具车、工作台、常用维修工具、常用测量工具等。
实训设备:部分实物或图片。
辅助资料:维修手册、教材。

二、操作项目及工作要点

1. 典型车架的识别

(1)认知货车及部分大型客车的车架(边梁式)。了解车架各部分的结构、作用及技术要求,如图 7-2-1 所示。

(2)认知部分轿车的车身及车架(边梁式)。了解车架的结构、作用及技术要求,如图 7-2-2 所示。

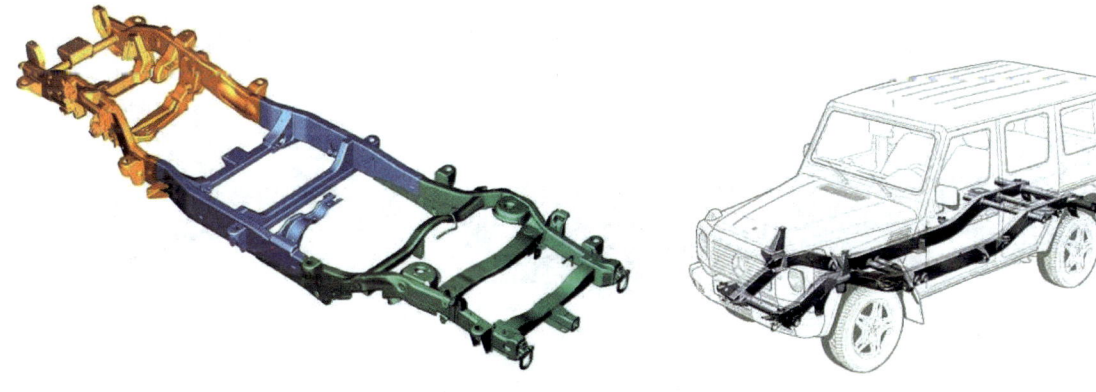

图 7-2-1 货车边梁式车架   图 7-2-2 轿车边梁式车架

(3)正确认知车架(中梁式)。了解车架的结构、作用及技术要求,如图 7-2-3 所示。
(4)正确认知车架(综合式)。了解车架的结构、作用及技术要求,如图 7-2-4 所示。
(5)正确认知轿车车架(承载式车身)。了解车身的结构、作用及技术要求,如图 7-2-5 所示。
(6)正确认知轿车车架(半承载式车身)。了解车身的结构、作用及技术要求,如图 7-2-6 所示。

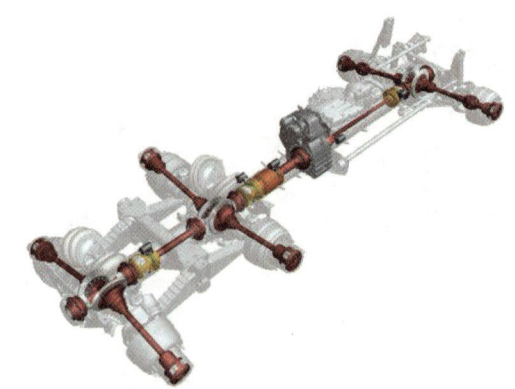

图 7-2-3　中梁式车架

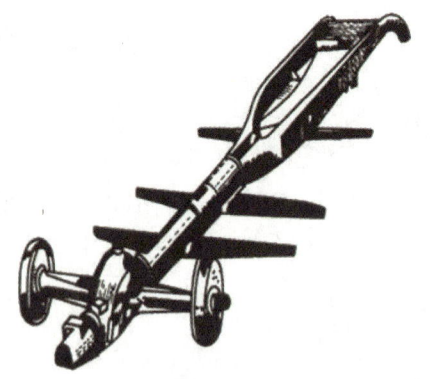

图 7-2-4　综合式车架

图 7-2-5　承载式车身

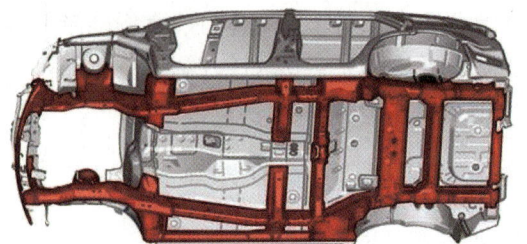

图 7-2-6　半承载式车身

2. 典型车桥的识别

（1）认知货车驱动桥，了解车桥的结构、作用及要求，如图 7-2-7 所示。

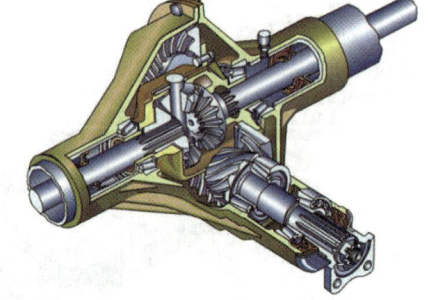

图 7-2-7　货车驱动桥

（2）认知货车转向桥，了解车桥的结构、作用及要求，如图 7-2-8 所示。

（3）认知货车转向驱动桥，了解车桥的结构、作用及要求，如图 7-2-9 所示。

图 7-2-8　货车转向桥　　　　　　　图 7-2-9　货车转向驱动桥

（4）认知部分轿车转向驱动桥，了解车桥的结构、作用及要求，如图7-2-10所示。

图 7-2-10　轿车转向驱动桥

（5）认知部分轿车断开式后驱动桥，了解车桥的结构、作用及要求，如图7-2-11所示。

图 7-2-11　轿车断开式后驱动桥

（6）认知部分轿车的后桥（支持桥），了解车桥的结构、作用及要求，如图7-2-12所示。

图 7-2-12　轿车的后桥（支持桥）

三、任务考核

典型车架和车桥的识别评分标准。

序号	作业项目	考核内容	配分	评分标准	扣分	得分
1	前期准备	清理工位及工位布置，设备的外观检查	10	未清理工位扣5分，未对设备进行外观和安全检查扣5分		
2	典型车架的识别	认知货车及部分大型客车的车架（边梁式）。了解车架各部分的结构、作用及技术要求 认知部分轿车的车身及车架（边梁式）。了解车架的结构、作用及技术要求 正确认知车架（中梁式）。了解车架的结构、作用及技术要求 正确认知车架（综合式）。了解车架的结构、作用及技术要求 正确认知轿车车架（承载式车身）。了解车身的结构、作用及技术要求 正确认知轿车车架（半承载式）。了解车身的结构、作用及技术要求	30	不能快速并正确认知相应部件每次扣5分		
3	典型车桥的识别	能否正确识别货车驱动桥，是否了解车桥的结构、作用及要求 能否正确识别货车转向桥，是否了解车桥的结构、作用及要求 能否正确识别货车转向驱动桥，是否了解车桥的结构、作用及要求 能否正确识别轿车转向驱动桥，是否了解车桥的结构、作用及要求 能否正确识别轿车断开式后驱动桥，是否了解车桥的结构、作用及要求 能否正确识别轿车的后桥（支持桥），是否了解车桥的结构、作用及要求	30	不能快速并正确认知相应部件每次扣5分		
4	维修资料使用	能否正确使用维修资料	10	不会使用维修资料扣10分，使用不熟练扣5分		
5	6S现场管理	遵守实训室安全操作规范，无人身伤害和设备损坏	20	每单项扣10分，扣完为止。因违规操作发生人身伤害和设备损坏，此项不得分		
		合计	100			

任务三　车轮和轮胎

一、车轮

汽车车轮总成如图 7-3-1 所示，主要由车轮和轮胎两大部分组成。

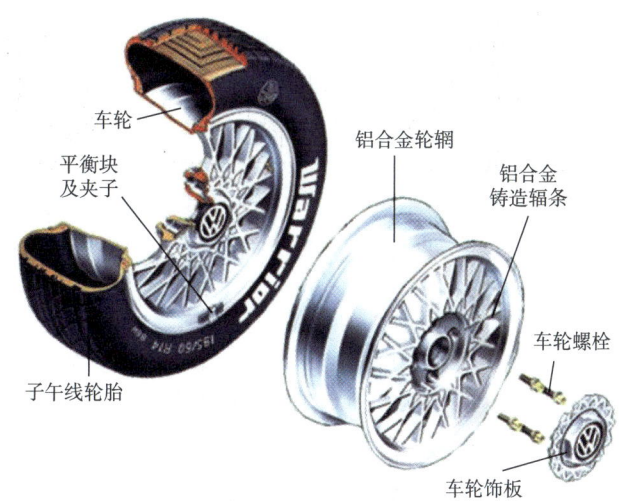

图 7-3-1　汽车车轮总成

（一）车轮的功用

车轮是介于轮胎和车桥之间承受负荷的旋转组件，其功用是安装轮胎，承受轮胎与车桥之间的各种载荷。

（二）车轮的构造

车轮一般由轮毂、轮辐和轮辋组成。

1. 轮毂

轮毂用于连接车轮与车桥，通过圆锥滚子轴承装在车桥或转向节轴颈上。

2. 轮辐

轮辐用于将轮毂和轮辋连接起来。按轮辐构造的不同，车轮可以分为两种形式：辐板式车轮和辐条式车轮。

（1）辐板式车轮

目前，普通轿车和轻、中型货车普遍采用辐板式车轮，这种车轮如图 7-3-2 所示，由挡圈、轮辋、辐板和气门嘴伸出口组成。车轮中用以连接轮毂和轮辋的钢质圆盘称为辐板，大多是冲压制成的，少数是和轮毂铸成一体，后者主要用于重型汽车。

（2）辐条式车轮

按辐条构造的不同，辐条式车轮又分为钢丝辐条式车轮和铸造辐条式车轮。钢丝辐条式车轮的构造与自行车车轮完全一样，由于其价格昂贵、维修安装不便，故仅用于赛车和某些高

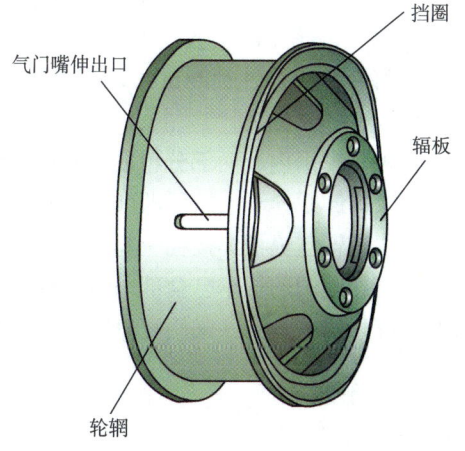

图 7-3-2　辐板式车轮

级轿车上，如图 7-3-3（a）所示。另外，辐条式车轮还不能与无内胎轮胎组合使用。铸造辐条式车轮常用于重型货车上，辐条与轮毂铸成一体，轮辋用螺栓和特殊形状的衬块固定在辐条上，为了使轮辋和辐条很好地对中，在轮辋和辐条上都加工出配合锥面，如图 7-3-3（b）所示。

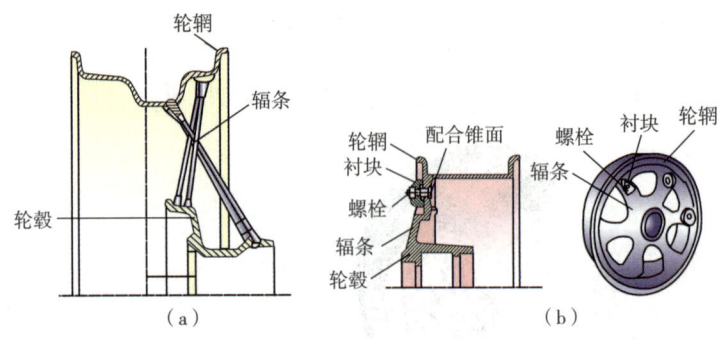

图 7-3-3　辐条式车轮

3. 轮辋

轮辋用于安装和固定轮胎。轮辋的常见构造形式有：深槽式轮辋、平底式轮辋和对开式轮辋，如图 7-3-4 所示。此外，还有半深槽轮辋、深槽宽轮辋、平底宽轮辋和全斜底轮辋等。

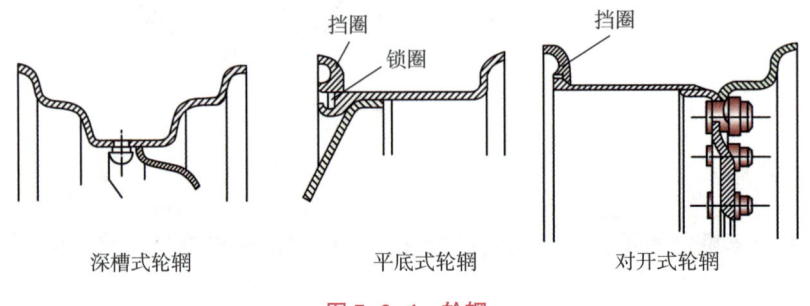

图 7-3-4　轮辋

（1）深槽式轮辋

这种轮辋主要用于轿车及轻型越野车。它有带肩的凸缘，用以安放外胎的胎圈，其肩部通常略向中间倾斜，其倾斜角一般是 5°±1°。

（2）平底式轮辋

这种轮辋的构造形式很多，是货车常用的一种形式。挡圈是整体的，而用一个开口锁圈来防止挡圈脱出，在安装轮胎时，先将轮胎套在轮辋上，而后套上挡圈，并将它向内推，直至越过轮辋上的环形槽，再将开口的弹性锁圈嵌入环形槽中。

（3）对开式轮辋

这种轮辋由内外两部分组成，其内外轮辋的宽度可以相等，也可以不相等，二者用螺栓连成一体。拆装轮胎时拆卸螺栓上的螺母即可。挡圈是可拆的，有的无挡圈，而由与内轮辋制成一体的轮缘代替挡圈的作用，内轮辋与辐板焊接在一起。近几年来，为了适应提高轮胎负荷能力的需要，国内外均朝宽轮辋的方向发展，如美国的货车已全部采用宽轮辋，欧洲各国也在积极普及宽轮辋，我国也在进行由窄轮辋向宽轮辋的过渡。实验表明，采用宽轮辋可以提高轮胎的使用寿命，并可改善汽车的通过性和行驶稳定性。

二、轮胎

（一）轮胎的功用

轮胎由橡胶制成，安装在轮辋上，并与轮辋组成车轮与地面接触，其功用如下。

(1) 支撑汽车及货物的总重量。

(2) 保证车轮和路面的附着性，以提高汽车的牵引性、制动性和通过性。

(3) 与汽车悬架一同减少汽车行驶中所受到的冲击，并衰减由此而产生的振动，以保证汽车有良好的乘坐舒适性和平顺性。因此，轮胎内部通常充有气体，以具有一定的承受载荷的能力和适宜的弹性；轮胎的外部有较复杂的花纹，以提高与路面的附着性。

（二）轮胎的类型

(1) 按轮胎内空气压力的大小，轮胎分为高压胎（0.5～0.7MPa）、低压胎（0.2～0.5MPa）和超低压胎（0.2MPa以下）。

(2) 按轮胎有无内胎，轮胎分为有内胎轮胎和无内胎轮胎（俗称真空胎）。

(3) 按胎体帘布层结构的不同，轮胎分为斜交轮胎和子午线轮胎。目前轿车上应用的轮胎主要是低压（或超低压）、无内胎的子午线轮胎。

（三）轮胎的构造

1. 有内胎的轮胎

有内胎轮胎由外胎、内胎和垫带等组成，使用时安装在汽车车轮的轮辋上，如图7-3-5所示。

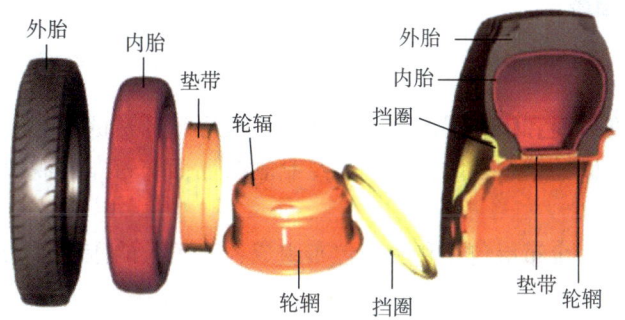

图7-3-5 有内胎轮胎的构造

(1) 垫带：垫带是一个环形的橡胶带，它垫在内胎与轮辋之间，以保护内胎不被轮辋和胎圈磨伤。

(2) 内胎：内胎是一个环形的橡胶管，上面装有气门嘴，以便充入或排出空气，为使内胎在充气状态下不产生褶皱，其尺寸应稍小于外胎的内壁尺寸。

(3) 外胎：外胎由胎面、帘布层、缓冲层和胎圈组成，如图7-3-6所示。

①胎面：胎面是轮胎的外表面，可分为胎冠、胎肩和胎侧三部分。胎冠与路面直接接触，并产生附着力，使车辆行驶和制动。胎冠的外部是耐磨的橡胶，胎面上制有各种花纹，由于车轮使用环境不同，在胎面上制有的花纹也不同。胎肩是较厚的胎冠和较薄的胎侧之间的过渡部分，一般也制有各种花纹，以提高该部位的散热性能。胎侧又称胎壁，它由数层橡胶构成，覆盖轮胎两侧，保护内胎免受外部损坏。胎侧上标有厂家名称、轮胎尺寸及其他信息。

②帘布层：帘布层是外胎的骨架，主要用于承受载荷，保持外胎的形状和尺寸，并使其具有足够的强度。帘布层通常由成双数的多层帘布用橡胶贴合而成，相邻层的帘线交叉排列。帘线可以是棉线、人造丝、尼龙和钢丝。按照帘布层帘线排列方式的不同，外胎可以分为斜交轮胎和子午线轮胎，子午线轮胎如图7-3-7所示。

斜交轮胎的帘布层和缓冲层各相邻层帘线交叉排列，各帘布层与胎冠中心线呈35°～40°的夹角，因而叫斜交轮胎。

子午线轮胎的胎体帘布层与胎面中心线呈90°或接近90°排列，帘线分布如地球的子午线，因而称为子午线轮胎。

子午线胎与斜交轮胎相比较具有行驶里程长、滚动阻力小、节约燃料、承载能力大、减振性能好、附着性能好、不易爆胎等优势，目前在汽车上应用广泛。

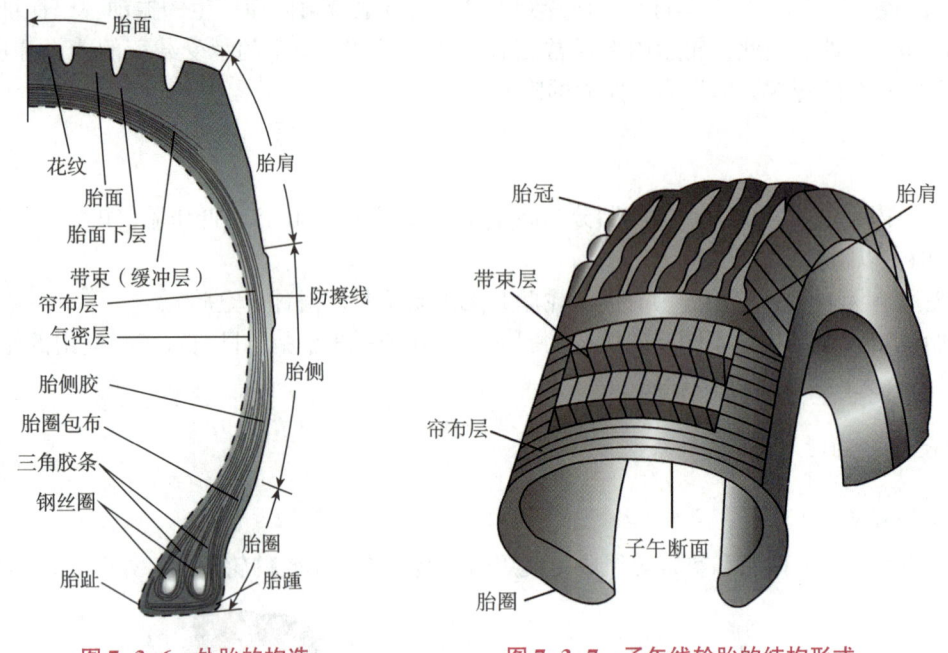

图 7-3-6　外胎的构造　　　　　图 7-3-7　子午线轮胎的结构形式

③缓冲层：缓冲层夹在胎面和帘布层之间，由两层或数层较稀疏的帘布和橡胶制成，弹性较大。其作用是加强胎面与帘布层之间的结合，防止汽车紧急制动时胎面与帘布层脱离，并缓和汽车行驶时所受到的路面冲击。

④胎圈：胎圈由钢丝圈、帘布层包边和胎圈包布组成，有很大的刚度和强度，可以使外胎牢固地安装在轮辋上。

2. 无内胎的充气轮胎

无内胎轮胎俗称真空胎，在外观上胎肩与普通轮胎相似，但是没有内胎及垫带。它的气门嘴用橡胶垫圈和螺母直接固定在轮辋上，空气直接充入外胎中，其密封性由外胎和轮辋来保证，如图 7-3-8 所示。

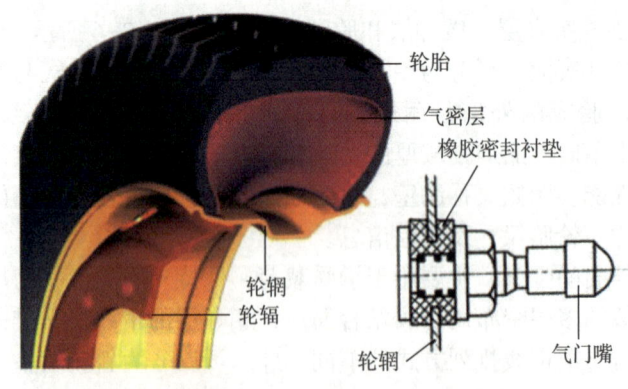

图 7-3-8　无内胎轮胎的构造

无内胎轮胎的内壁有一层橡胶密封胎层，有的在该层下面还有一层自黏层，能自行将刺穿的孔黏合。在胎圈有一层橡胶密封层，用以加强胎圈与轮辋之间的气密性。无内胎轮胎一旦被刺破，穿孔不会扩大，故漏气缓慢，胎压不会急剧下降，仍能继续行驶一定距离，可消除爆胎的危险。

3. 活胎面轮胎

活胎面轮胎的胎面是可更换的，其最大优点是在花纹严重磨损或磨光后，可以单独更换胎面，如图 7-3-9 所示。也可以根据不同使用条件更换不同花纹的胎面。其缺点是质量较大，使用中可能出现胎体和胎面环之间磨损，胎面环橡胶与钢丝体脱层。

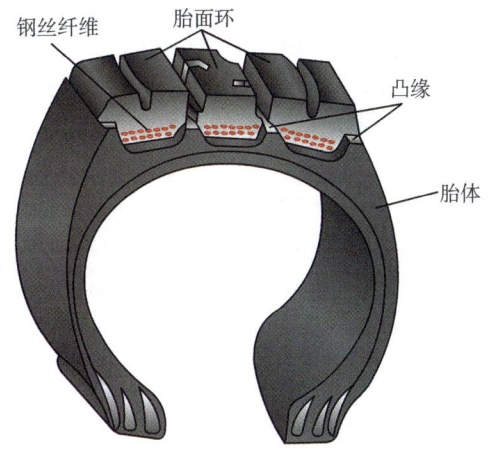

图 7-3-9　活胎面轮胎

（四）轮胎的规格

轮胎的尺寸标注如图 7-3-10 所示。轮胎的规格号模压在轮胎的侧壁上，以表示该轮胎的主要参数、结构、所能承受的最大载荷和能行驶的最高车速等信息。

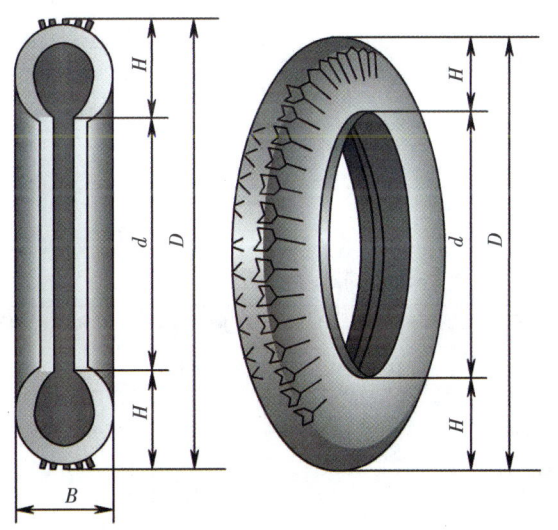

D—轮胎外径；d—轮胎内径；H—轮胎断面高度；B—轮胎断面宽度。

图 7-3-10　轮胎的规格标注

1. 低压轮胎的规格

低压轮胎的规格用 $B-d$ 表示，其中 B 表示轮胎断面宽度，"-"表示低压轮胎，d 表示轮辋直径，单位均为英寸（1in＝25.4mm）。例：9.00-20，"9.00"表示轮胎断面宽度为 9.00in，"-"表示低压轮胎，"20"表示轮辋直径为 20in。

2. 子午线轮胎的规格

子午线轮胎用 BRd 表示,"R"表示子午线轮胎。国产轿车子午线轮胎断面宽 B 已全部改用公制单位 mm；载货汽车轮胎断面宽 B 有英制单位（in）和公制单位两种。而轮辋直径 d 的单位仍为英制单位（in）。

以轿车轮胎的规格 195/60 R 14 85 H 为例：195 表示轮胎的断面宽度为 195mm，60 表示扁平率为 60%，R 表示子午线轮胎，14 表示轮胎内径为 14in（355.6mm），85 表示载荷等级，即最大载荷质量。载荷等级为 85 的轮胎的最大载荷质量为 515kg。H 表示速度等级，即轮胎能行驶的最高车速，速度等级为 H 的轮胎的最高车速为 210km/h。轮胎常用载荷指数对照表如表 7-3-1 所示，轮胎常用速度等级对照表如表 7-3-2 所示。

表 7-3-1　轮胎常用载荷指数对照

指数	载重（kg）	指数	载重（kg）	指数	载重（kg）
70	335	85	515	100	800
71	345	86	530	101	825
72	355	87	545	102	850
73	365	88	560	103	875
74	375	89	580	104	900
75	387	90	600	105	925
76	400	91	615	106	950
77	412	92	630	107	975
78	425	93	650	108	1000
79	437	94	670	109	1030
80	450	95	690		
81	462	96	710		
82	475	97	730		
83	487	98	750		
84	500	99	775		

表 7-3-2　轮胎常用速度等级对照

速度符号	最大速度	速度符号	最大速度	速度符号	最大速度
A1	5	D	65	Q	160
A2	10	E	70	R	170
A3	15	F	80	S	180
A4	20	G	90	T	190
A5	25	J	100	U	200
A6	30	K	110	H	210
A7	35	L	120	V	240
A8	40	M	130	W	270
B	50	N	140	ZR	240 以上
C	60	P	150	VR	210 以上

（五）轮胎气压调节系统

轮胎气压调节系统的布置简图如图 7-3-11 所示，轮胎气压调节系统的功用如下：

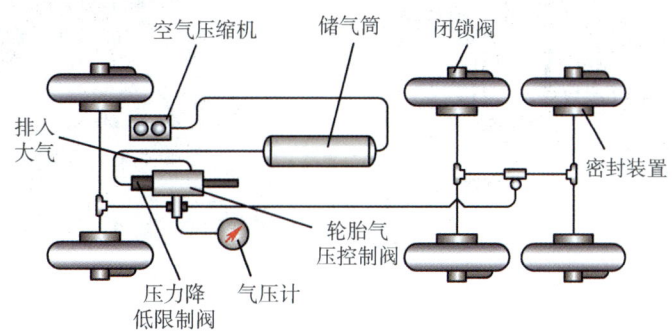

图 7-3-11　轮胎气压调节系统的布置简图

（1）汽车在松软地面上行驶时，可降低轮胎气压，增大轮胎的接地面积，减小其单位面积载荷，从而提高汽车的通过性；

（2）当轮胎穿孔而漏气时，轮胎气压调节系统可为轮胎充气而使汽车继续行驶，不需马上更换轮胎；

（3）使轮胎保持所需要的气压，有效提高汽车行驶安全性和燃油经济性。

任务四　车轮和轮胎的拆装与检修

通过实物和图片，能正确识别车轮、轮胎类型，会分析车轮、轮胎各部分的作用，掌握不同类型车轮、轮胎的基本结构及应用场合。通过实际操作，掌握轮胎和车轮维修的方法。

一、前期准备

安全防护：实训着装、完成设备防护。
工具设备：工具车、工作台、常用维修工具、常用测量工具等。
实训设备：2013 款科鲁兹实训车。
辅助资料：维修手册、教材。

二、操作项目及工作要点

1. 轮胎的拆卸

（1）安装举升垫块，将垫块安放在车辆举升点正下方的举升平板上面，如图 7-4-1、图 7-4-2 所示。

注意事项：①车辆的举升点在车辆底座两个凹槽处；②举升机垫块须在举升平板内；③车身较长的车辆，可拉动举升平板的延长部分安放垫块。

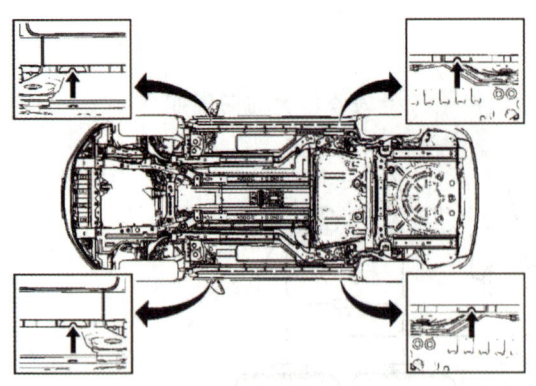

图 7-4-1 车辆举升位置图

图 7-4-2 安装举升垫块

（2）选用合选的工具，接杆和 19mm 套筒对角多次拧松轮胎固定螺栓，如图 7-4-3 所示。

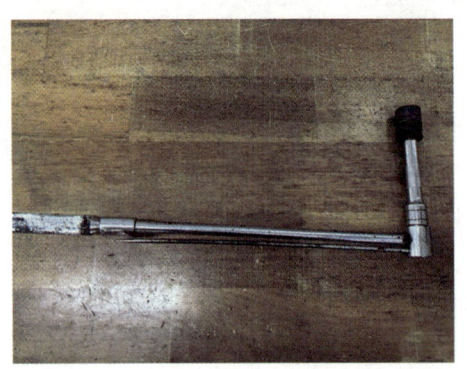

图 7-4-3 组装工具并拧松轮胎固定螺栓

注意事项：轮胎的固定螺栓必须使用对角多次拧松的方法进行操作。

（3）解除驻车制动。

（4）举升车辆，如图 7-4-4 所示。

（5）检查举升垫块的位置，如图 7-4-5 所示。

图 7-4-4 举升车辆

图 7-4-5 检查举升垫块的位置

注意事项：如果举升垫块的位置不合适，必须进行调整。

（6）继续举升车辆至轮胎离地。

（7）将车辆举升至合适的高度，确认举升机锁止可靠。

（8）使用工具旋出轮胎固定螺栓，如图 7-4-6 所示。

图 7-4-6　使用工具旋出轮胎固定螺栓

（9）取下轮胎，并放置在轮胎架上，如图 7-4-7 所示。

图 7-4-7　取下轮胎并放置在轮胎架上

注意事项：旋至最后一颗螺栓时，需要用手扶着轮胎，避免轮胎滑落。

2. 轮胎的检查

（1）检查轮胎外观是否异常磨损、损伤。
（2）检查轮胎是否扎钉，是否有石子。
（3）检查轮胎胎壁是否有损伤，是否有鼓包。
（4）检查轮辋有无变形、损伤、裂纹。
（5）检查气门嘴是否有裂纹、损伤，如图 7-4-8 所示。
（6）清洁轮胎、轮辋上附着的污泥、沙石等异物。
（7）使用轮胎花纹深度尺检查轮胎花纹深度，如图 7-4-9 所示。

图 7-4-8　检查轮胎　　　　图 7-4-9　使用轮胎花纹深度尺检查轮胎花纹深度

（8）对轮胎的多个位置进行测量。

(9) 读取并记录数据。

(10) 轮胎花纹深度应大于 4mm, 若小于 4mm, 则必须更换轮胎。

3. 安装轮胎

(1) 将轮胎安装到轮毂上, 如图 7-4-10 所示。

(2) 用手旋入轮胎固定螺栓, 如图 7-4-11 所示。

图 7-4-10　将轮胎安装到轮毂上　　　　图 7-4-11　用手旋入轮胎固定螺栓

(3) 选用合适的工具将轮胎螺栓预紧, 如图 7-4-12 所示。

注意事项: 轮胎必须预紧后才能降落到地面, 否则轮辋可能变形。

(4) 将举升机解锁, 并降落到地上。

(5) 选用扭力扳手, 根据维修手册将轮胎固定螺栓紧固至 140N·m (标准力矩为 140N·m), 如图 7-4-13 所示。

图 7-4-12　预紧轮胎螺栓　　　　图 7-4-13　紧固轮胎固定螺栓

(6) 清洁、整理场地, 如图 7-4-14 所示。

图 7-4-14　清洁、整理场地

三、任务考核

轮胎的拆检评分标准。

序号	作业项目	考核内容	配分	评分标准	扣分	得分
1	前期准备	清理工位及工位布置，设备的外观检查	10	未清理工位扣 5 分，未对设备进行外观和安全检查扣 5 分		
2	零部件拆卸	能否正确按照维修手册的要求进行拆卸并按照规定摆放	20	未按照维修手册进行拆卸工作，每次扣 2 分		
3	零部件清洁	能否正确按照维修手册的要求进行零件的清洁	10	每一个元件未按照维修手册要求进行清洁扣 2 分		
4	零部件检测	能否正确利用维修资料完成零部件的检测，并分析得出结论和维修建议	20	不能正确利用维修资料完成零部件的检测每项扣 5 分，测量条件不正确每一次扣 5 分，结论或维修建议错误每次扣 5 分		
5	零部件安装	能否正确按照维修手册的要求进行安装并按照规定进行紧固	20	未按照维修手册进行安装工作，包括紧固角度、转矩值错误等，每次扣 2 分		
6	维修资料使用	能否正确使用维修资料	10	不会使用维修资料扣 10 分，使用不熟练扣 5 分		
7	6S 现场管理	遵守实训室安全操作规范，无人身伤害和设备损坏	10	每单项扣 5 分，扣完为止。因违规操作发生人身伤害和设备损坏，此项不得分		
		合计	100			

任务五　轮胎换位与动平衡

通过实物和图片，了解轮胎换位的必要性及换位方法；掌握车轮动平衡机的操作，会进行轮胎动平衡检测和调整。

一、轮胎换位

（一）轮胎换位的必要性

由于各轮胎工作条件和负荷不相同，载货汽车一般后轮负荷大于前轮，轿车行驶一般前轮负荷大于后轮，如果驾驶位置在左侧，那么通常情况下，汽车向左转时的车速会大于向右转弯时的车速，导致汽车右侧的轮胎在左转弯时受到压力大于左侧轮胎，汽车行驶一定里程后，右侧轮胎的右侧边缘磨损最为严重。反之，在英国、澳大利亚等右驾（驾驶员在右侧，车辆靠左行驶）地区，左侧轮胎外侧边缘磨损较大。

根据驾驶者不同的驾驶习惯和驾驶路线，应参照汽车自带的保养手册定期进行轮胎换位。轮胎换位间隔一般新车为 10000km，以后每行驶 5000km 至 10000km 进行一次轮胎换位。

(二) 轮胎换位方法

轮胎换位的方法较多，如图 7-5-1 所示，轮胎换位应根据轮胎的不同特点采用不同的换位方法，这里介绍两种常用的换位方法：

（1）花纹无方向斜交轮胎的换位。由于轮胎在使用中，前轮磨损比后轮重，将同一车桥上的轮胎对换，可使轮胎的左右侧面磨损均匀。经过一段时间的使用后，前轴换下的轮胎可予以报废、翻新或作为备胎使用，新轮胎则装在前轮上。这样做是较为经济合理的。

（2）子午线轮胎的换位。子午线轮胎应保持在车辆的同一侧使用，即保持相同的旋转方向。子午线轮胎的旋转走向是固定的，如果旋转方向弄反了，会使车辆失去操纵稳定性，使汽车行驶不顺并产生振动。

另外在使用的雪地轮胎或带防滑钉的轮胎时，不应换位。储存该类轮胎时，应在轮胎上表明轮胎使用时旋转的方向，以确保该类轮胎以同一旋转方向重新装用。

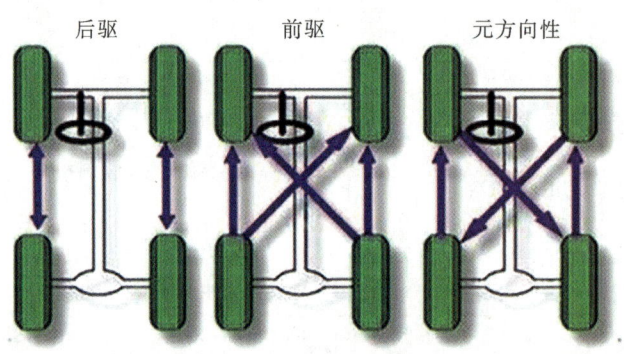

图 7-5-1 轮胎换位

二、汽车轮胎不平衡的危害及原因

(一) 汽车轮胎不平衡的危害

（1）车轮会有规律地跳动，反映到车内就是转向盘抖，虽然对于转向盘抖动这个现象也可能是其他因素造成的，但是遇到转向盘抖先检查动平衡，这个概率比较高。

（2）车辆行驶在某一速度的时候会产生共振。

（3）长期驾驶车轮失衡比较严重的车辆行驶（一般来说失衡的重量超过 50g 就比较严重了），那么对于轴承的寿命也是有影响的，时间长了会造成轴承劳损。

（4）失衡比较严重时，轮胎也可能因为不正常的横向摆动产生偏磨现象，轮胎寿命也受影响。

（5）在高速公路上行驶时，由于车轮平衡偏差，很容易感觉到故障。重心不是恒定的。在没有采用车轮平衡的状态下，由于轮胎的高速旋转，失衡对车身的影响将进一步增加。

（6）存在由于大的振动而无法专注于驾驶并且疲劳增加的问题。

(二) 汽车轮胎不平衡的原因

（1）车轮碰撞造成的变形引起的质心位移。

（2）因轮毂和轮辋定位误差使安装中心与旋转中心难以重合。

（3）维修过程的拆装破坏了原有的整体综合重心。

（4）轮胎翻新中因定位精度不高而造成新胎冠厚度不均匀而使重心改变。

（5）轮胎和轮辋及挡圈等因几何形状失准或密度不均匀而先天形成的重心偏离。

（6）轮辋直径过小，运行中轮胎相对于轮辋在圆周方面滑移，从而发生波状不均匀磨损。

（三）车轮动平衡的方法

如果车轮不平衡，就要做车轮动平衡。所使用的配重块有两种，一种是外挂式的，如图 7-5-2（a）所示，现在使用的非常少了，另外是内贴式的，使用得比较普遍，如图 7-5-2（b）所示。

需要注意的是我们不能无限制地往车轮上放配重块，如果在某一侧贴的配重块超过了 50g，我们就要找其他的原因了，比如轮圈变形等。

（a） （b）

图 7-5-2　平衡块安装位置

一、前期准备

安全防护：实训着装、完成设备防护。

工具设备：工具车、工作台、常用维修工具、常用测量工具等。

实训设备：轮胎、动平衡机。

辅助资料：维修手册、教材。

二、操作项目及工作要点

1. 轮胎动平衡

（1）拆卸轮胎上旧的平衡块，如图 7-5-3 所示。

注意事项：①如果轮胎有鼓包，必须更换新的轮胎；②轮胎磨损异常，排除故障后也需要更换轮胎；③胎壁是比较薄的位置，如果有严重的损伤，也必须更换轮胎。

（2）清洁旧的平衡块安装表面，如图 7-5-4 所示。

导学视频

图 7-5-3　拆卸轮胎上旧的平衡块　　　图 7-5-4　清洁旧的平衡块安装表面

(3）检查轮胎气压，并调整至规定值，如图 7-5-5 所示。
(4）取下平衡机挡块和快锁螺母。
(5）将轮胎安装到动平衡机上，放入挡块。如图 7-5-6 所示。

图 7-5-5　检查轮胎气压，并调整至规定值

图 7-5-6　把轮胎安装到动平衡机上

(6）旋入并锁紧快锁螺母，如图 7-5-7 所示。
(7）检查轮胎是否已经锁紧。
(8）打开动平衡机器，主界面如图 7-5-8 所示。

图 7-5-7　旋入并锁紧快锁螺母

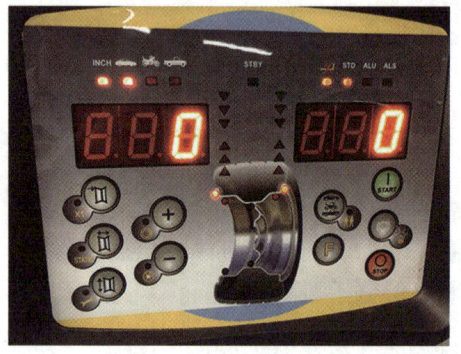

图 7-5-8　动平衡机主界面

(9）拉出测量尺，测量轮胎边距，读出具体数据，并输入到动平衡机，如图 7-5-9 所示。

图 7-5-9　测量轮胎边距并输入到动平衡机

(10）用轮辋宽度测量尺测量车轮轮辋宽度，并输入到动平衡机，如图 7-5-10 所示。

 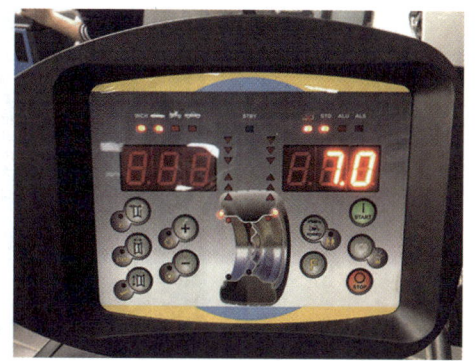

图 7-5-10　测量轮辋宽度并输入到动平衡机

(11) 查看轮胎胎侧的轮辋直径,并输入到动平衡机,如图 7-5-11 所示。

 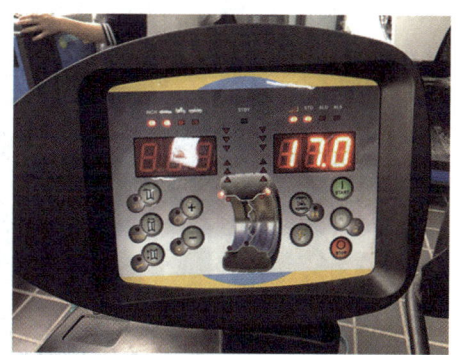

图 7-5-11　查看轮胎的轮辋直径并输入到动平衡机

注意事项:正确输入数值,否则测量的结果会不准确。

(12) 盖下保护装置,开始进行检测,如图 7-5-12 所示。
(13) 让轮胎在动平衡机上转动。
(14) 当车轮停止转动后,查看所测车轮两侧的动不平衡数据,如图 7-5-13 所示。

 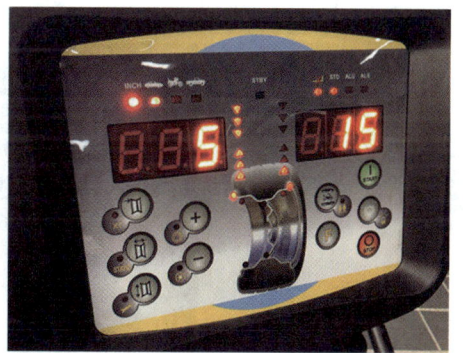

图 7-5-12　开始进行检测　　　　图 7-5-13　查看车轮动不平衡数据

(15) 转动车轮到达外侧的不平衡点,此时该不平衡点指示灯亮,如图 7-5-14 所示。

图 7-5-14 查找车轮动不平衡点

（16）在车轮轮辋外侧 12 点箭头指向的位置，根据轮辋的构造、材质和屏幕显示的不平衡量，选择与安装合适形状和质量的平衡块，如图 7-5-15 所示。

图 7-5-15 选择并安装合适形状和质量的平衡块

注意事项：安装平衡块时，要小心操作，避免砸到自己的手。平衡块必须安装牢固、可靠。

（17）重新进行动平衡测试，确认安全后，按下启动开关，让轮胎在动平衡机上转动。

（18）测试结束后，如仍存在不平衡量，应去掉已安装的平衡块重新测试和安装平衡块，直至显示不平衡量为零，如图 7-5-16 所示。

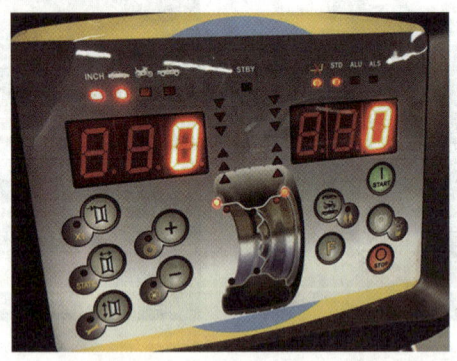

图 7-5-16 不平衡量显示为零

（19）关闭动平衡机器。
（20）取下快锁螺母。
（21）取下轮辋中心的锥形套。
（22）取下轮胎，放置在轮胎架上，如图 7-5-17 所示。
（23）清洁、整理场地，如图 7-5-18 所示。

项目七 车桥和轮胎的构造与拆装

图 7-5-17 取下轮胎放置在轮胎架上

图 7-5-18 清洁、整理场地

三、任务考核

轮胎动平衡检测评分标准。

序号	作业项目	考核内容	配分	评分标准	扣分	得分
1	前期准备	清理工位及工位布置，设备的外观检查	10	未清理工位扣 5 分，未对设备进行外观和安全检查扣 5 分		
2	轮胎的清洁	能否正确按照维修手册的要求进行轮胎的清洁	10	每一个部位未按照维修手册要求进行清洁扣 2 分		
3	轮胎动平衡检测	能否正确利用维修资料、操作手册完成轮胎动平衡的检测，并分析得出结论和维修建议	60	不能正确利用维修资料完成轮胎动平衡的检测每项操作扣 6 分，测量条件不正确每一次扣 6 分，结论或维修建议错误每次扣 6 分		
4	维修资料使用	能否正确使用维修资料	10	不会使用维修资料扣 10 分，使用不熟练扣 5 分		
5	6S 现场管理	遵守实训室安全操作规范，无人身伤害和设备损坏	10	每单项扣 5 分，扣完为止。因违规操作发生人身伤害和设备损坏，此项不得分		
		合计	100			

项目测评

一、填空题

1. 车架种类有_____、_____、_____及承载式等。
2. 按照悬架结构不同，车桥分为_____和_____两种。
3. 按车桥上车轮的作用不同，车桥分为_____、_____、_____和支持桥 4 种类型。
4. 车轮一般由轮毂、_____和_____组成。
5. 轮辋的常见构造形式有_____轮辋、_____轮辋和_____轮辋。
6. 汽车车轮总成主要由_____和_____两大部分组成。

二、单项选择题

1. 车桥通过（　　）与车架相连接。
   A. 悬架　　　　　　B. 减震器　　　　　　C. 转向节　　　　　　D. 主销
2. 轮毂用于连接车轮与车桥，通过圆锥滚子轴承装在（　　）或转向节轴颈上。

· 147 ·

  A. 曲轴   B. 半轴   C. 转向节   D. 车桥

3. 转向桥主要由转向节、前梁、（   ）和轮毂等部分组成。

  A. 横梁   B. 主销   C. 外倾角   D. 转向节臂

4. 为了使轮辋和辐条很好地对中，在轮辋和辐条上都加工出（   ）。

  A. 花键   B. 螺纹孔   C. 安装孔   D. 配合锥面

三、判断题（对的画"√"，错的画"×"）

1. 主销的作用是铰接前轴与转向节。（   ）
2. 车轮是介于轮胎和车桥之间承受负荷的旋转组件，其功用是安装轮胎，承受轮胎与车桥之间的各种载荷。（   ）
3. 轮辐用于将轮毂和轮辋连接起来。按轮辐构造的不同，车轮可以分为两种形式：块状式车轮和辐条式车轮。（   ）
4. 目前，普通轿车和轻、中型货车普遍采用辐条式车轮。（   ）
5. 辐板式车轮由挡圈、辐板和气门嘴伸出口组成。（   ）
6. 前束可抵消汽车高速行驶且驱动力较大时，车轮出现的负前束，减少轮胎的磨损。（   ）

四、简答题

1. 简述车桥的组成、功用和分类。
2. 简述车轮的功用和构造。
3. 简述车轮定位的含义。
4. 简述轮胎的规格 195/60 R 14 85 H 的含义。
5. 简述轮胎动平衡的操作步骤。

项目八　悬架的构造与拆装

知识目标：
- 熟悉悬架的基本功用和组成。
- 掌握非独立悬架的功用、类型及结构特点。
- 掌握独立悬架的功用、类型、构造特点。

技能目标：
- 能够在实训整车上正确地对不同类型的悬架各组成零部件进行认知。
- 能够按照维修手册的技术要求熟练地拆装非独立悬架和独立悬架。
- 能够选择合适的工量具按照维修资料的要求正确对非独立悬架和独立悬架进行检修。

职业素养目标：
- 及时反思总结，在训练中积累经验。
- 养成组员之间互相协作的能力。
- 养成安全文明操作的习惯。
- 严格执行 6S 现场管理（SEIRI——整理、SEITON——整顿、SEISO——清扫、SEIKETSU——清洁、SHITSUKE——素养、SECURITY——安全），养成良好的职业习惯。

任务一　悬架的构造

悬架的作用是弹性地连接车桥与车架或车身，并用它来吸收与缓和行驶中因路面不平引起的车轮跳动而传给车架的冲击和振动；传递路面作用于车轮的支持力、驱动力、制动力和侧向力及其产生的力矩。

一、悬架的组成

现代汽车的悬架结构形式有很多，但一般都由弹性元件、导向装置、减振器和横向稳定杆等部件组成，如图 8-1-1 所示。

1. 弹性元件

弹性元件使车身与车轮之间保持弹性连接，可以缓和不良路面带来的冲击和承受并传递垂直载荷。

2. 导向装置

导向装置用来传递纵向和横向间的各种力和力矩，并确定车轮相对于车身运动的关系。

3. 减振器

减振器用来减轻对路面产生的冲击，使震动减弱，提高乘坐的舒适性和驾驶的稳定性。

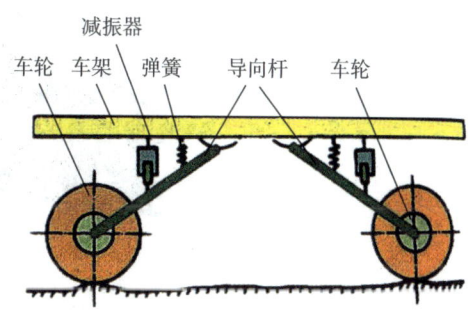

图 8-1-1　悬架的组成

4. 横向稳定杆

横向稳定杆可以防止车身发生过大的倾斜，提高汽车行驶的平顺性、舒适性、操纵的稳定性。

二、悬架的分类

汽车悬架有非独立悬架和独立悬架两种类型。

非独立悬架的特点是两侧车轮通过整体式车桥相连，如图 8-1-2（a）所示，车桥通过悬架与车架或车身相连。如果行驶中路面不平，一侧车轮被抬高，整体式车桥将迫使另一侧车轮产生运动。

独立悬架的特点是车桥是断开的，如图 8-1-2（b）所示，每一侧车轮单独地通过悬架与车架（或车身）相连，每一侧车轮可以独立跳动。

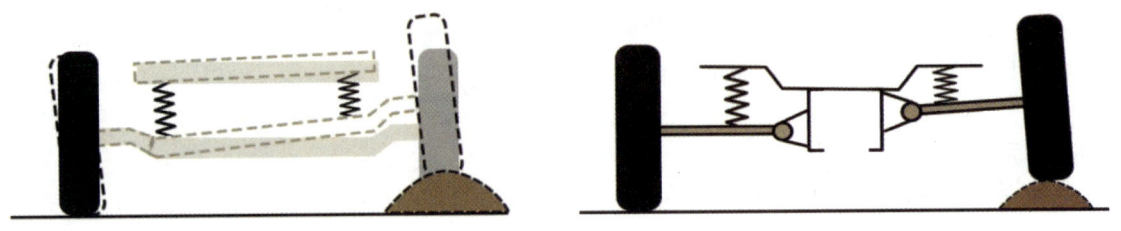

（a）非独立悬架　　　　　　　　　　（b）独立悬架

图 8-1-2　非独立悬架和独立悬架的示意图

三、弹性元件

汽车上常用的弹性元件主要包括钢板弹簧、螺旋弹簧、扭杆弹簧、橡胶弹簧、气体弹簧等。

1. 钢板弹簧

钢板弹簧由若干片长度不等的合金弹簧钢片叠加而成，构成一根近似等强度的弹性梁，如图 8-1-3 所示。最长的一片称为主片，其两端卷成卷耳，内装衬套，以便用弹簧销与固定在车架上的支架或吊耳作铰链连接。

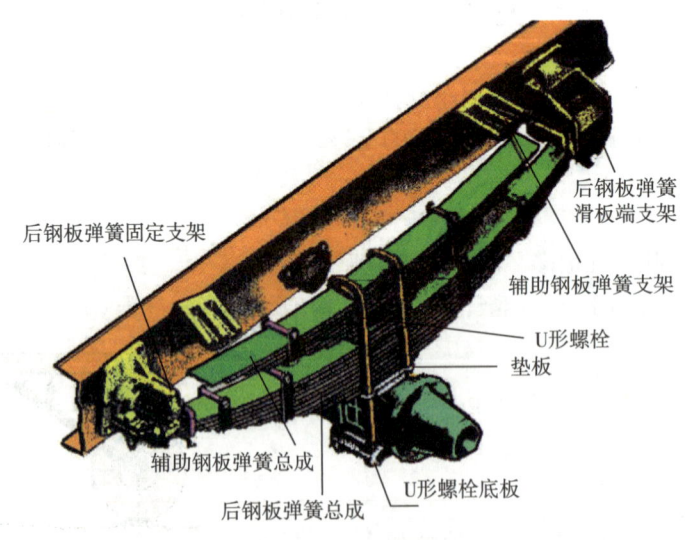

图 8-1-3　钢板弹簧

各弹簧片用中心螺栓连接，并保证各片的相对位置。中心螺栓距两端卷耳中心的距离可以是相等的。为了防止汽车在行驶过程中各弹簧片分开，在钢板弹簧上装有若干弹簧夹，以免主片独自承载。弹簧夹通过铆钉与最下片弹簧片相连，弹簧夹两边通过螺栓相连，螺栓上有套管，装配时要求螺母朝向轮胎，以免螺栓脱落时刮伤轮胎，甚至飞崩伤人。

钢板弹簧在载荷作用下变形时，各片之间会相对滑动而产生摩擦，这可以衰减车架的振动。但摩擦会加速弹簧片的磨损，所以在装配钢板弹簧时，各片之间要涂抹石墨润滑脂或装有塑料垫片以减小磨损。

2. 螺旋弹簧

螺旋弹簧广泛应用于独立悬架，有些轿车的后轮非独立悬架，也采用螺旋弹簧做弹性元件。但螺旋弹簧只能承受垂直载荷，且变形时不产生摩擦力，所以悬架中必须装有减振器和导向机构。

螺旋弹簧如图8-1-4所示，由特殊的弹簧钢棒卷制而成，可以制成圆柱形或圆锥形，也可以制成等螺距或不等螺距。圆柱形等螺距螺旋弹簧的刚度是不变的，圆锥形或不等螺距螺旋弹簧的刚度是可变的。

3. 扭杆弹簧

扭杆弹簧的扭杆用合金弹簧钢做成，具有较高的弹性，既可扭曲变形又可复原，它的一端与车架固定连接，另一端与悬架控制臂连接，通过扭杆的扭转变形达到缓冲作用，如图8-1-5所示。

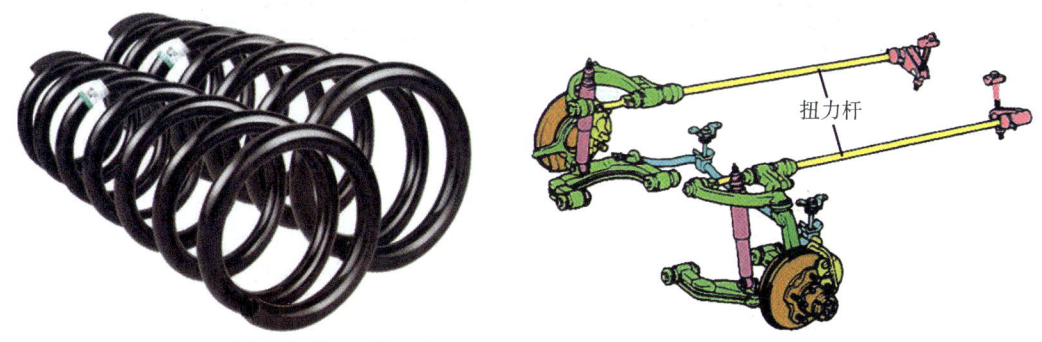

图8-1-4　螺旋弹簧　　　　　　图8-1-5　扭杆弹簧

汽车运行时，车轮受到不平地面的影响上下运动，控制臂也会随之上升或下降。当车轮向上时控制臂上升，迫使扭转变形，吸收冲击能量。当冲击力减弱时，扭杆的自然还原能力能迅速恢复到它原来的位置，使车轮回到地面，避免车架受到颠簸。扭杆弹簧单位重量的储能量较大，且占用的空间位置最小，易于布置，还可以适度调整车身的高度，所以不少乘用车悬挂采用扭杆弹簧。

4. 橡胶弹簧

橡胶弹簧是利用橡胶本身的弹性来起作用的弹性元件。它可以承受压缩载荷和扭转载荷。当橡胶弹簧在外力作用下而变形时，便产生内部摩擦，以吸收振动。橡胶弹簧的优点是：可以制成任何形状；使用时无噪声；不需要润滑。但橡胶弹簧不适于支承重载荷。所以，橡胶弹簧主要用作辅助弹簧，或用作悬架部件的衬套、垫片、垫块、挡块及其他支承件。橡胶弹簧如图8-1-6所示。

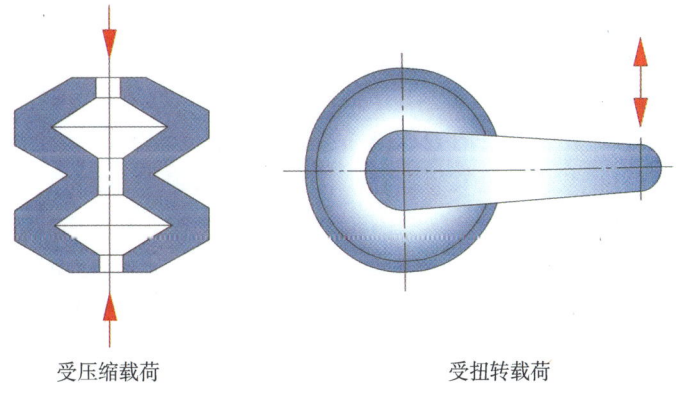

受压缩载荷　　　　　　受扭转载荷

图8-1-6　橡胶弹簧

5. 气体弹簧

气体弹簧分为空气弹簧和油气弹簧两种。空气弹簧又有囊式和膜式两种形式。

(1) 囊式空气弹簧

囊式空气弹簧由夹有帘线的橡胶气囊和密闭在其中的压缩空气所组成。气囊有单节和多节式，节数越多，弹性越好，但密封性越差，如图8-1-7所示。

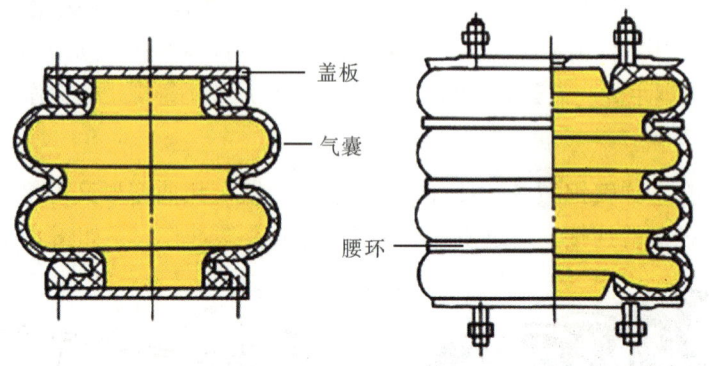

图 8-1-7 囊式空气弹簧

(2) 膜式空气弹簧

膜式空气弹簧的密闭气囊由橡胶膜片和金属压制件组成，如图8-1-8所示。与囊式相比，其刚度较小，车身自然振动频率较低；尺寸较小，在车上便于布置，故多用在轿车上。

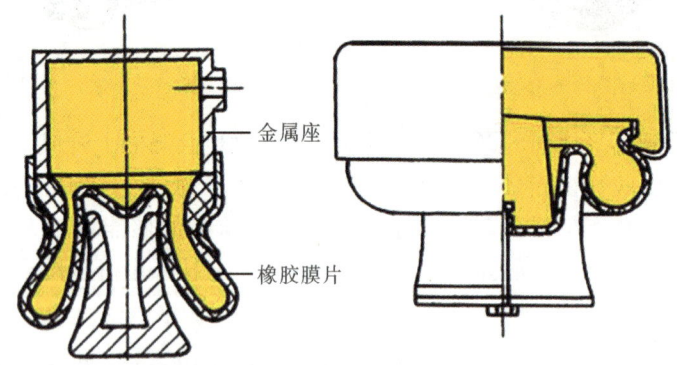

图 8-1-8 膜式空气弹簧

(3) 油气弹簧

油气弹簧一般以惰性气体——氮为弹性介质，用油液作为传力介质，由气体弹簧和相当于减振器的液压缸组成，如图8-1-9所示。

油气弹簧的球形室固定在工作缸上，球形室的内腔用橡胶油气隔膜隔开，充入高压氮气的一侧为气室，与工作缸相通并充满油液的一侧为油室。工作缸内装有活塞、阻尼阀及其阀座。当载荷增加且车架与车桥相互靠近时，活塞上移，使工作缸内容积减小，油压升高，油液顶开阻尼阀进入球形室，推动隔膜向气室方向移动，使气室容积减少，氮气压力升高，油气弹簧的刚度增大。当载荷减小时，在高压氮气的作用下隔膜向油室方向移动，室内油液经阻尼阀流回工作缸，推动活塞下移，这时气室容积增大，氮气压力下降，弹簧刚度减小。当氮气压力通过油液传递作用在活塞上的力与载荷平衡时，活塞便停止移动。随着载荷的变化，气室内氮气也随之变化，活塞处于工作缸中不同位置。可见，油气弹簧具有变刚度的特性。

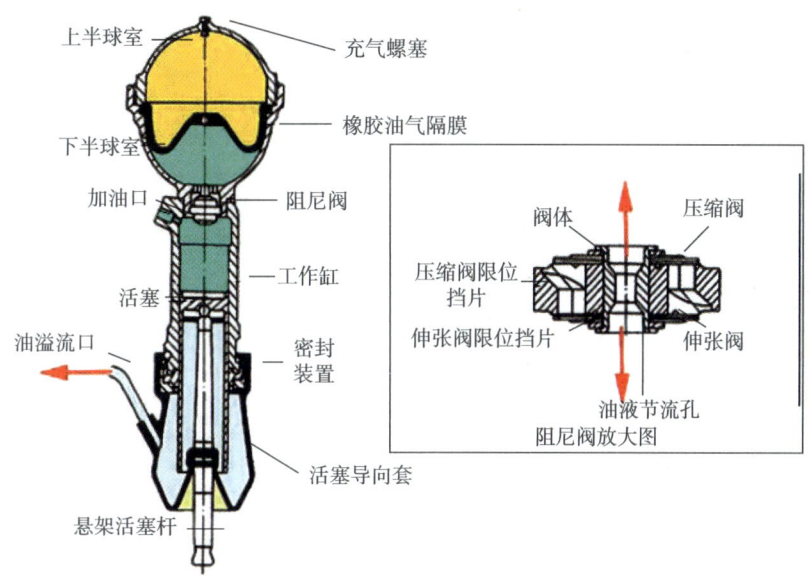

图 8-1-9 油气弹簧

四、减振器

目前，汽车中广泛使用液压减振器，其基本原理如图 8-1-10 所示，当车架与车桥做往复相对运动时，减振器中的油液反复经过活塞上的阀孔，由于阀孔的节流作用及油液分子间的内摩擦力便形成了衰减振动的阻尼力，使振动的能量转变为热能，并由油液和减振器壳体吸收，然后散到大气中。

阀门越大，阻尼力越小，反之亦然。相对运动速度越大，阻尼力越大，反之亦然。阻尼力越大，振动的衰减越快，但悬架弹性元件的缓冲效果不能发挥，乘坐也不舒适，因此弹性元件的刚度与减振器的阻尼力要合理搭配，才能保证乘坐舒适性和操纵稳定性的要求。

目前，减振器主要有双向作用筒式减振器、充气式减振器和阻力可调式减振器等。其中，汽车上应用最广的是双向作用筒式减振器，近年来，在高级轿车上也有部分车型采用了充气式减振器。

1. 双向作用筒式减振器

双向作用筒式减振器的结构如图 8-1-11 所示。它有 3 个同心钢筒，外面的钢筒是防尘罩，其上部的吊耳与车架相连。中间是储油缸筒，内装有一定量的油液，其下端的吊耳与车桥相连。里面是工作缸筒，其内装满油液。它还有 4 个阀，即压缩阀、伸张阀、流通阀和补偿阀。流通阀和补偿阀是一般的单向阀，其弹簧很弱，当阀上的油压作用力与弹簧弹力同向时，阀处于关闭状态，完全不通油液；而当油压作用力与弹簧弹力反向时，只要很小的油压，阀便能开启。压缩阀和伸张阀是卸载阀，其弹簧较强，预紧力较大，只有当油压增高到一定程度时，阀才能开启；而当油压减低到一定程度时，阀即自行关闭。

双向作用筒式减振器的工作原理可用压缩和伸张两个行程加以说明。

（1）压缩行程

当车桥移近车架（或车身）时，减振器受压缩，活塞下移，使其下方腔室容积减小，油压升高，如图 8-1-12（a）所示。具有一定压力的油液顶开流通阀进入活塞上方腔室。由于活塞杆占去上腔室的部分容积，使上腔室增加的容积小于下腔室减小的容积，因此还有一部分油液不能进入上腔室而只能压开压缩阀，流回储油缸筒。油液流经上述阀孔时，受到一定的节流阻力，为克服这种阻力而消耗了振动能量，使振动衰减。

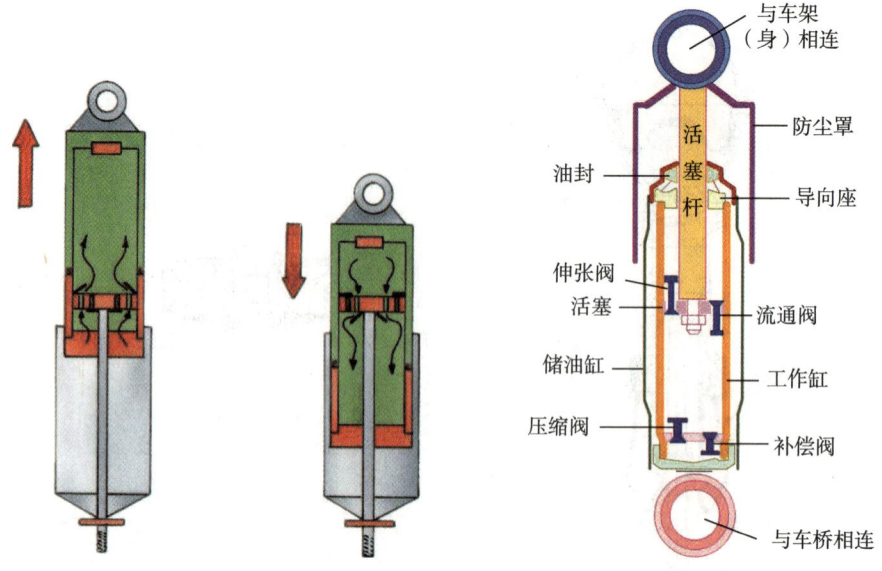

图 8-1-10 减振器基本工作原理　　图 8-1-11 双向作用筒式减振器的结构

（2）伸张行程

当车桥相对远离车架（或车身）时，减振器受拉伸，活塞上移，使其上腔室油压升高，如图 8-1-12（b）所示。上腔室的油液便推开伸张阀流入下腔室。同样由于活塞杆的存在，上腔室减小的容积小于下腔室增力的容积，因而从上腔室流出来的油液不足以充满下腔室所增加的容积，使下腔室产生一定的真空度，这时储油缸筒中的油液在真空度作用下推开补偿阀流进下腔室。

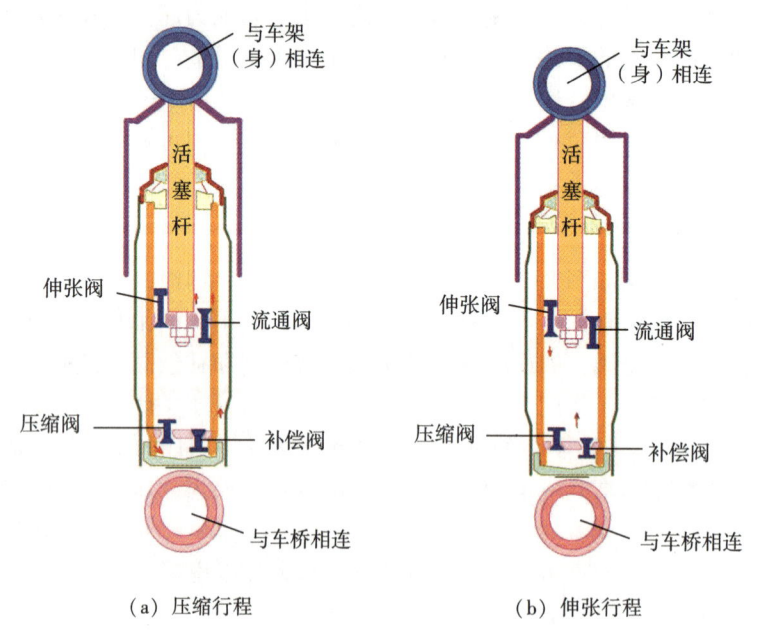

(a) 压缩行程　　(b) 伸张行程

图 8-1-12 双向作用筒式减振器的工作原理

从上面的原理可以得知，这种减振器在压缩、伸张两个行程都能起减振作用，因此称为双向作用减振器。

2. 充气式减振器

充气式减振器如图 8-1-13 所示，其构造特点是在缸筒的下部装有一个浮动活塞，高压氮气充在浮动活塞与缸筒一端形成的密闭气室里。在浮动活塞的上面是减振器油液。O 形密封圈把油和气完全分开，因此活塞也叫封气活塞。在工作活塞上装有压缩阀和伸张阀。这两个阀都是由一组厚度相同、直径不等、由大到小而排列的弹簧钢片组成。当车轮上下跳动时，工作活塞在油液中作往复运动，使工作活塞的上、下腔之间产生油压差，压力油便推开压缩阀或伸张阀而来回流动。由于阀孔对压力油产生较大的阻尼力，使振动衰减。

3. 阻力可调式减振器

阻力可调式减振器的工作过程是：当汽车的载荷增加时，空气囊中的气压升高，则气室内的气压也随之升高，使膜片向下移动与弹簧产生的压力相平衡。与此同时，膜片带动与它相连的柱塞杆和柱塞下移，使得柱塞相对空心连杆上的节流孔的位置发生变化，结果减小了节流孔的通道截面积，即减少了油液流经节流孔的流量，从而增加了油液流动阻力，如图 8-1-14 所示。

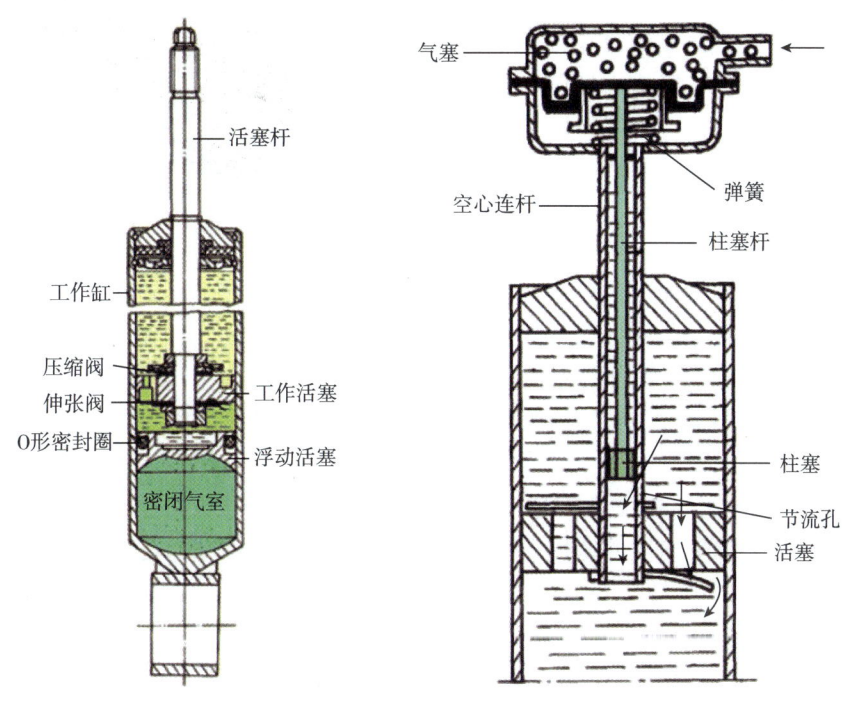

图 8-1-13 充气式减振器的结构　　图 8-1-14 阻力可调式减振器

五、非独立悬架

非独立悬架结构简单，工作可靠，易于维修，寿命长，适合重载，广泛应用于小货车和客车的前后悬架，有的轿车后悬架也采用非独立悬架。

（一）纵置板簧式非独立悬架

板簧式非独立悬架主要由钢板弹簧和减振器组成，如图 8-1-15 所示。钢板弹簧的中部用两个 U 形螺栓固定在车桥上。弹簧前端卷耳用钢板弹簧销与前支架相连，形成固定铰链支点；后端卷耳通过钢板弹簧吊耳销与吊耳相连接。由于吊耳可以前后摆动，保证了弹簧变形时两卷耳中心线间的距离可以改变。

钢板弹簧销钻有轴向和径向油道，通过油嘴将润滑脂注入至衬套处进行润滑，可以延长弹簧的使用寿命。

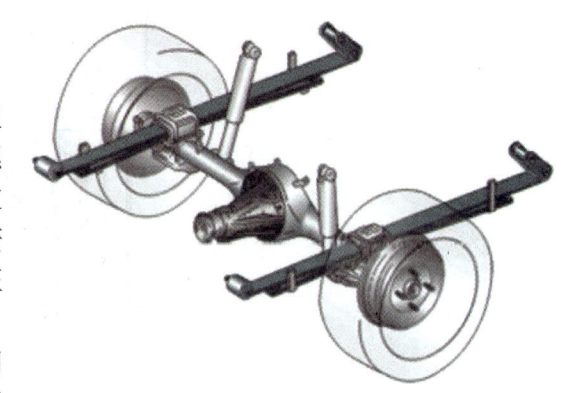

图 8-1-15 纵置板簧式非独立悬架

减振器的上、下两个吊环通过橡胶衬套和减振器连接销分别与减振器上支架和减振器下支架相连接。盖板上装有橡胶缓冲块，以限制弹簧的最大变形，并防止弹簧直接碰撞车架。

（二）螺旋弹簧非独立悬架

图8-1-16所示为典型的螺旋弹簧非独立后悬架。

螺旋弹簧非独立悬架一般只用作轿车的后悬架。螺旋弹簧上端装在车身上的支座中，下端装在纵向下推力杆上。由于螺旋弹簧只能承受垂直载荷，所以必须设置导向装置来承受并传递纵向力和横向力。导向装置包括纵向推力杆和横向导杆。两根纵向下推力杆和两根纵向上推力杆的一端均与车身相铰接，另一端则均与后桥相铰接。纵向上、下推力杆用以传递牵引力、制动力等纵向力及其力矩。当车轮因路面不平上下跳动而致使后桥与车身之间的距离发生变化时，纵向上、下推力杆可绕其与车身的铰支点作上、下纵向摆动，以控制后桥的运动规律。

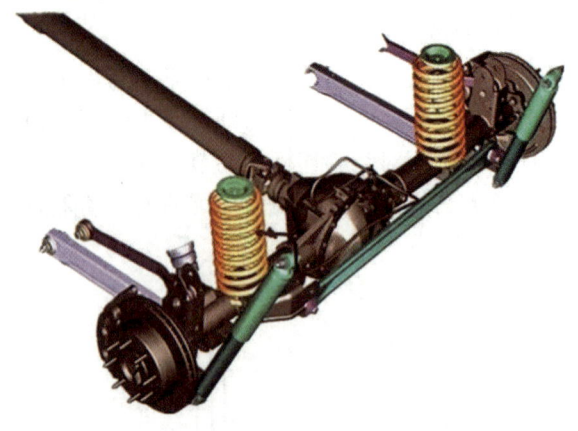

图8-1-16 螺旋弹簧非独立后悬架结构示意图

横向导杆的一端与车身铰接，另一端与后桥铰接。横向导杆用以传递悬架系统的横向力。当后桥与车身间的距离发生变化时，横向导杆也可绕其铰支点作上、下横向摆动。在这一过程中，为不致使车身与后桥在横向产生过大的相对位移，要求横向导杆与后桥之间的空间夹角尽可能小，使横向导杆与后桥尽可能保持平行。两个减振器的上端铰接在车身支架上，下端铰接在车桥的支架上。

（三）空气弹簧非独立悬架

汽车在行驶时由于载荷和路面的变化，要求悬架刚度随着一起变化。当空车时，车身被抬高，满载时，车身则被压得很低，会出现撞击缓冲块的情况。因而对于不同类型汽车提出不同的要求，矿山及大型客车要求其空车与满载时的车身高度变化不大；对于轿车要求在好路上降低车身高度，提高车速行驶；在坏路上提高车身，可以增大通过能力。因而要求车身高度随使用要求可以调节。

空气弹簧非独立悬架可以很容易地实现车身高度的自动调节。一般随着载荷的不同而改变空气弹簧内空气压力的方法达到这个目的，如图8-1-17所示。

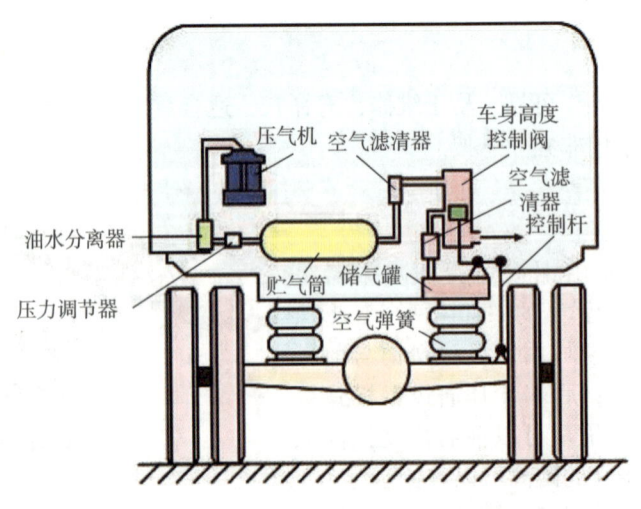

图8-1-17 空气弹簧非独立悬架示意图

（四）油气弹簧非独立悬架

相对其他弹簧而言，油气弹簧非独立悬架具有体积小、质量轻、承载能力强、容易实现车身高度调节并兼有阻尼减振和自润滑等特点。与传统的被动悬架相比，油气弹簧非独立悬架基本功用是相同的，只是加入液压传动控制技术，形成与传统的被动悬架有所区别，如图8-1-18所示。

油气弹簧非独立悬架的优点是具有非线性变刚度特性、非线性阻尼特性，易于实现车身高度调节，油气弹簧的单位储能比其他弹簧较大，因减振器置于悬架缸内，故不需制造专用减振器；拥有刚性闭锁，可使车辆承受较大负荷。

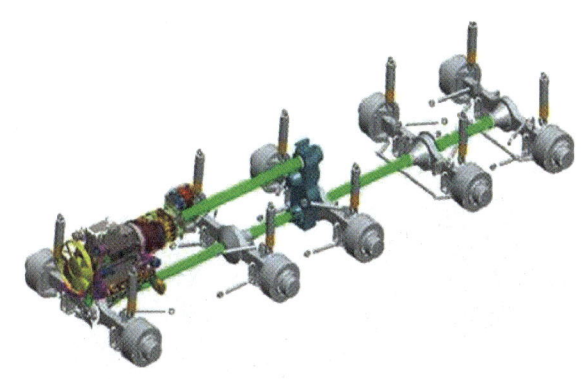

图8-1-18　油气弹簧非独立悬架

油气悬架集众多优点于一身，相应的缺点是制造维护成本高，需要配置额外控制装置来进行控制。

六、独立悬架

现代轿车大都是采用独立式悬架系统，按其结构形式的不同，独立悬架系统又可分为横臂式独立悬架（图8-1-19）和纵臂式独立悬架（图8-1-20）。

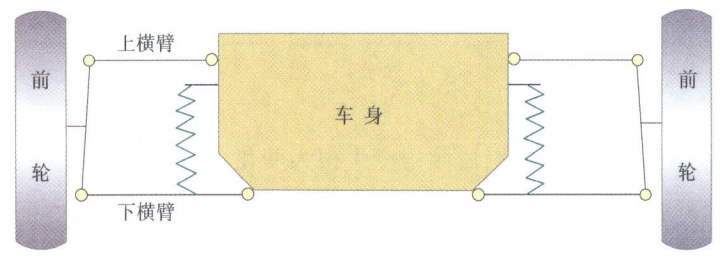

图8-1-19　横臂式独立悬架

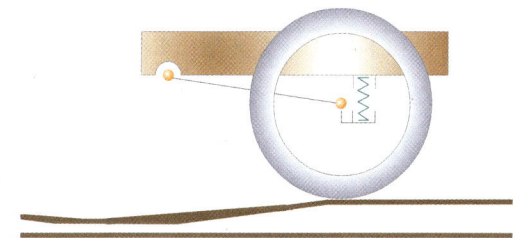

图8-1-20　纵臂式独立悬架

（一）横臂式独立悬架

横臂式独立悬架可分为单横臂式独立悬架和双横臂式独立悬架。

1. 单横臂式独立悬架

单横臂式独立悬架的特点是：当悬架变形时，车轮平面将产生倾斜而改变两侧车轮与路面接触点间的距离——轮距，致使轮胎相对于地面侧向滑移，破坏轮胎和地面的附着。此外，这种悬架用于转向轮时，会使主销内倾角和车轮外倾角发生较大的变化，对于转向操纵有一定影响，故目前在前悬架中很少采用。单横臂式独立悬架如图8-1-21所示。

2. 双横臂式独立悬架

如图8-1-22、图8-1-23所示为双横臂式独立悬架。上下两摆臂不等长，选择长度比例合适，可使车轮和主销的角度及轮距变化不大。这种独立悬架被广泛应用在轿车前轮上。双横臂的臂有做成A字形或V字形。V形臂的上下2个V形摆臂以一定的距离，分

图8-1-21　单横臂式独立悬架

别安装在车轮上,另一端安装在车架上。

不等臂双横臂上臂比下臂短。当汽车车轮上下运动时,上臂比下臂运动弧度小。这将使轮胎上部轻微地内外移动,而底部影响很小。这种结构有利于减少轮胎磨损,提高汽车行驶平顺性和方向稳定性。

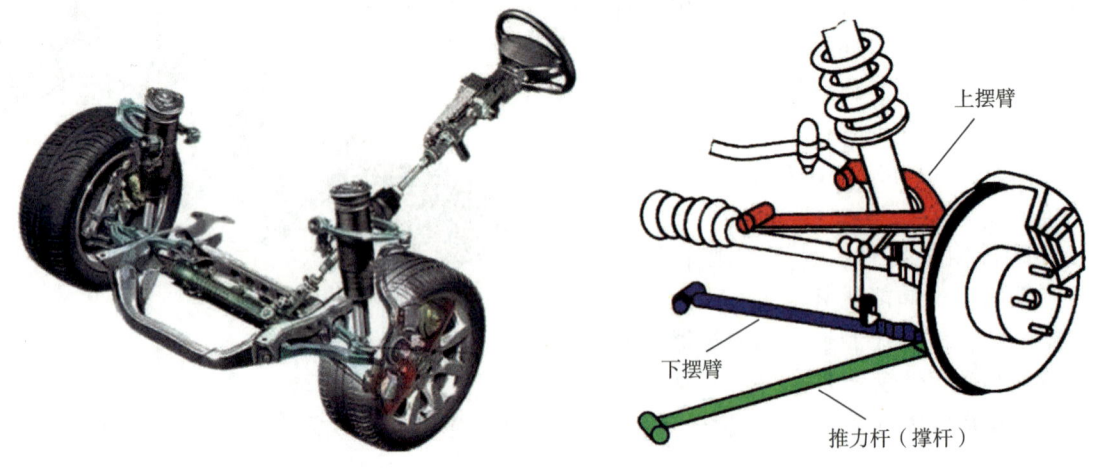

图 8-1-22 双叉臂式悬架　　　　　图 8-1-23 双叉臂式悬架的结构

(二) 纵臂式独立悬架

纵臂式独立悬架可分为单纵臂式独立悬架、双纵臂式独立悬架、车轮沿主销移动的悬架、单斜臂式独立悬架和多杆式独立悬架。

1. 单纵臂式独立悬架

如果转向轮采用单纵臂式独立悬架,车轮上下跳动将使主销后倾角产生很大变化。因此,单纵臂式独立悬架一般多用于不转向的后轮。

单纵臂式独立悬架,它有一根整体的 V 形断面横梁,在其两端焊接着变截面的管状纵臂,从而形成了一个整体构架——后轴体。纵臂前端通过橡胶—金属支承与车身作铰接式连接。纵臂后端与轮毂、减振器相连。汽车行驶时,车轮连同后轴体相对车身以橡胶—金属支承为支点作上下摆动,相当于单纵臂式独立悬架。当两侧悬架变形不等时,后轴体的 V 形断面横梁发生扭转变形,由于该横梁有较大的弹性,可起横向稳定器的作用。它不像普通带有整体轴的非独立悬架那样,一侧车轮的跳动会直接影响另一侧车轮。因此,该悬架又称纵臂扭转梁式独立悬架,如图 8-1-24 所示。

图 8-1-24 单纵臂式独立悬架

2. 双纵臂式独立悬架

双纵臂式独立悬架的两个纵臂长度一般做成相等,形成平行四连杆机构。车轮上下跳动时,主销的后倾角保持不变，这种形式的悬架适用于转向轮。双纵臂式独立悬架如图 8-1-25 所示。

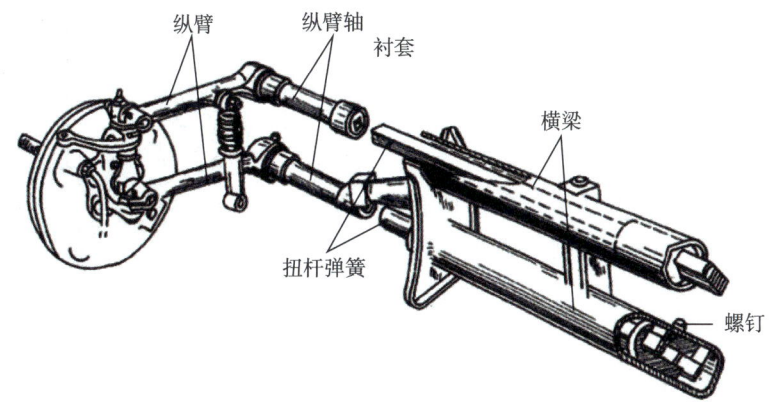

图 8-1-25　双纵臂式独立悬架

3. 车轮沿主销移动的悬架

车轮沿主销移动的悬架可分为烛式悬架和麦弗逊式悬架。

（1）烛式悬架

烛式悬架其优点是当悬架变形时，主销的定位角不会发生变化，仅轮距、轴距稍有改变；有利于汽车的转向操纵性和行驶稳定性。缺点是侧向力全部由套筒和主销承受，二者间的摩擦阻力大，磨损严重。因此，这种结构形式目前很少采用。烛式悬架如图 8-1-26 所示。

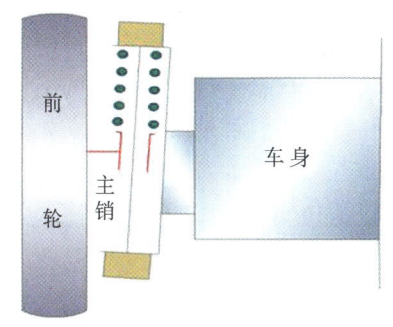

图 8-1-26　烛式悬架

（2）麦弗逊式悬架（滑柱摆臂式或支柱式）

麦弗逊式悬架是目前前置前驱动轿车和某些轻型客车应用比较普遍的悬架结构形式。结构简单、成本低廉、可靠耐用是其主要特点。它主要由螺旋弹簧、减振器、三角形下摆臂组成，麦弗逊悬挂实物如图 8-1-27 所示。筒式减振器为滑动立柱，横摆臂的内端通过铰链与车身相连，外端通过球铰链与转向节相连。减振器的上端与车身相连，减振器的下端与转向节相连，车轮所受的侧向力大部分由横摆臂承受，其余部分由减振器活塞和活塞杆承受。筒式减振器上铰链的中心与横摆臂外端球铰链中心的连线为主销轴线，此结构也为无主销结构。麦弗逊式悬架如图 8-1-28 所示。

图 8-1-27　麦弗逊悬挂实物

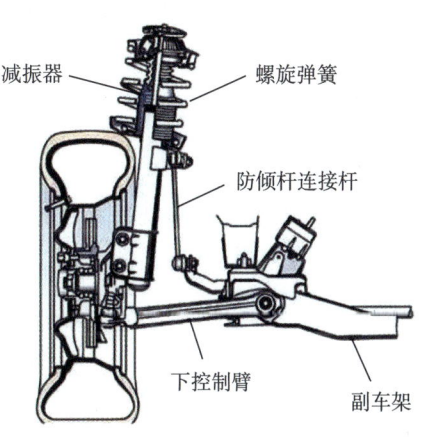

图 8-1-28　麦弗逊悬挂的结构

4. 单斜臂式独立悬架

单斜臂式独立悬架的结构介于单横臂和单纵臂之间，多用于后轮驱动汽车的后悬架上。单斜臂式独立悬架如图8-1-29所示。

5. 多连杆式独立悬架

多连杆独立悬架如图8-1-30所示。其中前悬架一般为3连杆或4连杆式独立悬架；后悬架则一般为4连杆或5连杆式后悬架系统，其中5连杆式后悬架应用较为广泛，如图8-1-31所示。

多连杆悬架结构相对复杂，材料成本、研发实验成本及制造成本远高于其他类型的悬架，而且其占用空间大，中小型车出于成本和空间考虑极少使用这种悬架。

但多连杆式悬架舒适性能是所有悬架中最好的，操控性能也和双叉臂式悬架难分伯仲，高挡轿车由于空间充裕，且注重舒适性能和操控稳定性，所以大多使用多连杆悬架，可以说多连杆悬架是高挡轿车的绝佳搭档。

它的优点就是设计自由度大，路面冲击对车身影响小，利于提高舒适度。当然它也有一些缺点，如对布置空间需求大、成本高、设计复杂、调校难、零部件数量多等。目前，多连杆悬架多用于比较高挡的轿车和SUV，比如奔驰、宝马、奥迪等车型。

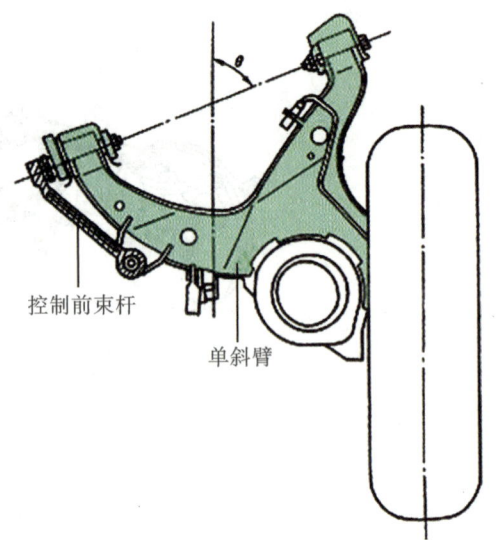

图 8-1-29　单斜臂式独立悬架

图 8-1-30　多连杆式独立悬架

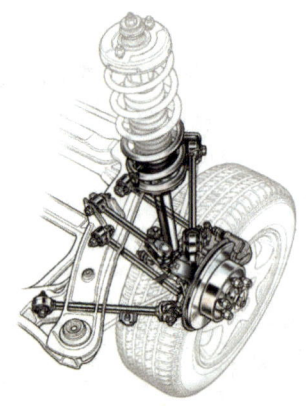

图 8-1-31　5连杆式后独立悬架

（三）横向稳定杆

1. 横向稳定杆作用

由于汽车高速行驶转弯时，车身会产生较大的侧向倾斜和侧向角振动。为了提高悬架的侧倾角刚度，减小侧倾，常在悬架中加设稳定器。

2. 横向稳定杆结构

弹簧钢制成的横向稳定杆呈扁平的U形，横向地安装在汽车前端或后端（也有轿车前后都装横向稳定器），如图8-1-32所示。杆的中部的两端自由地支承在两个橡胶套筒内，套筒固定于车架上。横向稳定杆的两侧纵向部分的末端通过支杆与悬架下摆臂上的弹簧支座相连。

3. 横向稳定杆工作原理

当两侧悬架变形相同时，横向稳定器不起作用。当两侧悬架变形不等时，车身相对路面横向倾斜时车架一侧移近弹簧支座，稳定杆的同侧末端就随车架向上移动，而另一侧车架远离弹簧座，相应横向稳定杆的末端相对车架下移，横向稳定杆中部对于车架没有相对运动，而稳定杆两边的纵向部分向不同方向偏转，于是稳定杆被扭转。

弹性的稳定杆产生扭转力矩就阻碍悬架弹簧的变形，减少了车身的横向倾斜和横向角振动。

（四）独立悬架的特点

1. 独立悬架的优点

（1）两侧车轮可以单独运动互不干涉，能减小车身的倾斜和震动。
（2）减小了非簧载质量，有利于汽车的平顺性和操纵稳定性。
（3）采用断开式车桥，可以降低发动机位置，降低整车重心，从而提高汽车的行驶稳定性。
（4）车轮运动空间较大，可以降低悬架刚度，改善平顺性。

2. 独立悬架的缺点

（1）结构复杂、成本高。
（2）维修保养不便。
（3）因为结构复杂，会侵占一些车内乘坐空间。

图 8-1-32　横向稳定杆

任务二　非独立悬架的拆装与检修

通过实物或照片，能正确识别悬架的类型，会分析非独立悬架各部分的作用；通过对非独立悬架的拆装进一步了解非独立悬架的功用，掌握不同类型非独立悬架的基本结构及应用场合。

一、前期准备

安全防护：实训着装、完成设备防护。
工具设备：工具车、工作台、常用维修工具、常用测量工具等。
实训设备：实训车。
辅助资料：维修手册、教材。

二、操作项目及工作要点

1. 非独立悬架的拆装与检修

（1）举升并妥善支撑车辆，如图 8-2-1 所示。
（2）拆下轮胎和车轮总成，如图 8-2-2 所示。

导学视频

图 8-2-1　举升并妥善支撑车辆

图 8-2-2　拆下轮胎和车轮总成

（3）在靠近减振器的位置，用高千斤顶支撑后桥，如图 8-2-3 所示。
（4）拆下并报废上减振器螺栓，如图 8-2-4 所示。

图 8-2-3　用高千斤顶支撑后桥

图 8-2-4　拆下并报废上减振器螺栓

（5）拆下并报废下减振器螺栓，如图 8-2-5 所示。
（6）取下减震器，放置在工作台上，如图 8-2-6 所示。

图 8-2-5　拆下并报废下减振器螺栓

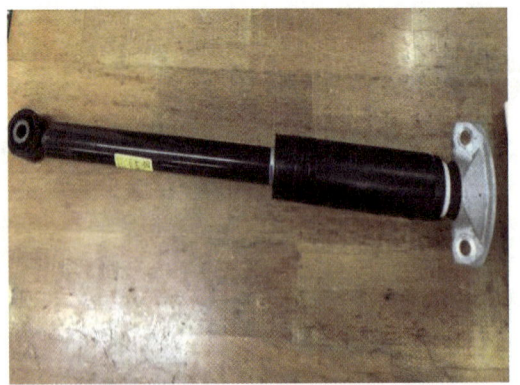

图 8-2-6　取下减震器，放置在工作台上

（7）检查减震器压缩性能，是否卡滞或无法被压缩，如图 8-2-7 所示。
（8）检查减震器伸张性能，是否卡滞或无法伸张，如图 8-2-8 所示。

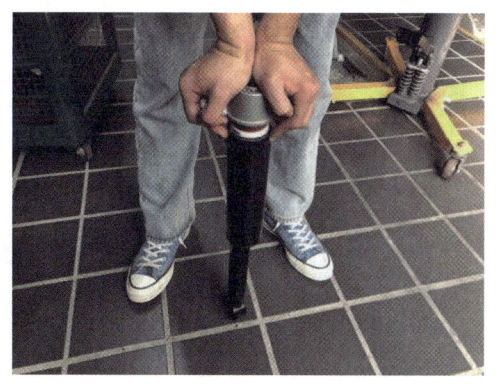
图 8-2-7　检查减震器压缩性能，是否卡滞或无法被压缩

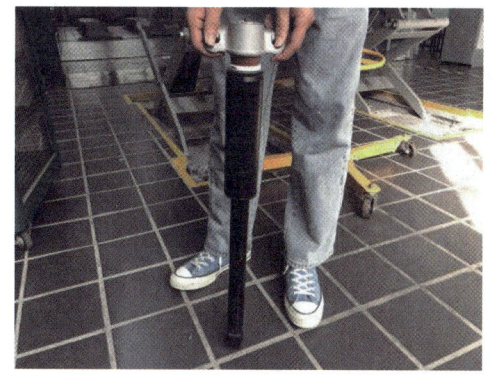
图 8-2-8　检查减震器伸张性能，是否卡滞或无法伸张

（9）检查减震器上部胶垫是否老化、破损或开裂，如图 8-2-9 所示。

（10）检查减震器是否漏油或破损，如图 8-2-10 所示。

图 8-2-9　检查减震器上部胶垫是否老化、破损或开裂

图 8-2-10　检查减震器是否漏油或破损

（11）使用高千斤顶，缓缓地降下后桥以便卸去后弹簧张力，如图 8-2-11 所示。

（12）拆下弹簧，如图 8-2-12 所示。

图 8-2-11　使用高千斤顶，缓缓地降下后桥以便卸去后弹簧张力

图 8-2-12　拆下弹簧

（13）检查螺旋弹簧是否破损或开裂，如图 8-2-13 所示。

（14）检查螺旋弹簧上弹簧座是否破损或开裂，如图 8-2-14 所示。

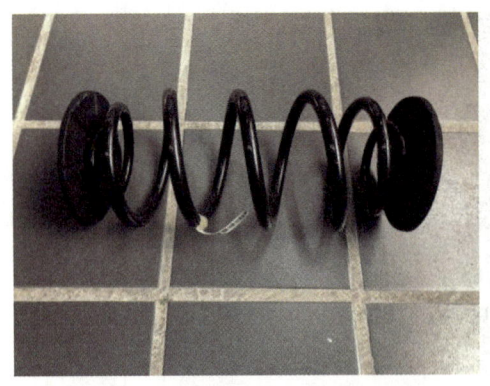
图 8-2-13 检查螺旋弹簧是否破损或开裂

图 8-2-14 检查螺旋弹簧上弹簧座是否破损或开裂

（15）检查螺旋弹簧下弹簧座是否破损或开裂，如图 8-2-15 所示。

（16）使用千斤顶，支撑后桥，如图 8-2-16 所示。

图 8-2-15 检查螺旋弹簧下弹簧座是否破损或开裂

图 8-2-16 使用千斤顶支撑后桥

（17）安装螺旋弹簧，如图 8-2-17 所示。

（18）安装减震器。

（19）安装新的上减振器螺栓，并紧固至 100N·m，如图 8-2-18 所示。

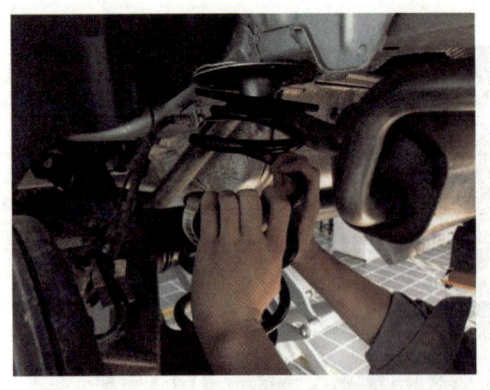
图 8-2-17 安装螺旋弹簧

图 8-2-18 安装新的上减振器螺栓

（20）安装新的下减振器螺栓，并紧固至 150N·m，再使用角度规上紧角度 60°，如图 8-2-19 所示。

（21）拆下千斤顶，如图 8-2-20 所示。

图 8-2-19　安装新的下减振器螺栓

图 8-2-20　拆下千斤顶

(22) 安装后轮胎和车轮总成，如图 8-2-21 所示。
(23) 降下车辆。
(24) 清洁、整理场地，如图 8-2-22 所示。

图 8-2-21　安装后轮胎和车轮总成

图 8-2-22　清洁、整理场地

三、任务考核

非独立悬架的拆装与检修评分标准。

序号	作业项目	考核内容	配分	评分标准	扣分	得分
1	前期准备	清理工位及工位布置，设备的外观检查	10	未清理工位扣 5 分，未对设备进行外观和安全检查扣 5 分		
2	零部件拆卸	能否正确按照维修手册的要求进行拆卸并按照规定摆放	20	未按照维修手册进行拆卸工作，每次扣 2 分		
3	零部件清洁	能否正确按照维修手册的要求进行零件的清洁	10	每一个元件未按照维修手册要求进行清洁扣 2 分		
4	零部件检测	能否正确利用维修资料完成零部件的检测，并分析得出结论和维修建议	20	不能正确利用维修资料完成零部件的检测每项扣 5 分，测量条件不正确每一次扣 5 分，结论或维修建议错误每次扣 5 分		
5	零部件安装	能否正确按照维修手册的要求进行安装并按照规定进行紧固	20	未按照维修手册进行安装工作，包括紧固角度、转矩值错误等，每次扣 2 分		

续表

序号	作业项目	考核内容	配分	评分标准	扣分	得分
6	维修资料使用	能否正确使用维修资料	10	不会使用维修资料扣10分，使用不熟练扣5分		
7	6S现场管理	遵守实训室安全操作规范，无人身伤害和设备损坏	10	每单项扣5分，扣完为止。因违规操作发生人身伤害和设备损坏，此项不得分		
		合计	100			

任务三　独立悬架的拆装与检修

通过实物或照片，能正确识别悬架的类型，会分析独立悬架各部分的作用；通过对独立悬架的拆装进一步了解独立悬架的功用，掌握不同类型独立悬架的基本结构及应用场合。

一、前期准备

安全防护：实训着装、完成设备防护。
工具设备：工具车、工作台、常用维修工具、常用测量工具等。
实训设备：实训车。
辅助资料：维修手册、教材。

导学视频

二、操作项目及工作要点

1. 左前减振器的拆装与检查

（1）选用扳手、18mm套筒和18mm扳手预松减振器下支座两颗固定螺母，如图8-3-1所示。

（2）选用棘轮扳手、接杆、18mm套筒和18mm扳手旋出减振器固定螺母，如图8-3-2所示。

图8-3-1　拧松减振器下支座固定螺母

图8-3-2　旋出减振器固定螺母

（3）选用棘轮扳手、接杆、T40套筒和18mm扳手拧松并旋出横向稳定杆连接杆固定螺母，如图8-3-3所示。

（4）将制动油管与减振器分离，如图8-3-4所示。

图8-3-3 拧松并旋出横向稳定杆连接杆固定螺母

图8-3-4 将制动油管与减振器分离

（5）将稳定杆连接杆与减振器分离，如图8-3-5所示。
（6）将垫块安装到转向节下面。
（7）选用棘轮扳手、8mm开口扳手、T40套筒和24mm扳手拧松减振器上座螺母，如图8-3-6所示。

图8-3-5 将稳定杆连接杆与减振器分离

图8-3-6 拧松减振器上座螺母

（8）一只手托着减振器总成，另一只手旋出固定螺母，如图8-3-7所示。
（9）取下减振器上座垫块，如图8-3-8所示。

图8-3-7 用手旋出固定螺母

图8-3-8 取下减振器上座垫块

（10）取下减震器总成，如图8-3-9所示。
（11）将减震器总成放置工作台上，如图8-3-10所示。

图 8-3-9　取下减震器总成

图 8-3-10　将减震器总成放置工作台上

（12）检查减震器滑柱是否漏油，如图 8-3-11 所示。

（13）检查减震器防尘套是否破损或开裂，如图 8-3-12 所示。

图 8-3-11　检查减震器滑柱是否漏油

图 8-3-12　检查减震器防尘套是否破损或开裂

（14）检查减震器总成上塑料垫块是否破损或开裂，如图 8-3-13 所示。

（15）检查减震弹簧是否破损或开裂，如图 8-3-14 所示。

图 8-3-13　检查减震器总成上塑料垫块
是否破损或开裂

图 8-3-14　检查减震弹簧是否
破损或开裂

（16）将减振器安装到车架上，如图 8-3-15 所示。

（17）安装减震器上垫块，如图 8-3-16 所示。

图 8-3-15　将减振器安装到车架上

图 8-3-16　安装减震器上垫块

（18）安装减震器上座固定螺母，如图 8-3-17 所示。

（19）选用棘轮扳手、8mm 开口扳手、T40 套筒和 24mm 扳手预紧减振器上座螺母，如图 8-3-18 所示。

图 8-3-17　安装减震器上座固定螺母

图 8-3-18　预紧减振器上座螺母

（20）将横向稳定杆连接杆安装到减振器总成上，如图 8-3-19 所示。

（21）将转向节总成安装到减振器，并穿入固定螺栓，如图 8-3-20 所示。

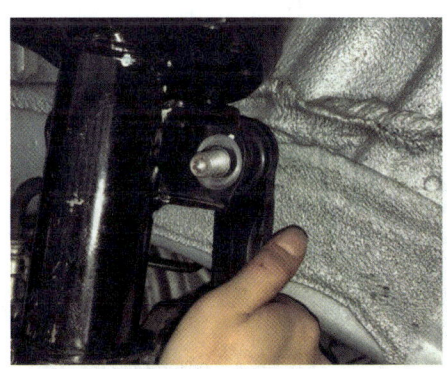
图 8-3-19　将横向稳定杆连接杆安装
到减振器总成上

图 8-3-20　将转向节总成安装
到减振器

（22）安装转向节上部固定螺母，如图 8-3-21 所示。

（23）安装横向稳定杆连接杆固定螺母，如图 8-3-22 所示。

图8-3-21 安装转向节上部固定螺母

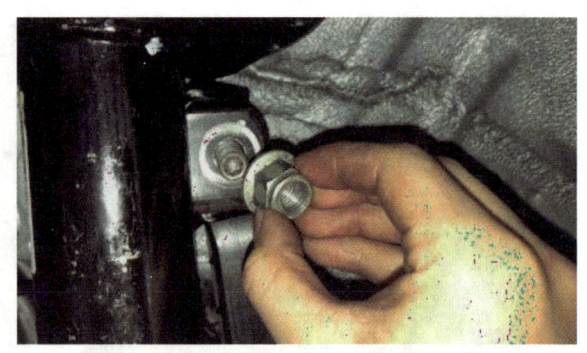
图8-3-22 安装稳定杆连接杆固定螺母

（24）选用棘轮扳手、接杆、T40套筒和18mm扳手预紧横向稳定杆连接杆固定螺母，如图8-3-23所示。

（25）根据维修手册，使用扭力扳手将横向稳定杆连接杆固定螺母紧固至65N·m（标准力矩为65N·m），如图8-3-24所示。

图8-3-23 预紧横向稳定杆连接杆
固定螺母

图8-3-24 使用扭力扳手紧固横向稳定
杆连接杆固定螺母

（26）根据维修手册使用扭力扳手将减振器下支座固定螺母紧固至90N·m（标准力矩为90N·m），如图8-3-25所示。

（27）根据维修手册使用扭力扳手将减振器上支座固定螺母紧固至45N·m（标准力矩为45N·m），如图8-3-26所示。

图8-3-25 使用扭力扳手紧固
减振器下支座固定螺母

图8-3-26 使用扭力扳手紧固
减振器上支座固定螺母

（28）将制动油管安装到减振器上，如图8-3-27所示。

（29）清洁、整理场地，如图 8-3-28 所示。

图 8-3-27　将制动油管安装到减振器上

图 8-3-28　清洁、整理场地

2.（左前）下摆臂总成的拆装

（1）拆卸左前轮。
（2）选用合适的工具拆卸左前挡泥板固定卡扣。
（3）取下左前挡泥板。
（4）选用合适的工具拆卸轮速传感器线束卡扣，如图 8-3-29 所示。
（5）选用棘轮扳手、13mm 套筒和 13mm 扳手拧松下摆臂球头与转向节连接的固定螺栓，如图 8-3-30 所示。

图 8-3-29　拆卸轮速传感器线束卡扣

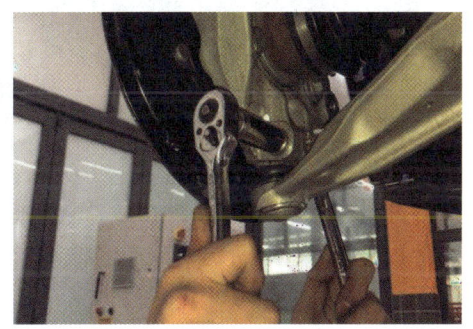
图 8-3-30　拧松下摆臂球头与转向节连接的固定螺栓

（6）旋出下摆臂球头与转向节连接的固定螺母，取下固定螺栓，如图 8-3-31 所示。
（7）选用棘轮扳手、18mm 套筒和 18mm 开口扳手，拧松下摆臂与前车架连接的固定螺栓，如图 8-3-32 所示。

图 8-3-31　取下下摆臂球头与转向节
连接的固定螺栓

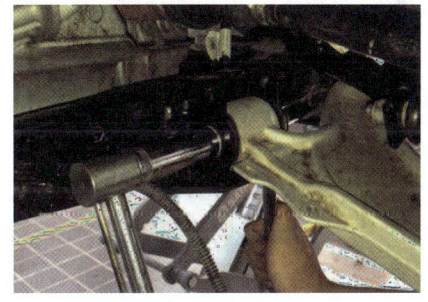
图 8-3-32　拧松下摆臂与前车
架连接的固定螺栓

（8）旋出固定螺母，取下固定螺栓。

（9）选用棘轮扳手、18mm 套筒和 18mm 开口扳手拧松下摆臂与后车架连接的 2 颗固定螺栓，如图 8-3-33 所示。

图 8-3-33　拧松下摆臂与后车架连接的固定螺栓

（10）旋出固定螺母，取下固定螺栓。

（11）将下摆臂与转向节分离，如图 8-3-34 所示。

（12）取下下摆臂总成，如图 8-3-35 所示。

图 8-3-34　将下摆臂与转向节分离　　图 8-3-35　取下下摆臂总成

（13）检查下摆臂是否破损或开裂，如图 8-3-36 所示。

（14）将下摆臂安装到车架上，如图 8-3-37 所示。

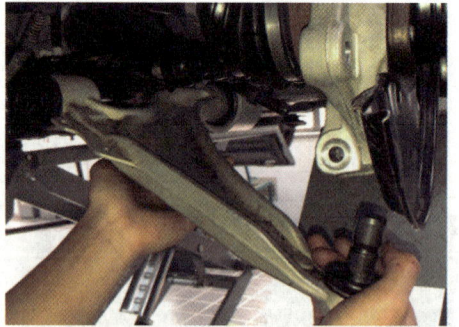

图 8-3-36　检查下摆臂是否破损或开裂　　图 8-3-37　安装下摆臂总成到车架上

注意事项：①安装时，必须将下摆臂前衬套正确地安装到车架上；②安装时，下摆臂处于水平且没有受力的状态下，否则会影响下摆臂的使用寿命以及使用功效。

（15）安装下摆臂与前车架连接的固定螺栓并旋入固定螺母。

（16）安装下摆臂与后车架连接的 2 颗固定螺栓并旋入固定螺母。

（17）选用棘轮扳手、18mm 套筒和 18mm 开口扳手预紧下摆臂与后车架连接的 2 颗螺栓固定。

(18）选用棘轮扳手、18mm 套筒和 18mm 开口扳手预紧下摆臂与前车架连接的固定螺栓。

(19）将下摆臂球头与转向节连接，如图 8-3-38 所示。

(20）安装下摆臂球头与转向节连接固定螺栓并旋入固定螺母，预紧，如图 8-3-39 所示。

 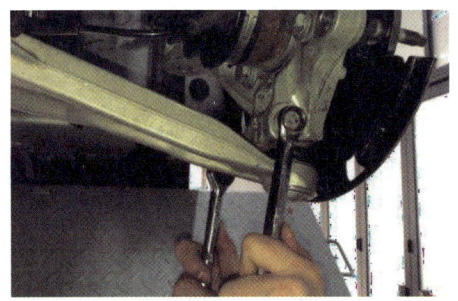

图 8-3-38　将下摆臂球头与转向节连接　　图 8-3-39　预紧下摆臂球头与转向节连接固定螺母

(21）选用棘轮扳手、13mm 套筒和 13mm 扳手预紧下摆臂球头与转向节连接的固定螺栓。

(22）根据维修手册使用扭力扳手将下摆臂与前车架连接的固定螺栓紧固至 70N·m（标准力矩为 70N·m），如图 8-3-40 所示。

(23）根据维修手册使用扭力扳手将下摆臂与后车架连接的固定螺栓紧固至 70N·m（标准力矩为 70N·m），如图 8-3-41 所示。

图 8-3-40　使用扭力扳手紧固下摆臂与　　图 8-3-41　使用扭力扳手紧固下摆臂与
　　　　　　前车架连接的固定螺栓　　　　　　　　　　　后车架连接的固定螺栓

(24）根据维修手册使用扭力扳手将下摆臂球头与转向节连接的固定螺栓紧固至 70N·m（标准力矩为 70N·m），如图 8-3-42 所示。

图 8-3-42　用扭力扳手紧固下摆臂球头与转向节连接的固定螺栓

(25）重新安装轮速传感器线束固定卡扣。

(26) 将左前挡泥板安装到车上。

(27) 安装固定卡扣。

(28) 安装左前轮。

三、任务考核

独立悬架的拆装与检修评分标准。

序号	作业项目	考核内容	配分	评分标准	扣分	得分
1	前期准备	清理工位及工位布置，设备的外观检查	10	未清理工位扣5分，未对设备进行外观和安全检查扣5分		
2	零部件拆卸	能否正确按照维修手册的要求进行拆卸并按照规定摆放	20	未按照维修手册进行拆卸工作，每次扣2分		
3	零部件清洁	能否正确按照维修手册的要求进行零件的清洁	10	每一个元件未按照维修手册要求进行清洁扣2分		
4	零部件检测	能否正确利用维修资料完成零部件的检测，并分析得出结论和维修建议	20	不能正确利用维修资料完成零部件的检测每项扣5分，测量条件不正确每一次扣5分，结论或维修建议错误每次扣5分		
5	零部件安装	能否正确按照维修手册的要求进行安装并按照规定进行紧固	20	未按照维修手册进行安装工作，包括紧固角度、转矩值错误等，每次扣2分		
6	维修资料使用	能否正确使用维修资料	10	不会使用维修资料扣10分，使用不熟练扣5分		
7	6S现场管理	遵守实训室安全操作规范，无人身伤害和设备损坏	10	每单项扣5分，扣完为止。因违规操作发生人身伤害和设备损坏，此项不得分		
		合计	100			

项目测评

一、填空题

1. 汽车的悬架一般都由_____、_____、_____和_____等部件组成。
2. 汽车悬架有_____悬架和_____悬架两种类型。
3. 汽车上常用的弹性元件主要包括钢板弹簧、_____、_____、_____和_____等。
4. 橡胶弹簧是利用橡胶本身的_____来起作用的。
5. 独立悬架系统又可分为_____独立悬架和_____独立悬架。
6. 双向作用筒式减振器的工作过程包括_____和_____两个行程。

二、单项选择题

1. 悬架中的（　　）使车身与车轮之间保持弹性连接，可以缓和不良路面带来的冲击和承受并传递垂直载荷。

   A. 弹性元件　　　　B. 导向装置　　　　C. 减振器　　　　D. 横向稳定杆

2. 悬架中的（　　）用来减轻对路面产生的冲击，使震动减弱，提高乘坐的舒适性和驾驶的稳定性。

   A. 弹性元件　　　　B. 导向装置　　　　C. 减振器　　　　D. 横向稳定杆

3. 车轮沿主销移动的悬架可分为烛式悬架和（　　）悬架。
A. 单纵臂式　　　　　B. 单斜臂式　　　　　C. 麦弗逊式　　　　　D. 多连杆
4. 双纵臂式独立悬架的两个纵臂长度一般做成（　　），形成平行四连杆机构。
A. 前窄后宽　　　　　B. 强度相同　　　　　C. 相等　　　　　　　D. 不等

三、判断题（对的画"√"，错的画"×"）

1. 悬架的作用是弹性地连接车桥与车架或车身，并用它来吸收与缓和行驶中因路面不平引起的车轮跳动而传给车架的冲击和振动。（　　）
2. 非独立悬架的特点是两侧车轮通过整体式车桥相连。（　　）
3. 钢板弹簧由长度相同的合金弹簧钢片叠加而成，构成一根近似等强度的弹性梁。（　　）
4. 圆柱形等螺距螺旋弹簧的刚度是不变的。（　　）
5. 现有的车架种类有边梁式、中梁式、综合式等。（　　）
6. 麦弗逊式悬架主要由螺旋弹簧、减振器、三角形下摆臂组成。（　　）

四、简答题

1. 简述悬架的组成及工作原理。
2. 简述双向作用筒式减振器的工作原理。
3. 简述非独立悬架的特点。
4. 简述独立悬架的特点。
5. 简述独立悬架的拆装与检修过程。

项目九　机械转向系统的构造与拆装

知识目标：
- 掌握转向系统的功用与组成。
- 掌握机械转向系统的工作原理。
- 掌握转向器的类型、结构和工作原理。
- 掌握机械转向系统各组成机构和零部件的结构及工作原理。

技能目标：
- 能够在实训车或底盘台架上快速准确地对机械转向系统主要部件进行认知。
- 能够选用合适的工具按照技术规范对机械转向系统主要部件进行拆装。
- 能够正确按照维修资料的要求对机械转向系统主要部件进行检修。

职业素养目标：
- 及时反思总结，在训练中积累经验。
- 养成组员之间互相协作的能力。
- 养成安全文明操作的习惯。
- 严格执行 6S 现场管理（SEIRI——整理、SEITON——整顿、SEISO——清扫、SEIKETSU——清洁、SHITSUKE——素养、SECURITY——安全），养成良好的职业习惯。

任务一　汽车转向系统概述

汽车在行驶过程中，需按驾驶员的意志经常改变其行驶方向，即所谓汽车转向。就轮式汽车而言，实现汽车转向的方法是，驾驶员通过一套专设的机构，使汽车转向桥（一般是前桥）上的车轮（转向轮）相对于汽车纵轴线偏转一定角度。在汽车直线行驶时，往往转向轮也会受到路面侧向干扰力的作用，自动偏转而改变行驶方向。此时，驾驶员也可以利用这套机构使转向轮向相反方向偏转，从而使汽车恢复原来的行驶方向。这一套用来改变或恢复汽车行驶方向的专设机构，即称为汽车转向系统（俗称为汽车转向系）。

一、汽车转向系统的功用

汽车转向系统的功用是按照驾驶人的意愿改变汽车的行驶方向和保持汽车稳定地直线行驶。尽管汽车转向系统的结构形式复杂多样，但转向系统都是由操作机构、转向器和转向传动机构三个基本部分组成，如图 9-1-1 所示。

图 9-1-1　汽车转向系统

二、汽车转向系统的分类

汽车转向系统按转向动力源的不同，分为机械转向系统和动力转向系统两大类。

1. 机械转向系统

机械转向系统是以驾驶员的体力（手力）转向器作为转向动力的转向系统，其中所有传力部件都是机械的，如图 9-1-2 所示。需要转向时，驾驶员对转向盘施加一个转向力矩。该力矩通过转向轴输入转向器。从转向盘到转向传动轴这一系列部件和零件即属于转向操纵机构。作为减速传动装置的转向器中有 1 或 2 级减速传动副（图 9-1-2 所示转向系统中的转向器为单级减速传动副）。经转向器放大后的力和减速后的运动传到转向横拉杆，再传给固定于转向节上的转向节臂，使转向节和它所支承的转向轮偏转，从而改变了汽车的行驶方向。这里，转向横拉杆和转向节臂属于转向传动机构。

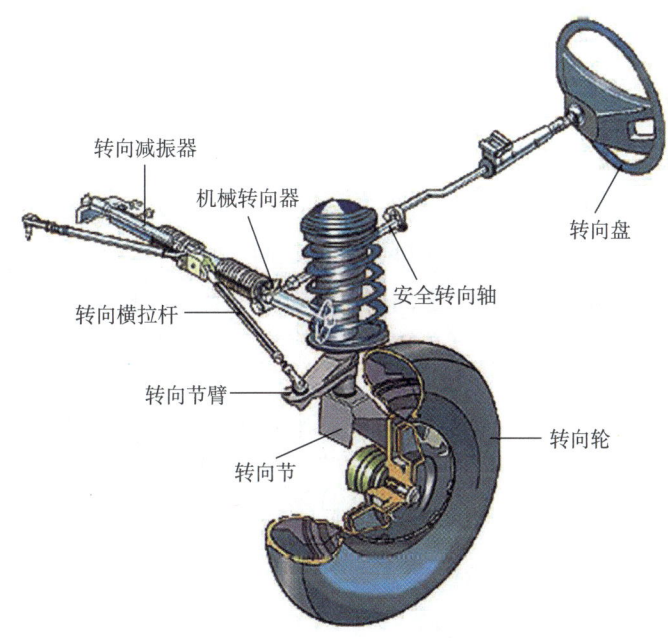

图 9-1-2　机械转向系统的结构

· 177 ·

2. 动力转向系统

动力转向系统是兼用驾驶员体力和发动机动力为转向能源的转向系。在正常情况下，汽车转向所需能量，只有一小部分由驾驶员提供，而大部分是由发动机通过动力转向装置提供的。但在动力转向装置失效时，一般还应当能由驾驶员独立承担汽车转向任务。因此，动力转向系是在机械转向系的基础上加设一套动力转向装置而形成的。

动力转向系统如图9-1-3所示。其中，属于转向加力装置的部件是：转向油泵、转向油管、转向油罐，以及位于整体式转向器内部的转向控制阀及转向动力缸等。当驾驶员转动转向盘时，转向摇臂摆动，通过转向直拉杆、转向横拉杆、转向节臂，使转向轮偏转，从而改变汽车的行驶方向。

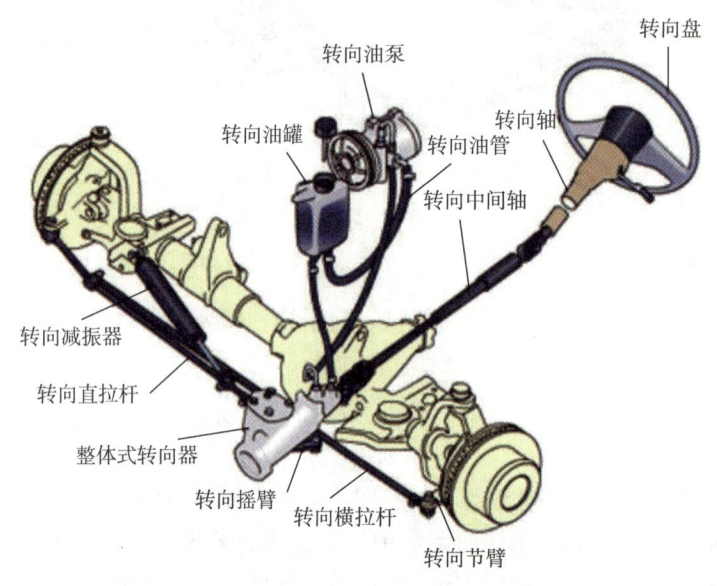

图 9-1-3 动力转向系统

与此同时，转向器输入轴还带动转向器内部的转向控制阀转动，使转向动力缸产生液压作用力，帮助驾驶员转向操纵。这样，为了克服地面作用于转向轮上的转向阻力矩，驾驶员需要加于转向盘上的转向力矩，比用机械转向系统时所需的转向力矩小得多。

三、两侧转向车轮偏转角之间的理想关系

为避免在汽车转向时加大对车轮的磨损，希望汽车转向时每个车轮都作纯滚动。即要求所有车轮的轴线都相交于一点。这一点称为转向中心。如果不交于一点，而是交于两点，这时各车轮也就不可能绕同一个中心滚动。若使两转向轮自由滚动，它们的运动轨迹就有相互靠近的趋势，然而两车轮是安装在同一车轴的两端，轮距是不变的，这样当汽车转向时，转向轮就要产生边滚边滑的现象，使行驶阻力增加，转向困难，并加速轮胎的磨损。

可以通过将转向传动机构设计成梯形，来保证汽车转向时所有车轮的轴线都相交于一点，在汽车转向时，就可以使转向内前轮与外前轮产生不同的偏转角，实现车轮的纯滚动，双轴汽车转向时两侧转向轮偏转角的理想关系如图9-1-4所示。

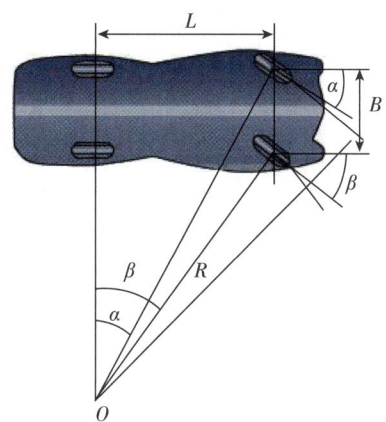

图 9-1-4 双轴汽车转向时两侧转向轮偏转角的理想关系

四、汽车转向系统设计要求

（1）汽车转弯行驶时，全部车轮应绕瞬时转向中心旋转。
（2）转向轮具有自动回正能力。
（3）在行驶状态下，转向轮不得产生自振，转向盘没有摆动。
（4）转向传动机构和悬架导向装置产生的运动不协调，应使车轮产生的摆动最小。
（5）转向灵敏，最小转弯直径小。
（6）操纵轻便。
（7）转向轮传给转向盘的反冲力要尽可能小。
（8）转向器和转向传动机构中应有间隙调整机构。
（9）转向系应有能使驾驶员免遭或减轻伤害的防伤装置。
（10）转向盘转动方向与汽车行驶方向的改变相一致。
（11）正确设计转向梯形机构，可以保证汽车转弯行驶时，全部车轮应绕瞬时转向中心旋转。
（12）转向轮的自动回正能力决定于转向轮的定位参数和转向器逆效率的大小．合理确定转向轮的定位参数，正确选择转向器的形式，可以保证汽车具有良好的自动回正能力。
（13）转向系中设置有转向减振器时，能够防止转向轮产生自振，同时又能使传到转向盘上的反冲力明显降低。
（14）为了使汽车具有良好的机动性能，必须使转向轮有尽可能大的转角，其最小转弯半径能达到汽车轴距的 2～2.5 倍。
（15）转向操纵的轻便性通常用转向时驾驶员作用在转向盘上的切向力大小和转向盘转动圈数多少两项指标来评价。轿车转向盘从中间位置转到第一端的圈数不得超过 2 圈。

任务二　机械转向系统的构造

机械转向系统由转向操纵机构、转向器和转向传动机构 3 个部分组成。

（1）转向操纵机构主要由转向盘、转向轴、转向管柱等组成。它的作用是将驾驶员转动转向盘的操纵力传给转向器。

（2）转向器将转向盘的转动变为转向摇臂的摆动或齿条轴的直线往复运动，并对转向操纵力进行放大的机构。转向器一般固定在汽车车架或车身上，转向操纵力通过转向器后一般还会改变传动方向。

（3）转向传动机构是将转向器输出的力和运动传给车轮（转向节），并使左右车轮按一定关系进行偏转的机构。

一、转向操纵机构

转向操纵机构是驾驶员操纵转向器的工作机构，主要由转向盘、转向轴、转向管柱、万向传动装置等组成，如图 9-2-1 所示，转向柱管中部用橡胶垫和半圆形支架固定在驾驶室前围板上，下端插入铸铁支座的孔中。支座固定在转向操纵机构的支架上。当驾驶员需要改变汽车行驶方向时，转动转向操纵机构中的转向盘，转向盘旋转的方向和角度通过转向轴、万向节等部件传递给转向器，从而实现转向车轮方向的改变。

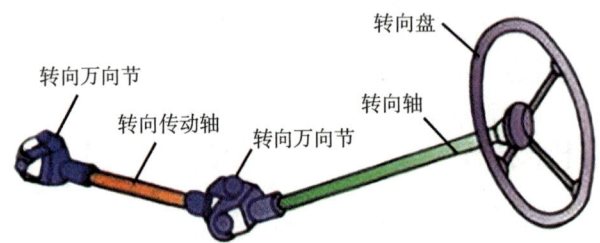

图 9-2-1 转向操纵机构的结构

1. 转向盘

（1）转向盘的组成

转向盘由轮缘、轮辐和轮毂组成，如图 9-2-2 所示。转向盘轮毂的细牙内花键与转向轴连接，转向盘上装有喇叭按钮，有些轿车的转向盘上还装有车速控制开关和安全气囊。转向盘内部由成形的金属骨架构成，外面包柔软材料。汽车碰撞时，转向盘骨架应该发生变形，以吸收碰撞的能量。

图 9-2-2 转向盘的组成

（2）转向盘自由行程

单从转向操纵灵敏而言，最好是转向盘和转向节的运动能同步开始并同步终止。然而，这在实际上是不可能的。

转向盘空转阶段指的是克服转向系统内部的摩擦，使各传动件运动到其间隙完全消除。

转向盘自由行程指的是转向盘在空转阶段中的角行程。

转向盘自由行程对于缓和路面冲击及避免驾驶员过度紧张都是有利的,但不宜过大,以免过分影响灵敏性。

一般说来,转向盘从相应于汽车直线行驶的中间位置向任一方向的自由行程最好不超过10°～15°。当零件磨损严重到使转向盘自由行程超过25°～30°时,必须进行检查和调整,如图9-2-3所示。

图9-2-3 转向盘自由行程的检查

2. 转向轴、转向柱管及其吸能装置

转向轴是连接转向盘和转向器的传动件,转向柱管固定在车身上,转向轴从转向柱管中穿过,支承在柱管内的轴承和衬套上。

轿车除要求装有吸能式转向盘外,还要求转向柱管必须装备能够缓和冲击的吸能装置。转向轴和转向柱管吸能装置的基本工作原理是:当转向轴受到巨大冲击而产生轴向位移时,通过转向柱管或支架产生塑性变形、转向轴产生错位等方式,吸收冲击能量。

(1) 转向轴错位缓冲

当发生猛烈撞车时,将使车身车架产生严重变形,导致转向轴、转向盘等部件后移,与此同时,在惯性作用下驾驶员人体向前冲,致使转向轴的上、下凸缘盘的销子与销孔脱离,缓和冲击,吸收冲击能量,有效地降低驾驶员的受伤程度,如图9-2-4所示。

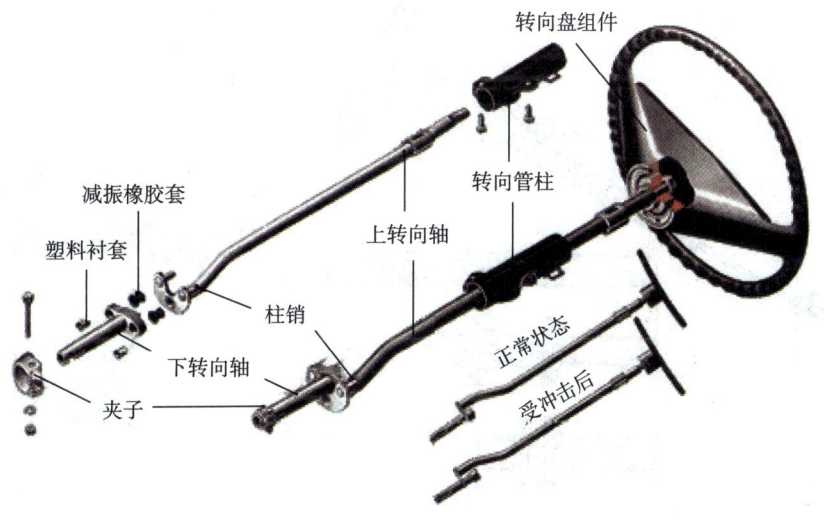

图9-2-4 转向轴错位缓冲装置

(2) 转向轴错位和支架变形缓冲

轿车转向柱管吸能装置的工作原理是：转向传动轴分为上、下两段，下转向传动轴装在上转向传动轴的孔中，发生碰撞时，转向器向后移动，下转向传动轴插入上转向传动轴的孔中，上转向传动轴被压扁，吸收冲击能量。

此外，转向柱管通过支架和U形金属板固定在仪表板上，当驾驶员身体撞击转向盘后，转向管柱和支架将从仪表板上脱离下来向前移动。这时，一端固定在仪表板上而另一端固定在支架上的U形金属板就会产生扭曲变形并吸收冲击能量，如图9-2-5所示。

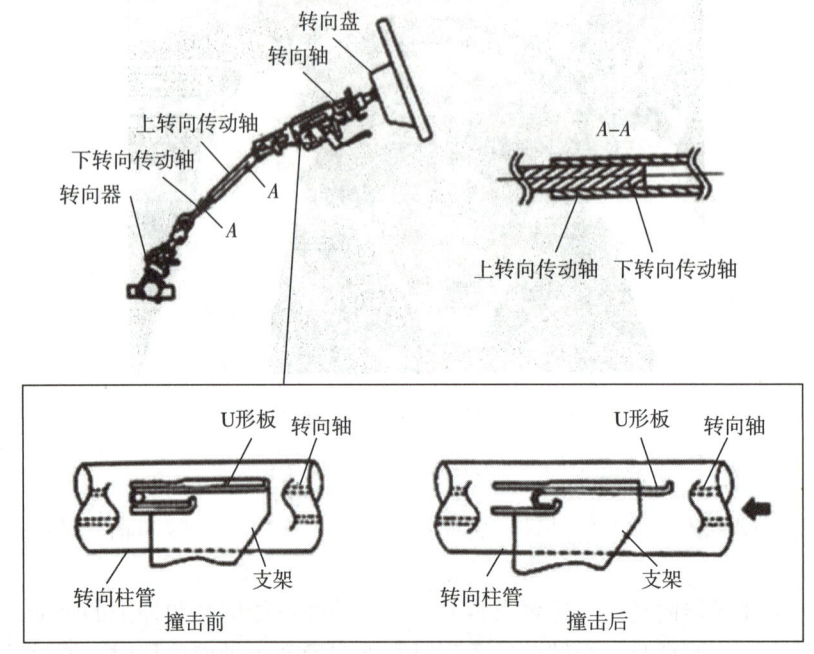

图9-2-5　某轿车转向柱错位和支架变形缓冲装置示意图

（3）转向柱管变形吸收冲击能量并缓冲

如果汽车上装用了网格状或波纹管式转向柱管吸能装置，当发生猛烈撞车导致人体冲撞转向盘时，网格部分或波纹管部分将被压缩产生塑性变形，吸收冲击能量，如图9-2-6所示。

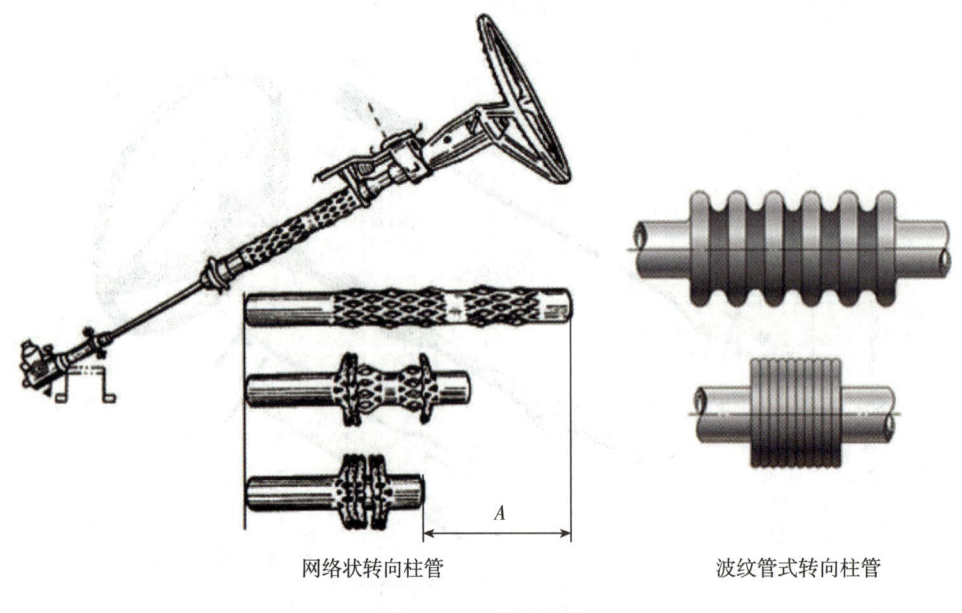

网络状转向柱管　　　　波纹管式转向柱管

图9-2-6　转向柱管

二、转向器

转向器是转向系统的减速传动装置,一般有 1～2 级减速传动副。转向器的功能是将转向盘的转动变为齿条轴的直线运动或转向摇臂的摆动,降低运动速度,增大转向力矩并改变转向力矩的传动方向。转向器输出端的运动形式有两种,一种是线位移,如齿轮齿条式转向器,另一种是角位移,如循环球式、曲柄指销式转向器。目前,在汽车上广泛采用的有齿轮齿条式、循环球式、蜗杆曲柄指销式等几种构造形式。

1. 齿轮齿条式转向器

齿轮齿条式转向器,它主要由壳体、转向齿轮、转向齿条等组成。转向器壳体的两端用螺栓固定在车身上,如图 9-2-7 所示。

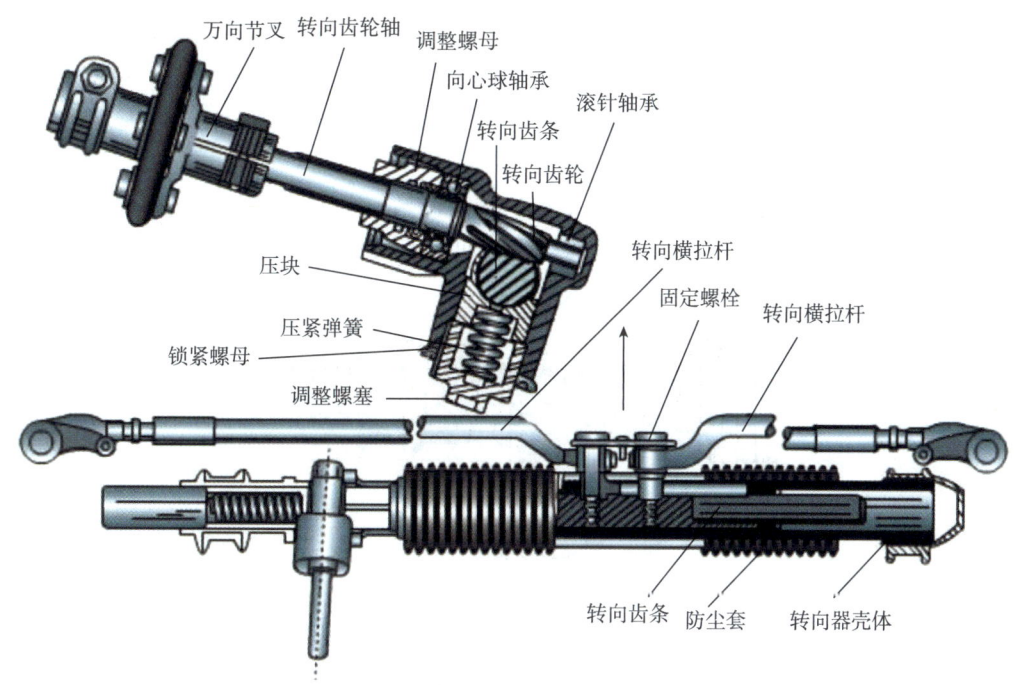

图 9-2-7　齿轮齿条式转向器的结构

齿轮轴通过轴承垂直安装在壳体中,其上端通过花键与转向轴上的万向节相连,其下部是与轴制成一体的转向齿轮。转向齿轮是转向器的主动件,与它相啮合的从动件转向齿条水平布置,齿条背面装有压块。在压簧的作用下,压块将齿条压靠在齿轮上,保证两者无间隙啮合。调整螺塞可用来调整压簧的预紧力。压簧不仅起消除啮合间隙的作用,而且还是一个弹性支承,可以吸收部分振动能量,缓和冲击。

2. 循环球式转向器

循环球式转向器与其他形式的转向器相比,在结构上的主要特点是有两级传动副。如图 9-2-8 所示为循环球式转向器的结构示意图,图 9-2-9 所示的为循环球式转向器的工作原理示意图,第一级传动副是转向螺杆、转向螺母,螺母的下平面加工成齿条,与齿扇轴内侧的齿扇相啮合,构成齿条—齿扇第二级传动副。显然,转向螺母既是第一级传动副的从动件,也是第二级传动副的主动件。通过转向盘转动转向螺杆时,转向螺母不能随之转动,而只能沿杆轴向移动,并驱使齿扇轴(摇臂轴)转动。

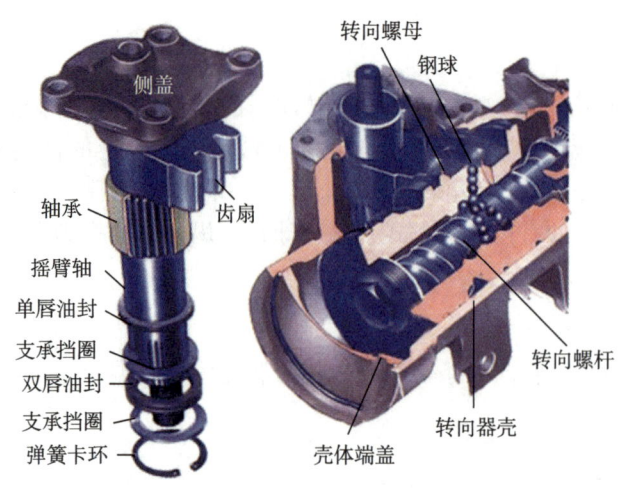

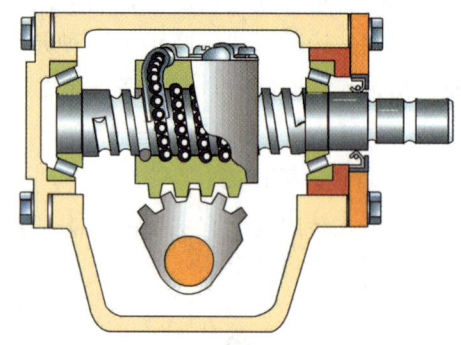

图 9-2-8 循环球式转向器的结构　　图 9-2-9 循环球式转向器的工作原理

3. 蜗杆曲柄指销式转向器

蜗杆曲柄指销式转向器的传动副是蜗杆和指销。按指销数目的不同，可分为单销式和双销式两种。单销式与双销式在结构上基本一样。蜗杆曲柄指销式转向器如图 9-2-10 所示。

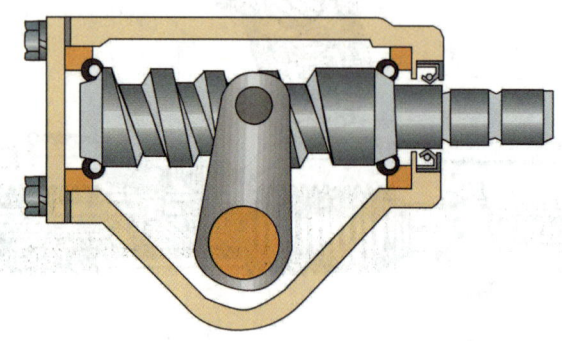

图 9-2-10 蜗杆曲柄指销式转向器

蜗杆曲柄指销式转向器主要由转向蜗杆、曲柄和指销、转向摇臂轴、壳体、侧盖及轴承组成。转向蜗杆通过两个球轴承支承在壳体上，两轴承的预紧度用调整螺塞调整，用锁紧螺母锁紧。在蜗杆的梯形断面螺旋槽中装有两个锥形指销。指销通过一个圆柱滚子轴承支承在摇臂轴内端的曲柄上。转向摇臂轴通过粉末冶金衬套支撑在壳体上。轴向位置及指销与蜗杆的啮合间隙由调整螺钉确定。

当汽车直线行驶时，两个指销分别与蜗杆的螺旋槽相啮合。汽车转向时，驾驶员通过转向盘带动转向蜗杆（主动件）转动，与其相啮合的指销（从动件）一边自转，一边以曲柄为半径绕摇臂轴轴线在蜗杆的螺纹槽内作圆弧运动，从而带动曲柄，进而带动转向摇臂摆动，并通过转向传动机构使汽车转向轮偏转而实现汽车转向。

三、转向传动机构

转向传动机构是将转向器输出的力和运动传给转向车轮，并使左右车轮按照一定关系进行偏转的机构。按照悬架的结构形式的不同，可分为与非独立悬架配用的转向传动机构、独立悬架配用的转向传动机构两大类。

1. 转向传动机构的基本组成

转向传动机构主要由转向摇臂、转向直拉杆、转向节（包括转向节臂和梯形臂）、转向横拉杆等组成。

(1) 转向摇臂

转向摇臂（也称转向垂臂）连着转向器和转向直拉杆，同时支撑转向直拉杆。转向盘和转向器的运动传给转向摇臂，再由转向摇臂传给转向机构，使前轮转向。如图 9-2-11 所示为常见转向摇臂的结构形式。

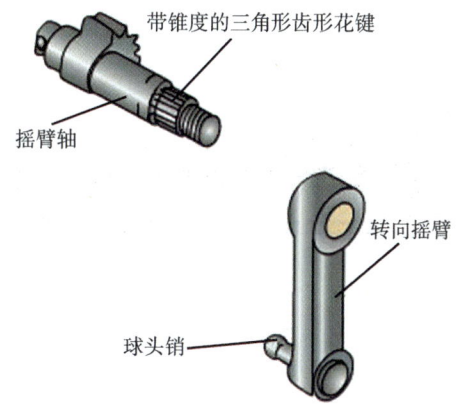

图 9-2-11　转向摇臂

其大端具有三角形细花键锥形孔，用以与转向摇臂轴外端相连接，并用螺母固定；其小端带有球头销，以便与转向直拉杆作空间铰链连接。转向摇臂安装后从中间位置向两边摆动的角度应大致相等，故在把转向摇臂安装到摇臂上时，两者相应的角位置应正确。为此，在摇臂大孔外端和摇臂轴外端有装配标记，装配时应将标记对齐。

(2) 转向直拉杆

转向直拉杆是连接转向摇臂和转向节臂的杆件，如图 9-2-12 所示。

直拉杆体由两端扩大了的钢管制成。在扩大的端部里，装有由球头销、球头座、弹簧座、压缩弹簧和螺塞等组成的球铰链。球头销的锥形部分与转向摇臂连接，并用螺母固定；球头部分的两侧与两个球头座配合，前球头座压靠在端部螺塞上，后球头座在弹簧的作用下压靠在球头座上，这样，两个球头座就将球头紧紧夹持住。为保证球头与座的润滑，可从油嘴注入润滑脂。

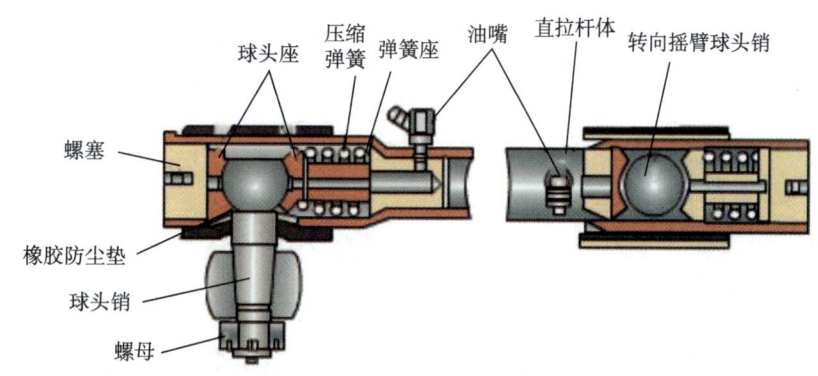

图 9-2-12　转向直拉杆

压缩弹簧能自动消除因球头与座磨损而产生的间隙，并可缓和由转向轮经转向节臂球头销传来的向前的冲击。弹簧座的小端与球头座之间留有不大的间隙，作为弹簧缓冲的余地，并可限制缓冲时弹簧的压缩量。此外，当弹簧折断时，此间隙可保证球头销不会从管孔中脱出。端部螺塞可以调整此间隙。为了使转向直拉杆在受到向前或向后的冲击力时，都有一个弹簧起缓冲作用，两端的压缩弹簧应装在各自球头销的同一侧。

(3) 转向节臂和梯形臂

转向节臂和梯形臂如图 9-2-13 所示。转向直拉杆通过转向节臂与转向节相连。转向横拉杆两端经左、右梯形臂与转向节相连。转向节臂和梯形臂带锥形柱的一端与转向节锥形孔相配合，用键和锁紧螺母防止松动。臂的另一端带有锥形孔，与相应的拉杆球头销锥形柱相配合，同样用螺母紧固后插入开口销将螺母锁住。

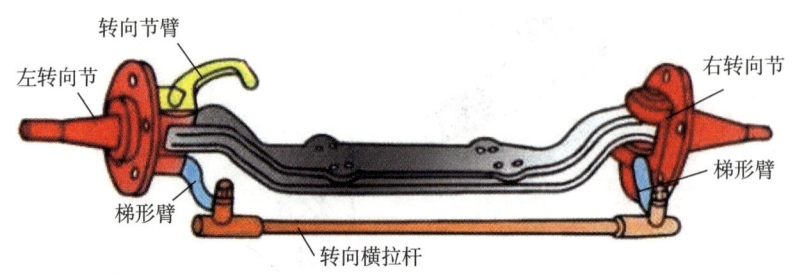

图 9-2-13　汽车转向节臂和梯形臂

(4) 转向横拉杆

转向横拉杆是连接左右梯形臂的杆件，如图 9-2-14 所示。它由横拉杆体和旋装在两端的接头组成，两端的接头结构相同。其中球头销的锥形部分与梯形臂相连。在横拉杆两端的接头上装有由球头销等零件组成的球形铰链。球头销的球头部分被夹在上下球头座内，上、下球头座用聚甲醛制成，有良好的耐磨性。装配时，两球头座的凹凸部分相互嵌合。弹簧通过弹簧座压向球头座，以保证球头销与球头座的紧密接触，并起缓冲作用。其预紧力由螺塞调整。横拉杆体用钢管制成，两端通过螺纹与横拉杆接头旋装连接。接头的螺纹孔壁上开有的轴向切口，具有弹性，旋装到杆体上后可用螺栓夹紧。螺纹一端为左旋，一端为右旋，因此在旋松夹紧螺栓后，转动横拉杆体，即可改变横拉杆的长度，从而调整前轮前束。

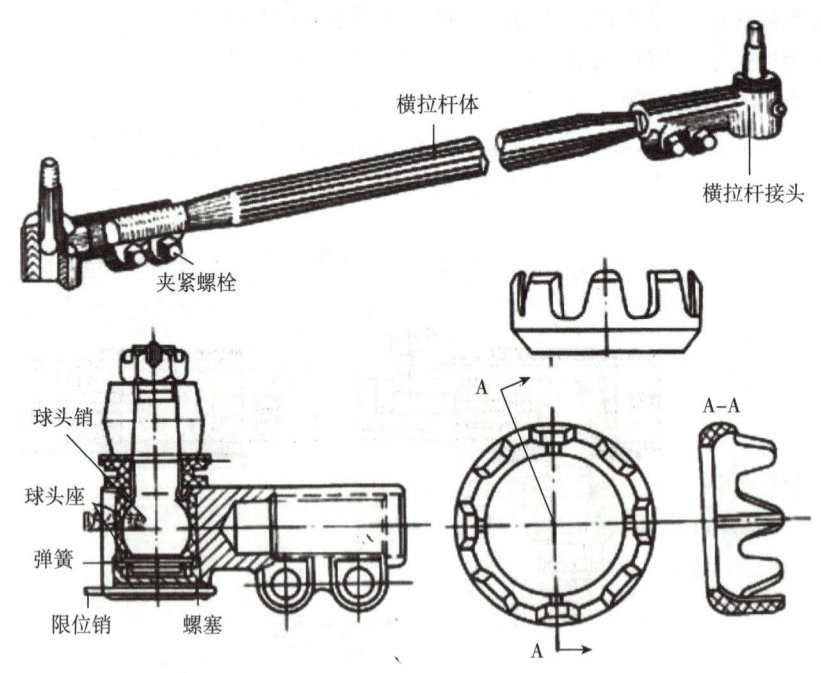

图 9-2-14　转向横拉杆

2. 转向传动机构的工作过程

(1) 与非独立悬架配用的转向传动机构

与非独立悬架配用的转向传动机构，如图 9-2-15 所示，它一般由转向摇臂、转向直拉杆、转向节臂、左右梯形臂和转向横拉杆等组成。各杆件之间都采用球形铰链连接，并设有防止松脱、缓冲吸振、自动消除磨损间隙的结构。

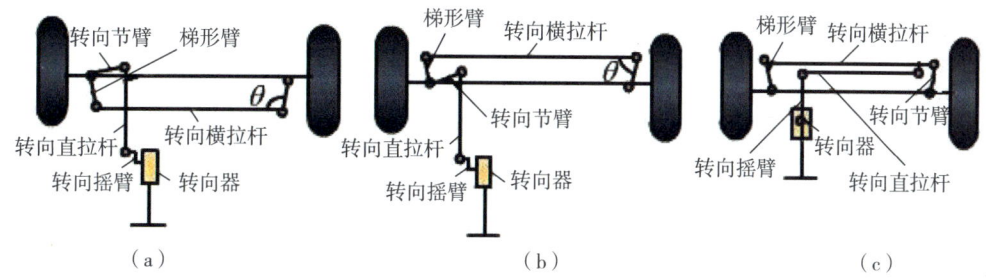

图 9-2-15　与非独立悬架配用的转向传动机构示意图

（2）与独立悬架配用的转向传动机构

当转向轮采用独立悬架时，由于每个转向轮都需要相对于车架（或车身）作独立运动，所以转向桥必须是断开式的。与此相应，转向传动机构中的转向梯形也必须分成两段［图9-2-16（a）］或三段［图9-2-16（b）］。转向摇臂在平行于路面的平面上摆动，直接带动或通过转向直拉杆带动转向梯形运动。

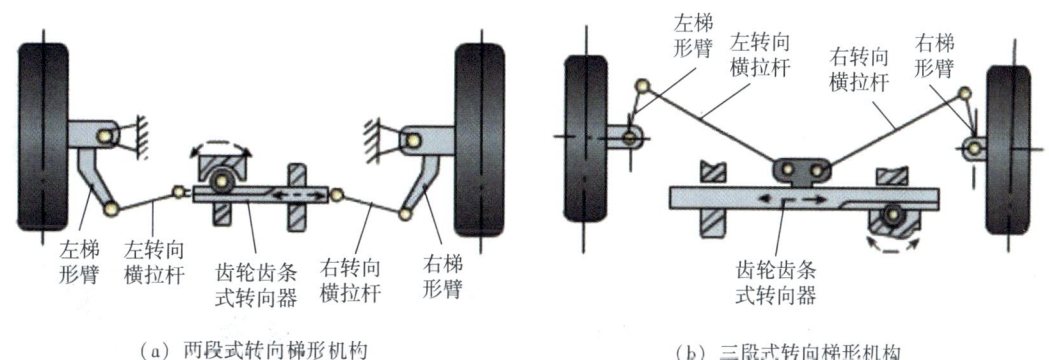

图 9-2-16　与独立悬架配用的转向传动机构

常见的机械转向传动机构如图9-2-17所示。转向器一端输出动力，输出端与转向摇臂连接。转向摇臂下端与转向直拉杆连接，转向直拉杆下端与转向节臂连接。通过调节横拉杆连接螺杆可以改变两根横拉杆总成的长度，以调整前束。为了避免转向轮的摆动、减缓传至转向盘上的冲击和振动，转向器上还装有转向减振器，减振器缸筒端固定在转向器壳体上。

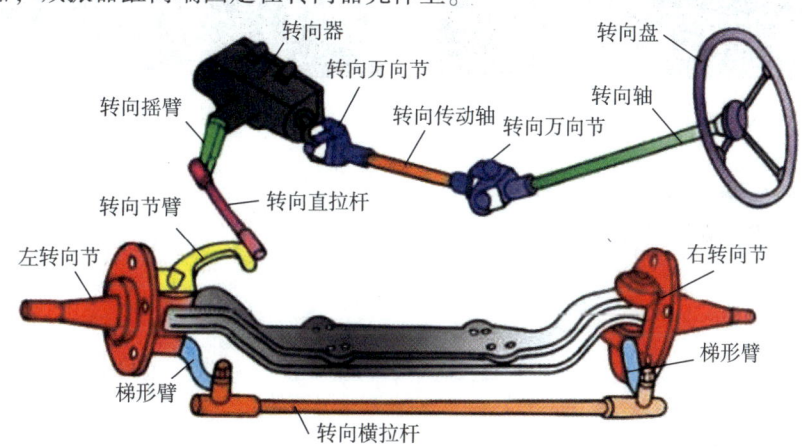

图 9-2-17　轿车转向传动机构的结构

任务三 转向传动机构的拆装与调整

一辆某牌轿车，客户抱怨：感觉转向盘自由行程过大，汽车直线行驶时跑偏、转向轮胎有异常磨损，作为该项目的技师，经过初步检查，你需要对转向传动机构进行拆装与调整。

通过本任务的学习和实践，了解转向传动机构拆装与调整的注意事项，并能对转向传动机构进行拆装与调整。

一、前期准备

安全防护：实训着装、完成设备防护。
工具设备：工具车、工作台、常用维修工具、常用测量工具等。
实训设备：实训车。
辅助资料：维修手册、教材。

二、操作项目及工作要点

1. 转向横拉杆的拆装与检修
（1）确认车辆停放周正，如图9-3-1所示。
（2）预松左前轮胎螺栓，如图9-3-2所示。

导学视频

图9-3-1　确认车辆停放周正

图9-3-2　预松左前轮胎螺栓

（3）举升和顶起车辆，如图9-3-3所示。
（4）拆下左前轮胎，如图9-3-4所示。

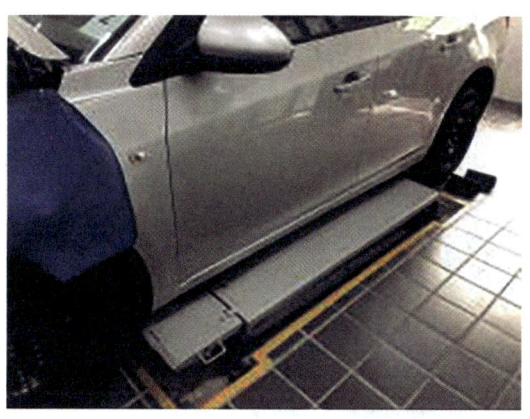

图 9-3-3 举升和顶起车辆

图 9-3-4 拆下左前轮胎

（5）预松转向传动机构内转向横拉杆螺母，如图 9-3-5 所示。

（6）将转向传动机构内转向横拉杆螺母旋松 2 圈，如图 9-3-6 所示。

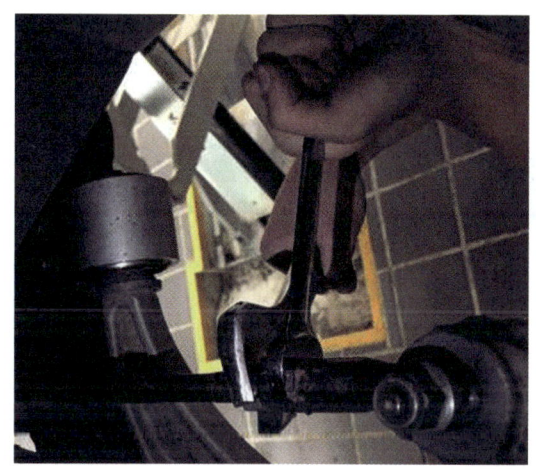

图 9-3-5 预松内转向横拉杆螺母

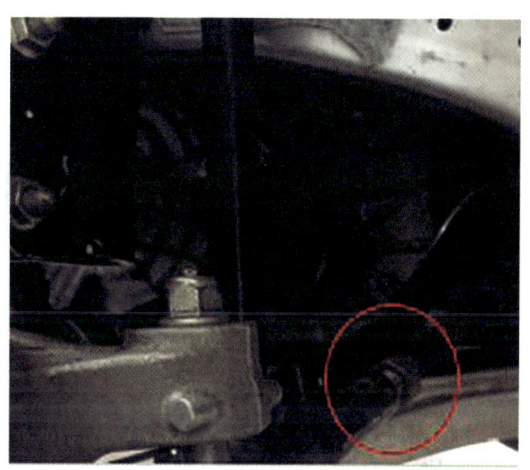

图 9-3-6 将内转向横拉杆螺母旋松 2 圈

（7）预松转向传动机构外转向横拉杆螺母，如图 9-3-7 所示。

（8）拆卸转向传动机构外转向横拉杆螺母，如图 9-3-8 所示。

图 9-3-7 预松外转向横拉杆螺母

图 9-3-8 拆卸外转向横拉杆螺母

（9）使用拔出器将转向传动机构外转向横拉杆从转向节上分离，如图 9-3-9 所示。

(10) 取下转向传动机构外转向横拉杆,如图9-3-10所示。

图9-3-9　使用拔出器分离外转向横拉杆　　　　　图9-3-10　取下外转向横拉杆

(11) 检查转向传动机构外转向横拉杆是否弯曲或螺纹损坏,如图9-3-11所示。
(12) 清洁转向节的锥形表面。

图9-3-11　检查转向传动机构外转向横拉杆是否弯曲或螺纹损坏

(13) 安装转向传动机构外转向横拉杆,如图9-3-12所示。
(14) 安装转向传动机构内转向横拉杆螺母,拧紧转矩35N·m,如图9-3-13所示。

图9-3-12　安装外转向横拉杆　　　　　图9-3-13　安装内转向横拉杆螺母

(15) 安装转向传动机构转向横拉杆螺母,拧紧转矩60N·m,如图9-3-14所示。

（16）安装左前轮螺栓，如图9-3-15所示。

图9-3-14　安装转向横拉杆螺母　　　　　图9-3-15　安装左前轮螺栓

（17）降下车辆，如图9-3-16所示。
（18）紧固左前轮螺栓，如图9-3-17所示。

图9-3-16　降下车辆　　　　　　　　　图9-3-17　紧固左前轮螺栓

（19）检查并调整车轮定位，如图9-3-18所示。
（20）对中转向盘转角传感器。
（21）清洁、整理场地，如图9-3-19所示。

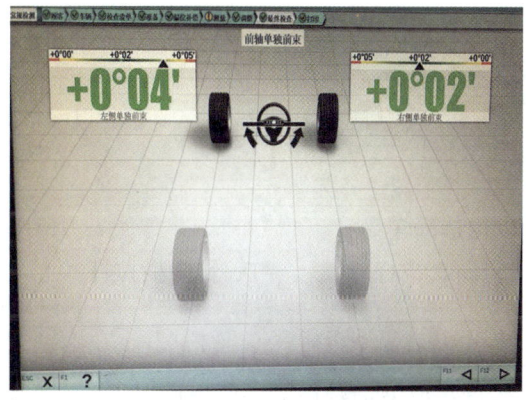

图9-3-18　检查并调整车轮定位　　　　　图9-3-19　清洁、整理场地

三、任务考核

转向传动机构的拆装与调整评分标准。

序号	作业项目	考核内容	配分	评分标准	扣分	得分
1	前期准备	清理工位及工位布置，设备的外观检查	10	未清理工位扣5分，未对设备进行外观和安全检查扣5分		
2	零部件拆卸	能否正确按照维修手册的要求进行拆卸并按照规定摆放	20	未按照维修手册进行拆卸工作，每次扣2分		
3	零部件清洁	能否正确按照维修手册的要求进行零件的清洁	10	每一个元件未按照维修手册要求进行清洁扣2分		
4	零部件检测	能否正确利用维修资料完成零部件的检测，并分析得出结论和维修建议	20	不能正确利用维修资料完成零部件的检测每项扣5分，测量条件不正确每一次扣5分，结论或维修建议错误每次扣5分		
5	零部件安装	能否正确按照维修手册的要求进行安装并按照规定进行紧固	20	未按照维修手册进行安装工作，包括紧固角度、转矩值错误等，每次扣2分		
6	维修资料使用	能否正确使用维修资料	10	不会使用维修资料扣10分，使用不熟练扣5分		
7	6S现场管理	遵守实训室安全操作规范，无人身伤害和设备损坏	10	每单项扣5分，扣完为止。因违规操作发生人身伤害和设备损坏，此项不得分		
		合计	100			

一、填空题

1. 汽车转向系统按转向动力源的不同，分为_____和_____两大类。
2. 转向操纵机构是驾驶员操纵转向器的工作机构，主要由_____、_____、_____和万向传动装置构成。
3. 转向盘由_____、_____和_____3部分组成。
4. 转向盘自由行程指的是转向盘在空转阶段中的_____。
5. 齿轮齿条式转向器，它主要由_____、_____和_____等组成。

二、单项选择题

1. 采用齿轮、齿条式转向器时，不需（　　），所以构造简单。
  A. 转向节臂　　　B. 转向摇臂　　　C. 转向直拉杆　　　D. 转向横拉杆
2. （　　）是转向系统的减速传动装置。
  A. 转向器　　　B. 转向盘　　　C. 转向横拉杆　　　D. 转向节
3. （　　）是连接汽车左右梯形臂的杆件，它与左右梯形臂及前轴构成转向梯形机构。
  A. 转向摇臂　　　B. 转向直拉杆　　　C. 转向横拉杆　　　D. 转向盘
4. 在机械转向系中，转向所需的能源源于（　　）。

A. 发动机动力   B. 驾驶员体能   C. A、B 均有   D. A、B 均无

三、判断题（对的画"√"，错的画"×"）

1. 转向盘自由行程对于缓和路面冲击及避免驾驶员过度紧张都是有利的，可以过大，且不会影响转向灵敏性。（　　）
2. 汽车的转弯半径越小，则汽车的转向机动性能越好。（　　）
3. 汽车的轴距越小，则转向机动性能越好。（　　）
4. 可逆式转向器的自动回正能力比极限可逆式转向器稍差一些。（　　）
5. 转向横拉杆两端的螺纹一般均为右旋。（　　）
6. 转向横拉杆是连接左右梯形臂的杆件。（　　）

四、简答题

1. 简述汽车转向系统的功用。
2. 简述转向传动机构的作用。
3. 简述机械转向系统的组成和功用。
4. 简述转向横拉杆的拆装与检修过程。

项目十　动力转向系统的构造与拆装

知识目标：
- 掌握不同类型动力转向系统的结构特点。
- 掌握液压助力转向系统的组成和工作原理。
- 掌握电动助力转向系统的组成和工作原理。
- 熟悉电动助力转向系统的电路。

技能目标：
- 能够在实训车或底盘台架上快速准确地对液压助力转向系统主要部件进行认知。
- 能够选用合适的工具按照技术规范对电动助力转向系统主要部件进行拆装。
- 能够正确按照维修资料的要求对电动助力转向系统进行故障诊断与排除。

职业素养目标：
- 及时反思总结，在训练中积累经验。
- 养成组员之间互相协作的能力。
- 养成安全文明操作的习惯。
- 严格执行6S现场管理（SEIRI——整理、SEITON——整顿、SEISO——清扫、SEIKETSU——清洁、SHITSUKE——素养、SECURITY——安全），养成良好的职业习惯。

任务一　液压助力转向系统的构造

一、动力转向系统概述

（一）动力转向系统的定义

动力转向系统（Power Steering System）是依靠驾驶员的体力和与其他动力合作作为转向能源的转向系统。动力转向系统分液压动力转向系和电动助力转向系两类。

（二）动力转向系统的作用

动力转向系统用以将发动机输出的部分机械能转化为压力能（液压能或气压能），并在驾驶员控制下，对转向传动装置或转向器中某一传动件施加不同方向的液压或气压作用力，以减轻驾驶员的转向操纵力，这一系统称为动力转向。采用动力转向系的汽车转向所需的能量，在正常情况下，只有小部分是驾驶员提供的体能，而大部分是发动机驱动的油泵（或空气压缩机）所提供的液压能（或气压能）。

（三）动力转向系统的分类

在转向系统中普及率较高的有液压助力转向（HPS）、电控液压助力转向（EHPS）和电动助力转向（EPS）。

1. 液压助力转向（HPS）

液压助力转向（HPS）已发展了近一个世纪，技术成熟、成本低廉，如图10-1-1所示。但是这种助力转向缺点也很明显，它会消耗发动机功率，并且结构复杂，泵、管路、液压缸都需要定期维护保养，液压泵转子与液压油之间的损耗会产生很大的能量损失，而液压泵在不转向时也会消耗能量，因此目前在小型轿车中已被淘汰。

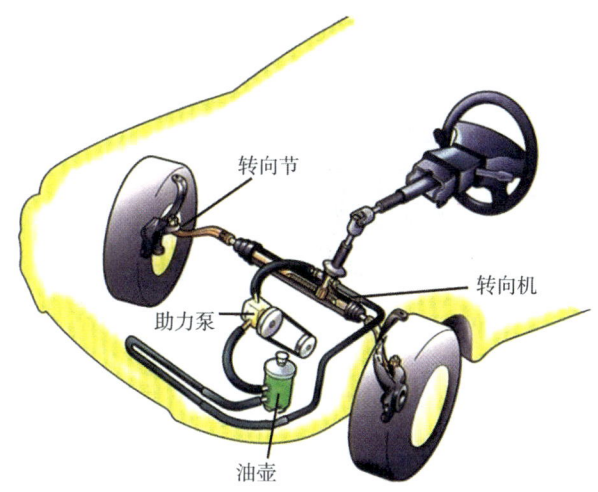

图10-1-1　液压助力转向系统（HPS）

2. 电控液压助力转向（EHPS）

电控液压助力转向（EHPS）虽比传统的液压助力转向先进一些，引入了电控装置，可随速度调节助力力度，不过它依旧靠发动机驱动，这就意味着它的能耗并未降低，并且不便于实现精确控制，如图10-1-2所示。

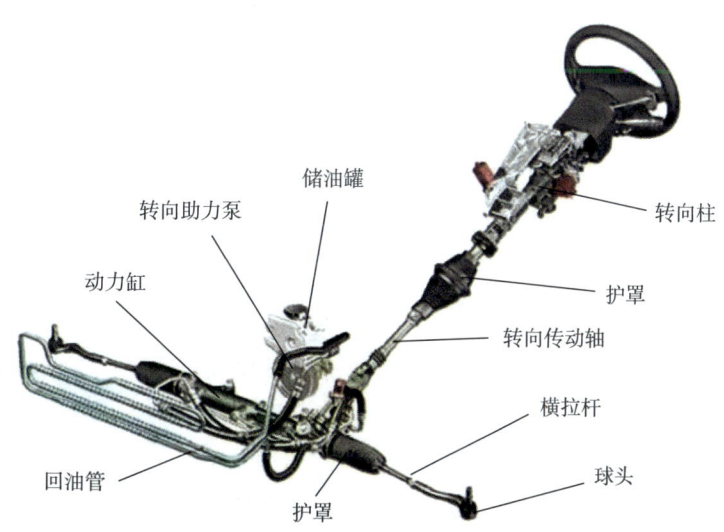

图10-1-2　电控液压助力转向（EHPS）

3. 电动助力转向（EPS）

电动助力转向（EPS）是在上述两种助力机构的基础上发展起来的，它采用独立电机直接提供助力，助力的大小由电控单元根据车速快慢进行控制，如图10-1-3所示。它具有节能、环保（可相应降低排放）、高安全性等特点，目前大范围装备到轿车中，也是未来动力转向技术的发展方向之一。

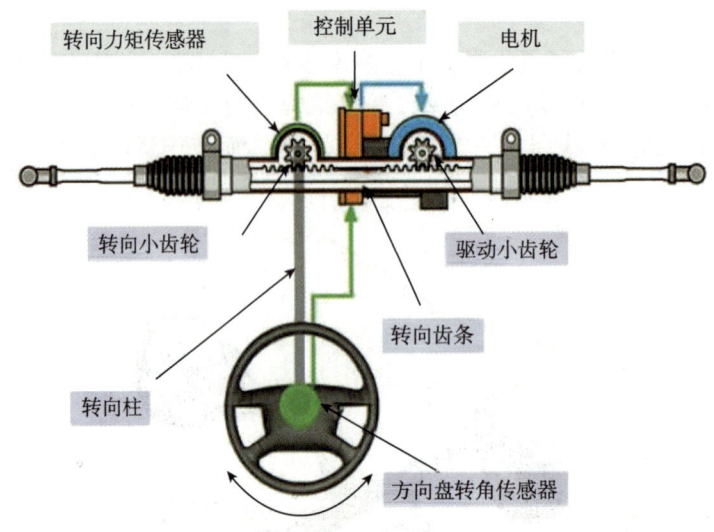

图 10-1-3　电动助力转向（EPS）

电动助力转向有效地解决了车辆在操纵稳定性和转向盘转向手感方面的问题，具有兼顾低速转向轻便性和高速增强路感的优点。

（四）对动力转向系统的要求

动力转向系统由于使转向操纵灵活、轻便，在设计汽车时对转向器结构形式的选择灵活性增大，能吸收路面对前轮产生的冲击等优点，因此已在各国的汽车制造中普遍采用。但是，具有固定放大倍率的动力转向系统的主要缺点是：如果所设计的固定放大倍率的动力转向系统是为了减小汽车在停车或低速行驶状态下转动转向盘的力，则当汽车以高速行驶时，这一固定放大倍率的动力转向系统会使转动转向盘的力显得太小，不利于对高速行驶的汽车进行方向控制；反之，如果所设计的固定放大倍率的动力转向系统是为了增加汽车在高速行驶时的转向力，则当汽车停驶或低速行驶时，转动转向盘就会显得非常吃力。电子控制技术在汽车动力转向系统的应用，使汽车的驾驶性能达到令人满意的程度。电子控制动力转向系统在低速行驶时可使转向轻便、灵活；当汽车在中高速区域转向时，又能保证提供最优的动力放大倍率和稳定的转向手感，从而提高了高速行驶的操纵稳定性。

二、液压动力转向系统

（一）液压动力转向系统的类型和组成

汽车液压动力转向系统根据系统内部的压力分为：常压式液压助力转向系统和常流式液压助力转向系统。

1. 常压式液压助力转向系统

常压式液压助力转向系统由转向油罐、转向液压泵、储能器、转向控制阀、转向动力缸、机械转向器等组成，如图 10-1-4 所示。

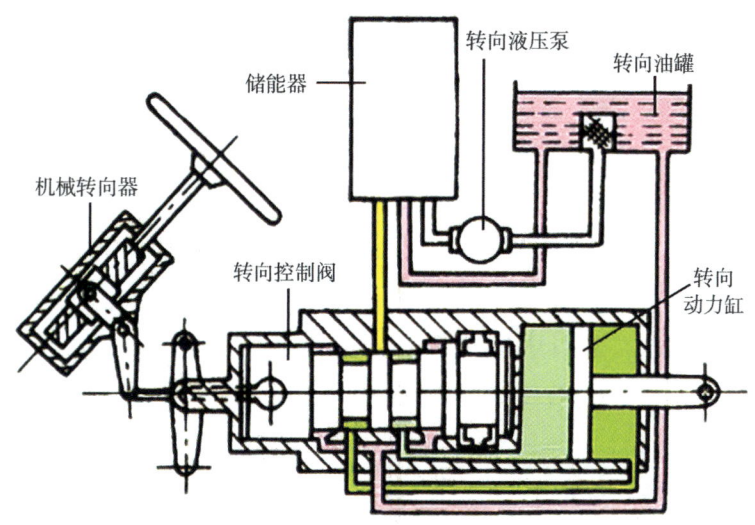

图 10-1-4 常压式液压助力转向系统

其特点是无论转向盘处于中立位置还是转向位置,也无论转向盘保持静止还是运动状态,系统工作管路中总是保持高压。

不转向时,转向控制阀处于关闭状态,只要转向,系统就给转向动力缸提供压力,转向控制阀壳体与车轮有连接关系,壳体与阀同向运动,反应迅速。

2. 常流式液压助力转向系统

常流式液压助力转向系统由转向油罐、转向液压泵、转向控制阀、转向动力缸、机械转向器、安全阀、单向阀等组成,如图 10-1-5 所示。

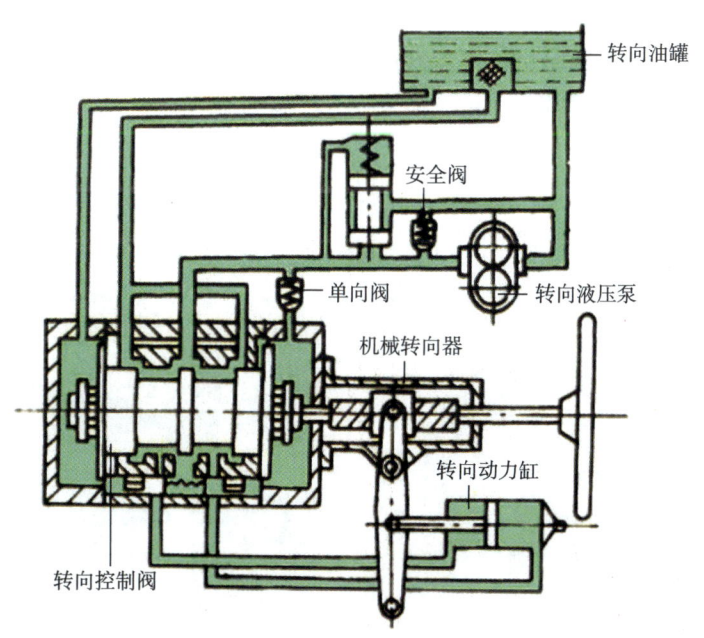

图 10-1-5 常流式液压助力转向系统

其特点是转向油泵始终处于工作状态,但液压助力系统不工作时,基本处于空转状态。

不转向时,转向控制阀保持开启,活塞两边与低压管路接通,转向油泵基本处于空转状态,系统中压力很小。

转向时,动力缸的工作腔与油泵相通,而与回油管路隔绝,另一腔与油泵隔绝,与回油管路相同,建立压力。

3. 常压式与常流式液压助力转向系统的比较

(1) 常压式液压助力转向系统

①优点

系统中一直存在油压,响应快;用储能器积蓄能量,可使用较小的油泵;油泵不运转情况下,可以保持一定的转向加力能力。

②缺点

容易引起压力漏油;油泵总要保持系统的压力,会降低油泵的寿命;储能器占用一定的空间;燃油消耗率高。

③应用

只在少数重型汽车上有应用。

(2) 常流式液压助力转向系统

①优点

构造简单;油泵寿命长;泄漏少;消耗功率低。

②缺点

转向后才建立系统压力,响应慢;为提高相应的速度需要使用较大的油泵。

③应用

广泛用于各种汽车,目前汽车上使用的多是常流式液压助力转向系统。

(二) 液压助力转向系统的转向控制阀

按构造进行分类,转向控制阀可分为滑阀式转向控制阀和转阀式转向控制阀两种。

1. 滑阀式转向控制阀

阀体沿轴向移动来控制油液流量的转向控制阀,称为滑阀式转向控制阀,简称滑阀。滑阀式转向控制阀的特点是:靠阀体的移动控制油液流量,需要较大的轴向安装和运动空间。如图10-1-6(a)所示为常流式滑阀,如图10-1-6(b)所示为常压式滑阀。

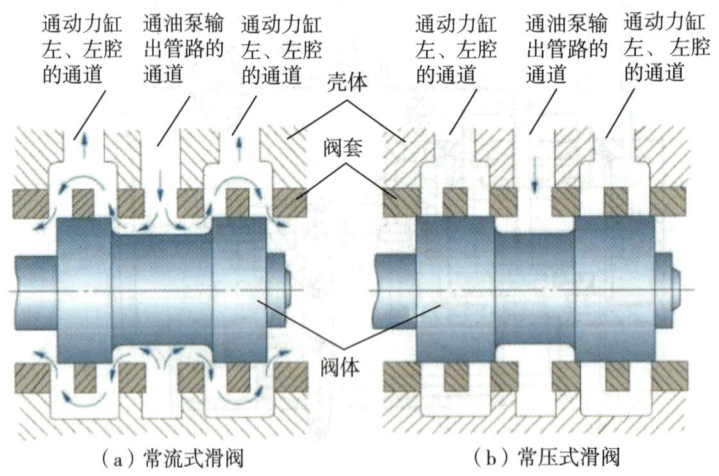

图 10-1-6 常流式滑阀的结构和工作原理

当阀体处于中间位置时,阀体两个凸棱边与阀套的环槽形成4条缝隙,中间的两个缝隙分别与动力缸的左右腔相通,两边的两个缝隙与回油道相通。实际上,阀体移动并未将缝隙完全堵住时,一侧缝隙增大,另一侧缝隙减小就可以在动力缸活塞两侧形成压力差,并实现助力作用,此压力差随阀体与阀套进一步地相对移动将变大。

常压阀与常流阀的工作原理相同,仅仅是凸棱的宽度不一样。

2. 转阀式转向控制阀

阀体绕其轴线转动来控制油液流量的转向控制阀,称为转阀式转向控制阀,如图 10-1-7 所示。转阀式转向控制阀的特点是:靠阀体的转动控制油液流量,体积小,容易小型化,加工要求精度高。

转阀构造:4 个连通的进油通道 A;4 个通道 B、C 与动力缸的左右腔相连;低压腔 D。

当阀体转过一个角度后,阀体封闭 B 和 C 中的一个通道,打开另一个通道。

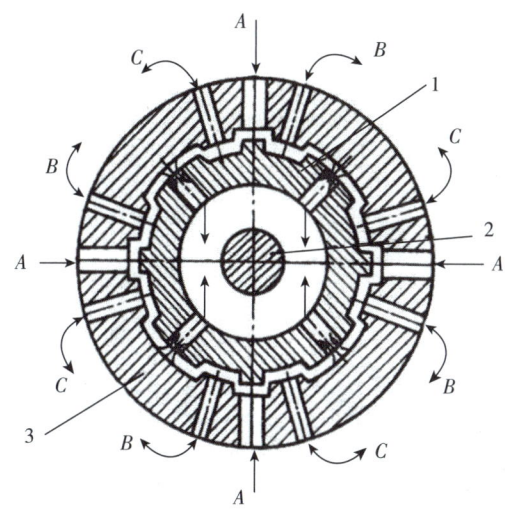

图 10-1-7 转阀式转向控制阀

(三)常流式液压助力转向系统的布置方案

常流式助力转向系统的布置方案,按动力转向器、转向控制阀和动力缸三者的组合及位置关系进行分类,可分为 3 种,如图 10-1-8 所示。

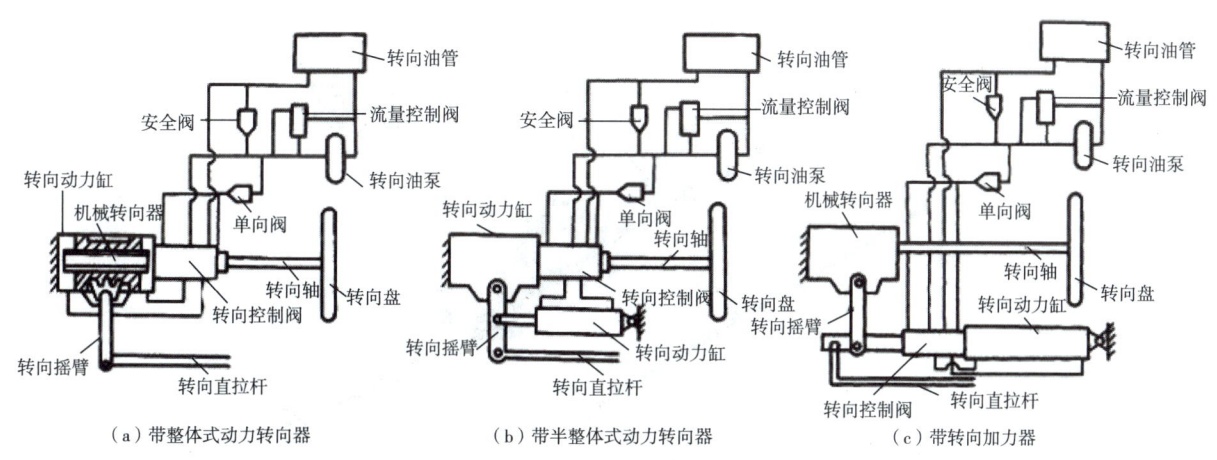

图 10-1-8 常流式液压助力转向系统

1. 带整体式助力转向器的液压助力转向系统

转向控制阀、转向动力缸与助力转向器被组合成一个整体,安装在转向轴的下端。这种转向装置构造紧凑,输油管路简单,在汽车上的布置也容易,在轿车上有广泛应用。

2. 带半整体式助力转向器的液压助力转向系统

转向控制阀和助力转向器组合成一个部件,而转向动力缸则作为独立部件。

3. 带转向加力器的液压助力转向系统

动力转向器作为独立件,控制阀和助力缸组合成一个部件,称为转向加力器。

(四) 整体式助力转向器的构造及其工作原理

目前,国产轿车上大部分都采用了整体式助力转向器,整体式助力转向器的齿轮齿条式动力转向器、转向动力缸和转阀式转向控制阀设计成一体,如图10-1-9和图10-1-10所示。

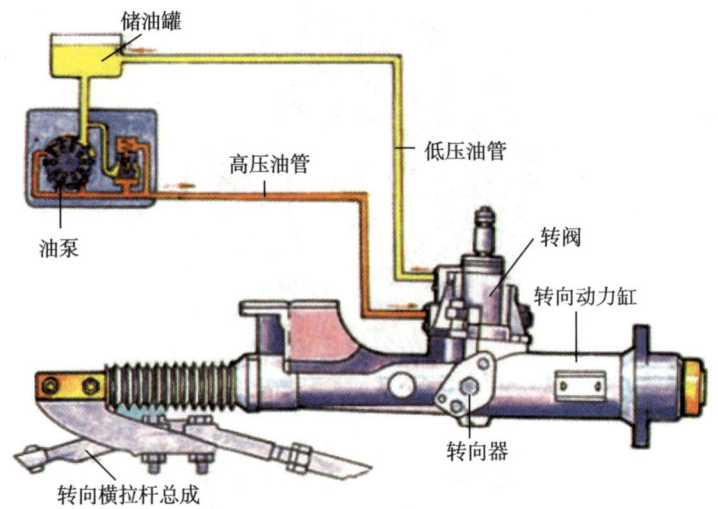

图 10-1-9 整体式动力转向器示意图

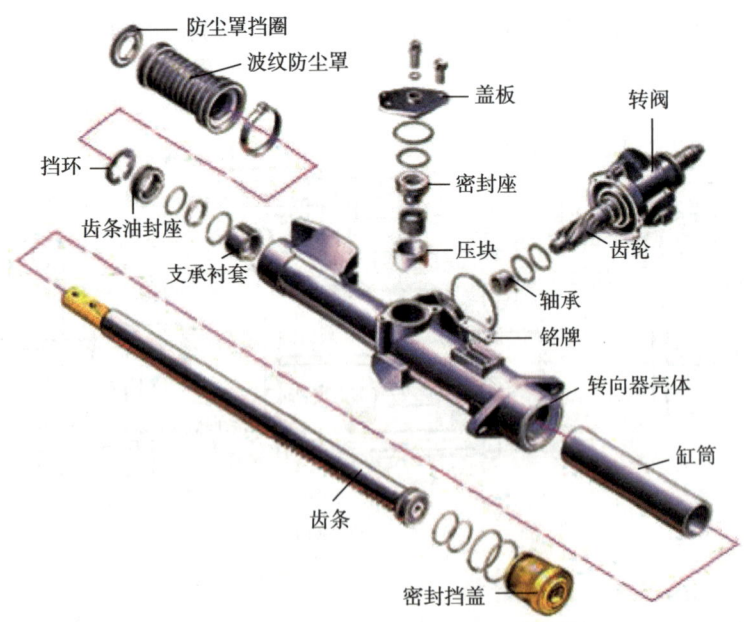

图 10-1-10 整体式动力转向器的构造

转向控制阀的阀芯与转向轴的末端相连,扭杆用销与阀芯连接,用销与转向齿轮连接,阀套和转向齿轮加工成一体,因而转向轴通过扭杆带动转向齿轮转动。转向助力缸活塞与转向齿条制成一体,活塞

（8）故障排除后的故障现象确认，起动发动机，转动转向盘，转向轻便，故障现象消失，恢复正常功能。

（9）重新读取故障码，读取数据流，无异常，如图10-3-20所示。

（10）清洁、整理场地，如图10-3-21所示。

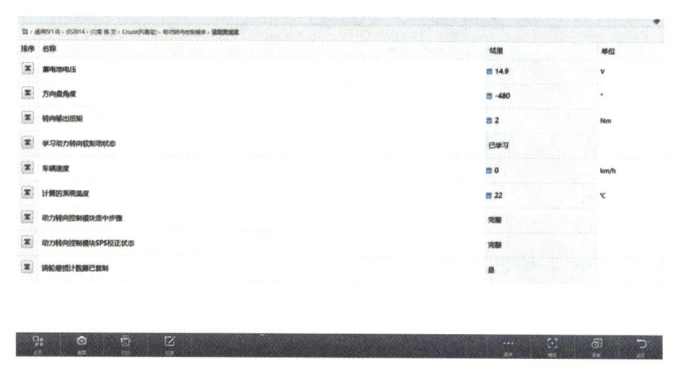

图 10-3-20 读取数据流

图 10-3-21 清洁、整理场地

三、任务考核

电动助力转向系统的故障诊断与排除评分标准。

序号	作业项目	考核内容	配分	评分标准	扣分	得分
1	前期准备	清理工位及工位布置，设备的外观检查	10	未清理工位扣5分，未对设备进行外观和安全检查扣5分		
2	电动助力转向系统的自诊断	能否正确按照维修手册和技术规范的要求进行电动助力转向系统的自诊断	35	未按照维修手册和技术规范进行电动助力转向系统的自诊断，每次扣5分		
3	电动助力转向系统的故障诊断与排除	能否正确按照维修手册和技术规范的要求进行电动助力转向系统的故障诊断与排除	35	未按照维修手册和技术规范的要求进行电动助力转向系统的故障诊断与排除，每次扣5分		
4	维修资料使用	能否正确使用维修资料	10	不会使用维修资料扣10分，使用不熟练扣5分		
5	6S现场管理	遵守实训室安全操作规范，无人身伤害和设备损坏	10	每单项扣5分，扣完为止。因违规操作发生人身伤害和设备损坏，此项不得分		
		合计	100			

一、填空题

1. 动力转向系统分_____和_____两类。
2. 液压动力转向中的加力装置由_____、_____、_____和_____构成。
3. 动力转向器由_____、_____和_____3部分组成。
4. 齿轮齿条式转向器传动副的主动件是_____，从动件是_____。
5. 液压动力转向系中的转向控制阀可分为_____和_____。

6. 电动助力转向系统由_____和_____组成。

7. 根据电动机布置位置的不同，电动转向系统可以分为_____、_____和_____三种。

二、单项选择题

1. 采用齿轮、齿条式转向器时，不需（　　），所以构造简单。
   A. 转向节臂　　　　　B. 转向摇臂　　　　　C. 转向直拉杆　　　　　D. 转向横拉杆

2. 循环球式转向器中的转向螺母可以（　　）。
   A. 转动　　　　　　　B. 轴向移动　　　　　C. A、B均可　　　　　　D. A、B均不可

3. 转矩传感器是测量驾驶员作用在转向盘上力矩的（　　）与方向。
   A. 强度　　　　　　　B. 大小　　　　　　　C. 位置　　　　　　　　D. 倾角

4. 电动助力转向装置由（　　）、车速传感器、电子控制单元（ECU）、电动机和减速机构组成。
   A. 转矩传感器　　　　B. 温度传感器　　　　C. 转速传感器　　　　　D. 湿度传感器

三、判断题（对的画"√"，错的画"×"）

1. 车速传感器的转子一般安装在变速器输出轴上或车轮上，永久磁铁和电磁感应线圈安装在变速器壳体上或驱动桥壳。（　　）

2. 汽车的转弯半径越大，则汽车的转向机动性能越好。（　　）

3. 电动助力转向系统的减速机构与电动机相连，起增速减扭作用。（　　）

4. 蜗轮蜗杆减速机构一般应用在转向轴助力的电动助力转向系统上。（　　）

5. 车速传感器有电磁感应式、霍尔式、光电式等多种形式。（　　）

6. 转矩传感器有接触式与非接触式两种。（　　）

四、简答题

1. 简述动力转向系统的作用。

2. 简述电动助力转向系统的结构。

3. 简述电动助力转向系统的工作原理。

4. 简述电动助力转向系统故障诊断与排除的过程。

项目十一　制动器的构造与拆装

知识目标：
- 掌握制动系统的功用与组成。
- 掌握各类型制动器的构造和工作原理。
- 掌握鼓式车轮制动器的类型、构造及特点。
- 掌握盘式车轮制动器的类型、构造及特点。

技能目标：
- 能够在实训车或底盘台架上快速准确地对制动系统主要部件进行认知。
- 能够选用合适的工具按照技术规范对鼓式、盘式制动器进行拆装。
- 能够正确按照维修资料的要求对鼓式、盘式制动器进行检修。

职业素养目标：
- 及时反思总结，在训练中积累经验。
- 养成组员之间互相协作的能力。
- 养成安全文明操作的习惯。
- 严格执行6S现场管理（SEIRI——整理、SEITON——整顿、SEISO——清扫、SEIKETSU——清洁、SHITSUKE——素养、SECURITY——安全），养成良好的职业习惯。

任务一　汽车制动系统概述

一、制动系统的功用

制动系统主要有以下功用：按照需要使汽车减速或在最短距离内停车；下坡行驶时保持车速稳定；使停驶的汽车可靠驻停。

当汽车行驶在宽阔平坦、车流和人流又较少的路况下，可以通过高速行驶提高运输生产效率。但汽车行驶过程中也会遇到复杂多变的路面状况，如进入弯道、行经不平道路、两车交会、突遇障碍物等，为了保证行驶安全，就要求汽车在尽可能短的距离内将车速降低，甚至停车。

此外，汽车下长坡时，在重力产生的下滑力作用下，汽车有不断加速到危险程度的趋势，此时应将车速限定在安全值内，并保持相对稳定；对停驶的车辆，特别是在坡道上停驶的汽车应使之可靠地驻留原地不动。

二、制动系统的组成

为完成汽车制动系统的作用，现代汽车上一般设有以下几套独立的制动系统。

1. 行车制动系统

用于使行驶中的车辆减速或停车，制动器安装在全部的车轮上，通常由驾驶员用脚操纵。典型的汽车行车制动系统由制动踏板、真空助力增压器、制动主油缸、盘式或鼓式制动器,以及前后制动液压系统等组成,如图11-1-1所示。

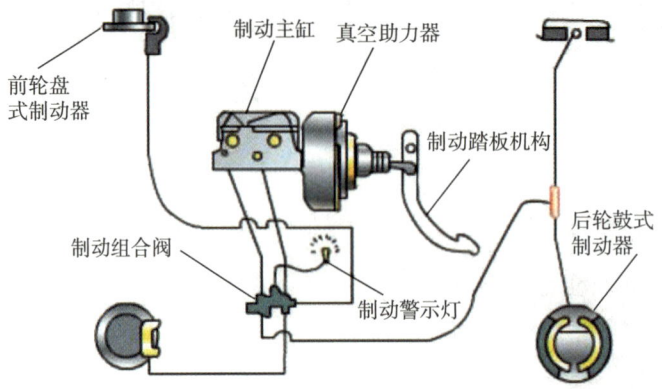

图11-1-1 典型汽车行车制动系统的组成

2. 驻车制动系统

用于使停驶的汽车驻留原地,常由驾驶员用手操纵,如图11-1-2所示。

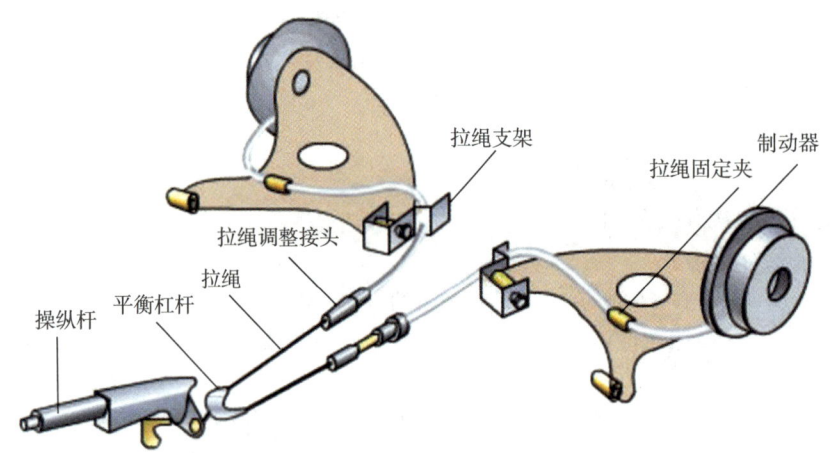

图11-1-2 驻车制动系统

3. 应急制动、安全制动和辅助制动系统

应急制动装置是用独立的管路控制车轮的制动器作为备用系统,其作用是当行车制动装置失效的情况下保证汽车仍能实现减速或停车。

安全制动装置是当制动气压不足时起制动作用,使车辆无法行驶。

辅助制动装置是为了下长坡时减轻行车制动器的磨损而设置的,其中利用发动机排气制动应用最广泛。

汽车上设置有彼此独立的制动系统,它们起作用的时刻不同,但它们的组成却是相似的。它们一般由以下4个部分组成。

(1)供能装置:包括供给、调节制动所需能量和改善传能介质状态的各种部件,如气压制动系统中的空气压缩机、液压制动系统中的制动泵。

(2)控制装置:包括产生制动动作和控制制动效果的各种部件,如制动踏板等。

(3)传动装置:将驾驶员或其他动力源的作用力传到制动器,同时控制制动器的工作,从而获得所需的制动力矩。其包括将制动能量传输到制动器的各个部件,如制动主缸、制动轮缸等。

(4)制动器:产生阻碍车辆的运动或运动趋势的力的部件。

间隙过小易造成制动解除不彻底；但间隙过大又将使制动踏板行程过大以致使驾驶员操作不便，同时也会推迟制动器起作用的时刻。但是在制动过程中，摩擦片的不断磨损必将导致此间隙逐渐增大。因此，各种形式的制动器均设有检查、调整此间隙的装置。

定位调整装置的作用是保持和调整制动蹄和制动鼓之间处于正确的相对位置。

二、鼓式车轮制动器的类型

1. 领从蹄式制动器

在制动鼓正向旋转和反向旋转时，都有一个领蹄和一个从蹄的制动器即称为领从蹄式制动器，如图11-2-3所示。制动时两活塞施加的促动力相等。制动时，领蹄和从蹄在促动力 F 的作用下，分别绕各自的支承点旋转到紧压在制动鼓上。旋转着的制动鼓即对两制动蹄分别作用着法向反力 F_1 和 F_2，以及相应的切向反力 T_1 和 T_2。

可见，领蹄上切向合力 T_1 所造成的绕支点的力矩与促动力 F 所造成的绕同一支点的力矩是同向的。所以力 T_1 的作用结果是使领蹄1在制动鼓上压得更紧从而力 T_1 也更大。这表明领蹄具有"增势"作用。相反，从蹄具有"减势"作用。故两制动蹄对制动鼓所施加的制动力矩不相等。

倒车制动时，虽然蹄2变成领蹄，蹄1变成从蹄，但整个制动器的制动效能还是同前进制动时一样。在领从式制动器中，两制动蹄对制动鼓作用力 F_1 和 F_2 的大小是不相等的，因此在制动过程中对制动鼓产生一个附加的径向力。

凡制动鼓所受来自两蹄的法向力不能互相平衡的制动器称为非平衡式制动器。

2. 单向双领蹄式制动器

在制动鼓正向旋转时，两蹄均为领蹄的制动器称为双领蹄式制动器，如图11-2-4所示。双领蹄式制动器与领从蹄式制动器在结构上主要有两点不相同，一是双领蹄式制动器的两制动蹄各用一个单活塞式轮缸，而领从蹄式制动器的两蹄共用一双活塞式轮缸；二是双领蹄式制动器的两套制动蹄、制动轮缸、支承销在制动底板上的布置是中心对称的，而领从蹄式制动器中的制动蹄、制动轮缸、支承销在制动底板上的布置是轴对称布置的。在制动鼓正向旋转时，两蹄均为领蹄的制动器，可提高前进方向的制动效能。倒车制动时，该制动器两制动蹄变为从蹄，制动效能下降很多。

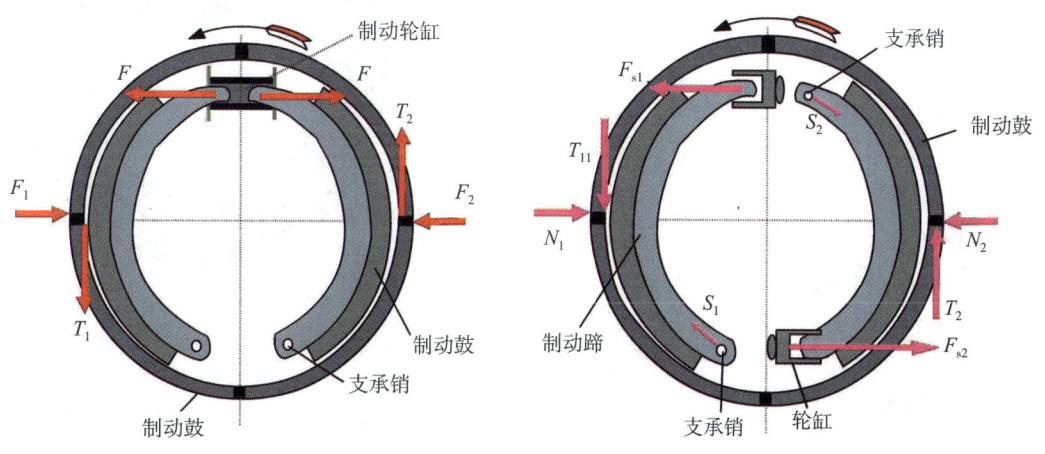

图11-2-3 领从蹄式制动器　　　　图11-2-4 单向双领蹄式制动器

3. 双向领蹄式制动器

无论是前进制动还是倒车制动，两制动蹄都是领蹄的制动器的称为双向双领蹄式制动器，如图11-2-5所示。与领从蹄式制动器相比，双向双领蹄式制动器在结构上有三个特点，一是采用两个双活塞式制动轮缸；二是两制动蹄的两端都采用浮式支承，且支点周向位置也是浮动的；三是制动底板上的所有固定元件，如制动蹄、制动轮缸、回位弹簧等都是成对的，而且既按轴对称、又按中心对称布置。

在前进或倒车行驶时，两制动蹄都为领蹄的制动器，可使前进、倒车行驶两方向制动效能相同。结构上前进变倒车行驶时两蹄支承点和促动力作用点互换位置。

4. 单向自增力式制动器

浮动顶杆浮支于两蹄下端，单活塞式轮缸只作用于第一蹄上，如图 11-2-6 所示。前进制动时，轮缸活塞加力于第一蹄，第二蹄受力于浮动顶杆，受力分析可知第二蹄产生制动力矩远大于第一蹄（两蹄均为领蹄）。倒车行驶时制动，两蹄均为领蹄，但力臂大大减小，故制动效能较低。

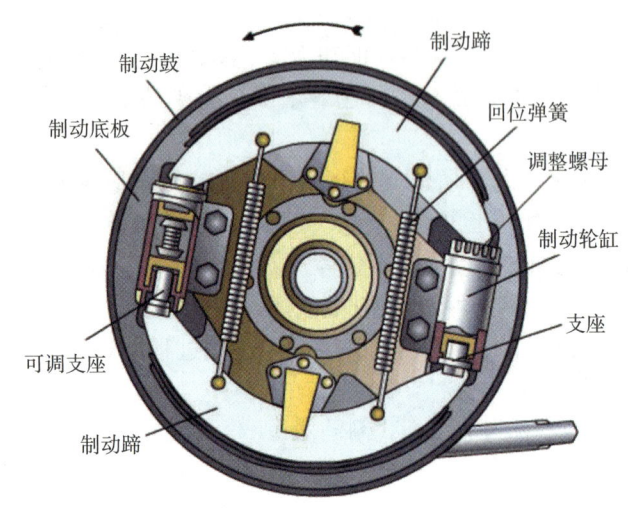

图 11-2-5　双向领蹄式制动器

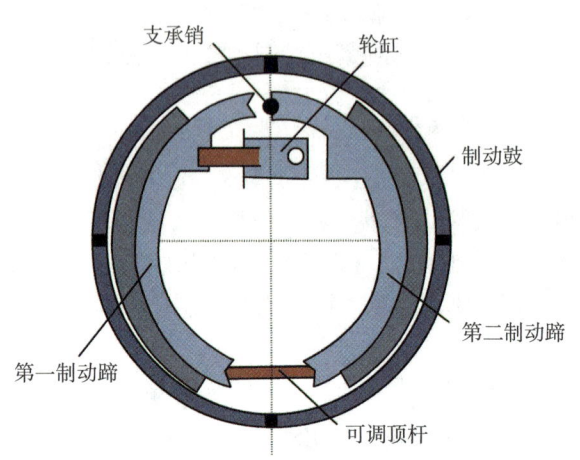

图 11-2-6　单向自增力式制动器

5. 双向自增式制动器

双向自增式制动器的制动鼓正向、反向旋转时均能借蹄鼓摩擦起作用，如图 11-2-7 所示。

不制动时，两制动蹄的上端在回位弹簧的作用下浮支在支承销上，两制动蹄的下端在拉簧的作用下浮支在浮动的顶杆两端的凹槽中。

汽车前进制动时，制动轮缸的两活塞向两端顶出，使前后制动蹄离开支承销并压紧到制动鼓上，于是旋转着的制动鼓与两制动蹄之间产生摩擦作用。由于顶杆是浮动的，前后制动蹄及顶杆沿制动鼓的旋转方向转过一个角度，直到后制动蹄的上端再次压到支承销上。此时制动轮缸促动力进一步增大。由于从蹄受顶杆的促动力大于轮缸的促动力，从蹄上端不会离开支承销。汽车倒车制动时，制动器的工作情况与上述相反。

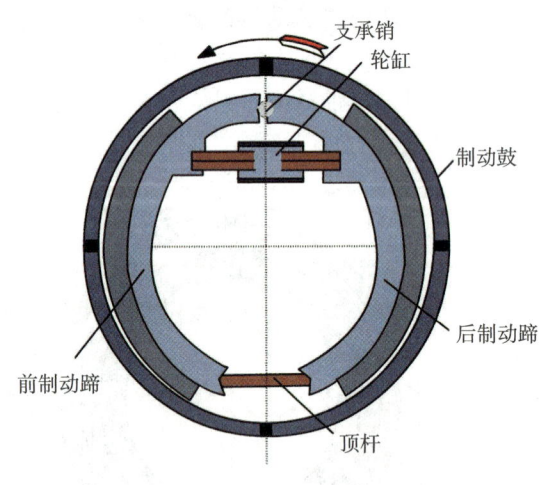

图 11-2-7　双向自增式制动器

三、鼓式制动器工作原理

汽车行驶中不需要制动时，制动踏板处于自由状态，制动主缸无制动液输出，制动蹄在复位弹簧的作用下压靠在轮缸活塞上，制动鼓的内圆面与摩擦片之间保留一定间隙，制动鼓可以随车轮一起旋转。

制动时，驾驶员踩下制动踏板，主缸推杆便推动制动主缸内的活塞前移，迫使制动液经管路进入制动轮缸，推动轮缸的活塞向外移动，使制动蹄克服复位弹簧的拉力绕支承销转动而张开，消除制动蹄与制动鼓之间的间隙后压紧在制动鼓上。此时，不旋转的制动摩擦片对旋转的制动鼓就产生一个摩擦矩，其方向与车轮的旋转方向相反。

放松制动踏板，在复位弹簧的作用下，制动蹄与制动鼓的间隙又得以恢复，从而解除制动。

四、盘式制动器

盘式制动器的类型

盘式制动器根据其固定元件的构造形式可分为钳盘式制动器和全盘式制动器，现代汽车上应用最多的是钳盘式制动器，如图 11-2-8 所示。

钳盘式制动器的固定元件为制动钳，制动钳中的制动块由工作面积不大的摩擦块与其金属背板组成，每个制动器中有 2～4 块。钳盘式制动器按制动钳固定在支架上的构造形式可分为定钳盘式和浮钳盘式。

全盘式制动器的固定元件的金属背板和摩擦片都做成圆盘形，因而其制动盘的全部工作面可同时与摩擦片接触。全盘式制动器由于制动钳的横向尺寸较大，主要应用在重型车上。

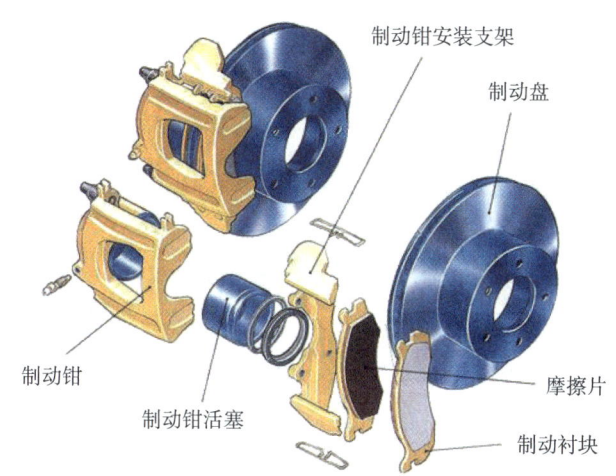

图 11-2-8 钳盘式制动器

五、盘式车轮制动器的工作原理

（一）浮钳盘式

浮钳盘式制动器工作时，如图 11-2-9 所示。踩下制动踏板，液压作用于制动轮缸时，制动轮缸内活塞移动，把制动钳内的摩擦衬块压向制动盘，同时，制动轮缸内也受到同样的液压，把制动钳朝制动盘方向推动，而位于相反一侧的制动摩擦衬块也压向制动盘，产生制动力，迫使制动盘停止转动。

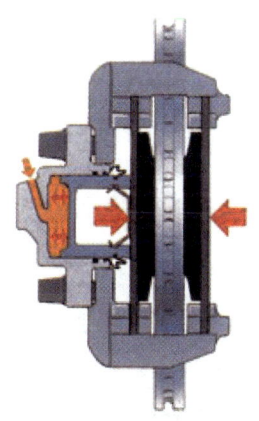 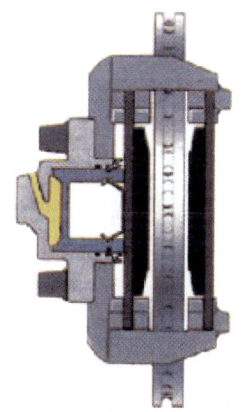

图 11-2-9 浮钳盘式制动器工作时　　图 11-2-10 浮钳盘式制动器不工作时

浮钳盘式制动器不工作时，如图 11-2-10 所示。放松制动踏板，制动轮缸内的液压消失，使原被推压在活塞上而产生变形的橡胶圈恢复原状，把活塞推回原位，使制动摩擦衬块与制动盘之间保持原有的间隙。

（二）定钳盘式

跨置在制动盘上的制动钳体固定安装在车桥上，它不能旋转也不能沿制动盘轴线方向移动，其内的两个活塞分别位于制动盘的两侧，如图11-2-11所示。

制动时，制动油液由制动总泵（制动主缸）经进油口进入钳体中两个相通的液压腔中，将两侧的制动片压向与车轮固定连接的制动盘，从而产生制动。这种制动器一般只运用于发动机功率较大、动力性强、加速性能高的运动型车辆上，如轿跑车、跑车等，该制动器具备制动响应快、产生的制动力大、制动效能高等突出的优点。当然，也具有制动钳结构复杂、制动器尺寸过大、通风要求高、价格高等不足。

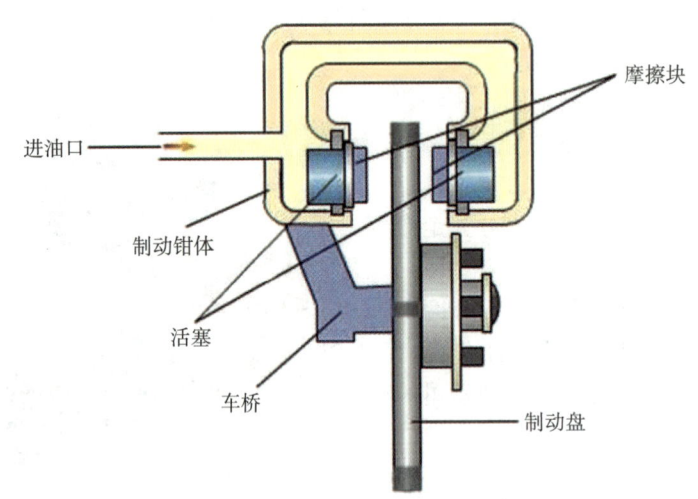

图11-2-11 定钳盘式制动器的结构示意图

六、盘式制动器的优缺点分析

盘式制动器与鼓式制动器相比具有以下优点：

（1）盘式制动器无摩擦助势作用，制动力矩受摩擦系数的影响较小，即热稳定性好；

（2）盘式制动器浸水后效能降低较少，而且只需要经一两次制动即可恢复正常，即基本不存在水衰退问题；

（3）在输出相同制动力矩的情况下，盘式制动器尺寸和质量一般较小；

（4）制动盘沿厚度方向的热膨胀量极小，不会像制动鼓的热膨胀那样使制动器间隙明显增加而导致制动踏板行程过大；

（5）较容易实现间隙自动调整，其他维修作业也较简便。

盘式制动器的缺点如下：

（1）效能较低，所需制动促动管路压力较高，一般要用伺服装置；

（2）兼用于驻车制动时，需要加装的驻车制动传动装置较鼓式制动器复杂。

任务三 鼓式制动器的拆装与检修

导学视频

通过实物或图片能够正确识别不同车型鼓式制动器的组成和结构，能够在实训车上找到鼓式制动器的位置，会分析鼓式制动器的工作过程。

能够按照维修手册的规范要求对鼓式制动器进行拆装和检修，能够对鼓式制动器工作不良的故障进行诊断和排除。

项目十一　制动器的构造与拆装

一、前期准备

安全防护：实训着装、完成设备防护。
工具设备：工具车、工作台、常用维修工具、常用测量工具等。
实训设备：实训车。
辅助资料：维修手册、教材。

二、操作项目

1. 鼓式制动器的拆卸

（1）检查以确保驻车制动器已完全释放，驻车制动器如图 11-3-1 所示。
（2）举升和顶起车辆，如图 11-3-2 所示。

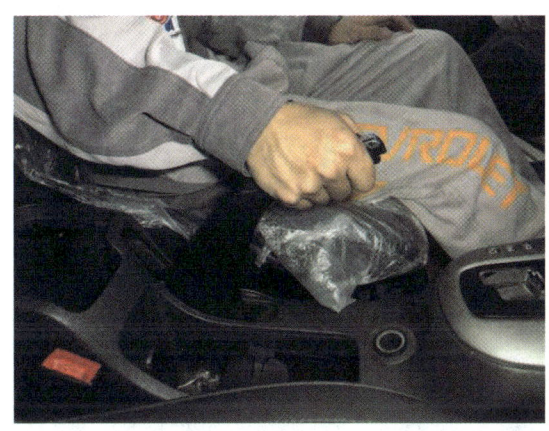

图 11-3-1　驻车制动器

图 11-3-2　举升和顶起车辆

（3）拆下后轮胎，如图 11-3-3 所示。
（4）拆下制动鼓螺钉，如图 11-3-4 所示。

图 11-3-3 拆下后轮胎

图 11-3-4　拆下制动鼓螺钉

（5）取下制动鼓，如图 11-3-5 所示。如果制动鼓被重新安装至车辆，使用表面修整工具，以便清除制动鼓的轮毂/法兰接合表面上的锈蚀。

（6）拆下调节弹簧，将调节器弹簧弯钩端与调节器执行器杆上的凸舌分离，然后释放制动蹄辐板孔上的弹簧，如图 11-3-6 所示。

图 11-3-5　取下制动鼓

图 11-3-6　拆下调节弹簧

（7）将调节器执行器杆与调节器总成分离。
（8）取下调节器总成。
（9）取下调节器执行器杆。
（10）将下弹簧从前、后制动蹄上拆下，如图 11-3-7 所示。
（11）选用合适的工具拆卸后制动蹄限位弹簧，如图 11-3-8 所示。
（12）取下制动蹄限位弹簧帽和限位弹簧。

图 11-3-7　拆卸下弹簧

图 11-3-8　拆卸后制动蹄限位弹簧

（13）从驻车制动拉索上取下后制动蹄片，如图 11-3-9 所示。
（14）选用合适的工具拆卸前制动蹄限位弹簧。
（15）取下制动蹄限位弹簧帽和限位弹簧，如图 11-3-10 所示。
（16）取下前制动蹄片。

图 11-3-9　取下后制动蹄片

图 11-3-10　取下制动蹄限位弹簧

2. 鼓式制动器的检修

（1）清洁制动蹄表面，如图 11-3-11 所示。

（2）检查制动蹄片厚度。如图 11-3-12 所示，用卡尺 1 测量制动蹄摩擦衬片的厚度，标准值为 5mm，磨损极限为 1.6mm，如果制动蹄摩擦衬片厚度小于规定值或发现瑕疵，则更换摩擦衬片。

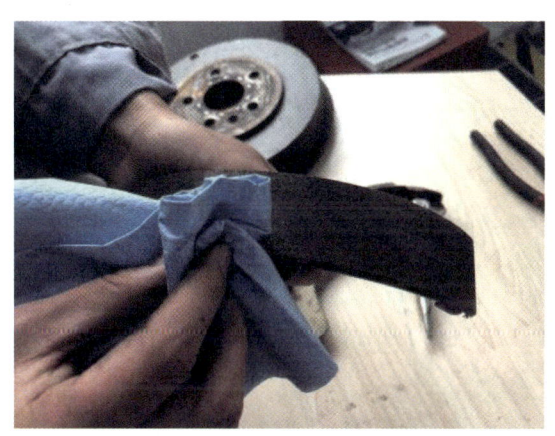
图 11-3-11　清洁制动蹄表面

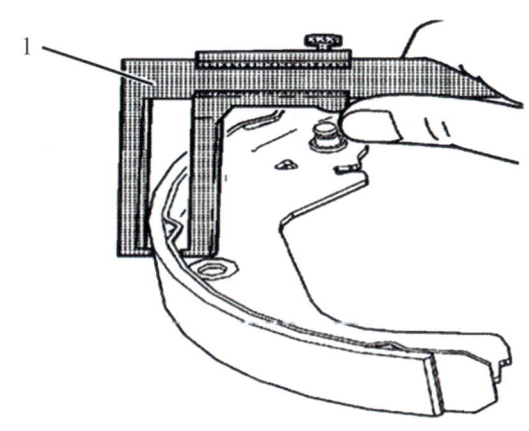
图 11-3-12　检查制动蹄片厚度

（3）清洁制动鼓摩擦表面，如图 11-3-13 所示。

（4）检查制动鼓摩擦表面。检查制动器表面是否存在严重锈蚀、严重变蓝、开裂、灼斑、缺失配重等情况，如果制动鼓的制动器表面出现上述一种或几种状况，则制动鼓需要表面修整或更换。

（5）检查制动鼓直径。如图 11-3-14 所示，使用制动鼓千分尺 1 测量并记录制动鼓圆周上均匀分布的 4 个或更多个点的最大直径。确保仅在制动蹄摩擦衬片的接触部位进行测量，每次测量时，千分尺都必须放置在距离制动鼓外边缘的同等距离。将记录的最大直径测量值与制动鼓部件规格相比较，制动鼓标准直径为 254mm，磨损极限为 256mm，如果制动鼓的最大直径测量值低于表面修整后最大允许内径规格，根据表面状况和磨损情况，可以对制动鼓进行表面修整；如果制动鼓的最大直径测量值等于或者大于报废的直径规格，则应更换制动鼓。

图 11-3-13 清洁制动鼓摩擦表面

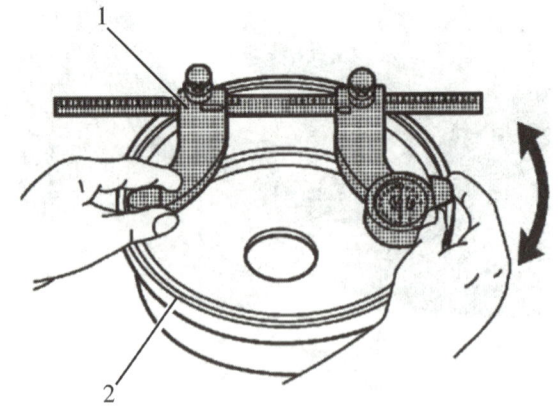
图 11-3-14 检查制动鼓直径

（6）检查制动鼓的径向跳动量，如图 11-3-15 所示。将制动鼓安装在制动器车床上，将百分表测量头与制动鼓 2 的制动器表面成 90°接触，且距离制动鼓外边缘约 19mm，转动制动鼓，直到百分表读数达到最小，然后将百分表归零，转动制动鼓，直到百分表读数达到最大，将制动鼓的径向跳动量与制动鼓部件规格做比较，制动鼓允许的最大径向跳动量为 0.05mm，如果制动鼓径向跳动量超过规格，则制动鼓需要进行表面修整或更换。

（7）检查制动鼓至制动蹄间隙，如图 11-3-16 所示，将量规定位至制动鼓内径的最宽点处，手动牢牢紧固量规上的固定螺钉。

（8）从制动鼓上拆下量规，并将其安置到相应的制动蹄上的最宽点处，如图 11-3-17 所示。当将量规保持在适当位置时，在

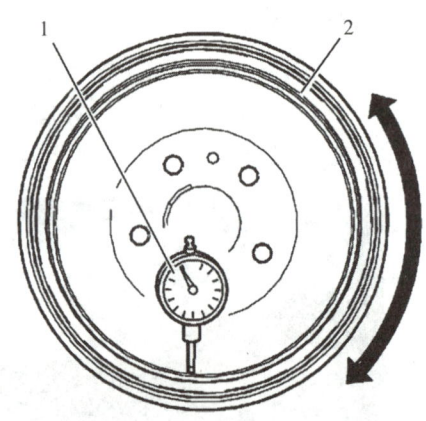
图 11-3-15 检查制动鼓的径向跳动量

量规的一侧与相应的制动蹄摩擦衬片之间插入适当的测隙规，转动制动蹄调节器螺钉直到制动蹄衬片接触到量规和测隙规，读取数值，制动蹄摩擦衬片至制动鼓标准间隙为 0.4～0.9mm。

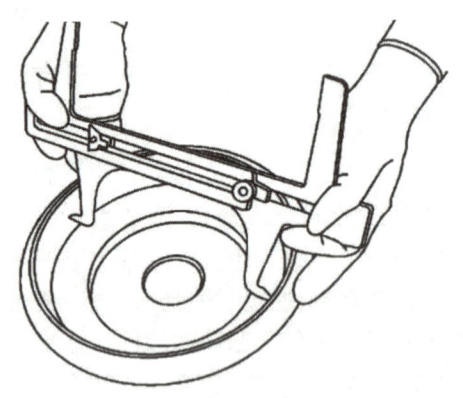
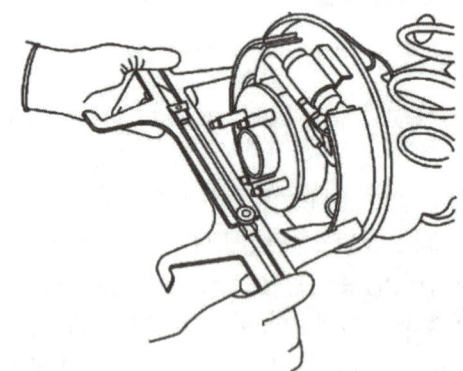

图 11-3-16 检查制动鼓至制动蹄间隙　　图 11-3-17 将量规安装至制动蹄摩擦衬片

（9）检查鼓式制动器的构件。如图 11-3-18 所示，目视检查鼓式制动器系统制动蹄弹簧 3 是否存在弯曲、损坏、开裂；制动鼓部件是否存在严重腐蚀、严重拉伸、扭曲或卡滞；车轮制动分泵护套 2 是否损坏或者有泄漏；如果出现上述任何状况，则更换制动蹄弹簧或车轮制动分泵。

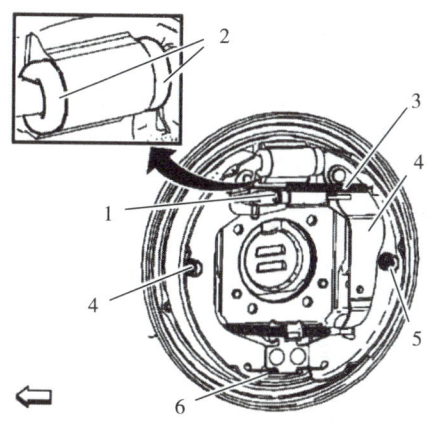

图 11-3-18 检查鼓式制动器的构件

3. 鼓式制动器的安装

（1）清洁制动底板，如图 11-3-19 所示。
（2）用细砂纸打磨制动蹄摩擦表面，如图 11-3-20 所示。

图 11-3-19 清洁制动底板

图 11-3-20 打磨制动蹄摩擦表面

（3）用细砂纸打磨制动鼓摩擦表面，如图 11-3-21 所示。
（4）将调节器总成安装至调节器执行器杆，如图 11-3-22 所示。
（5）尽可能旋转调节器。

图 11-3-21 打磨制动鼓摩擦表面

图 11-3-22 安装调节器总成

(6) 将驻车拉索安装至后制动蹄片连接杆上,如图 11-3-23 所示。
(7) 将下弹簧安装至前制动蹄。
(8) 安装制动蹄弹簧,使用专用安装工具拧动弹簧帽,如图 11-3-24 所示。

图 11-3-23 安装驻车拉索

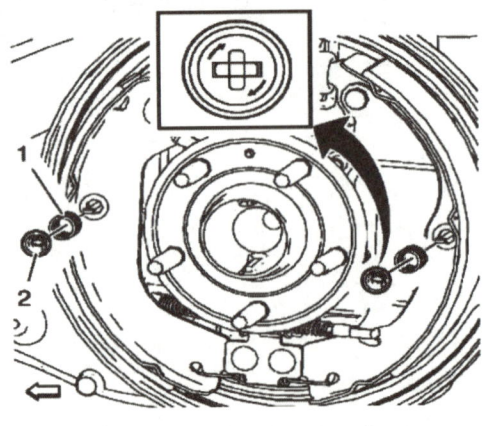

图 11-3-24 安装制动蹄弹簧

(9) 安装调节弹簧。确保弹簧上的搭扣与执行器杆上的凸舌充分接合,如图 11-3-25 所示。
(10) 安装后的制动蹄,如图 11-3-26 所示。

图 11-3-25 安装调节弹簧

图 11-3-26 制动蹄

(11) 安装制动鼓,如图 11-3-27 所示。
(12) 安装鼓式制动器螺钉,并紧固至 7N·m,如图 11-3-28 所示。

图 11-3-27 安装制动鼓

图 11-3-28 安装鼓式制动器螺钉

(13) 安装轮胎，如图 11-3-29 所示。
(14) 降下车辆，如图 11-3-30 所示。

图 11-3-29　安装轮胎　　　　　　图 11-3-30　降下车辆

(15) 踩下制动器踏板约 3 次，以便安装和对中制动鼓中的制动蹄。
(16) 清洁、整理场地，如图 11-3-31 所示。

图 11-3-31　清洁、整理场地

三、任务考核

鼓式制动器的拆装与检修评分标准。

序号	作业项目	考核内容	配分	评分标准	扣分	得分
1	前期准备	清理工位及工位布置，设备的外观检查	10	未清理工位扣 5 分，未对设备进行外观和安全检查扣 5 分		
2	零部件拆卸	能否正确按照维修手册的要求进行拆卸并按照规定摆放	20	未按照维修手册进行拆卸工作，每次扣 2 分		
3	零部件清洁	能否正确按照维修手册的要求进行零件的清洁	10	每一个元件未按照维修手册要求进行清洁扣 2 分		

续表

序号	作业项目	考核内容	配分	评分标准	扣分	得分
4	零部件检测	能否正确利用维修资料完成零部件的检测,并分析得出结论和维修建议	20	不能正确利用维修资料完成零部件的检测每项扣 5 分,测量条件不正确每一次扣 5 分,结论或维修建议错误每次扣 5 分		
5	零部件安装	能否正确按照维修手册的要求进行安装并按照规定进行紧固	20	未按照维修手册进行安装工作,包括紧固角度、转矩值错误等,每次扣 2 分		
6	维修资料使用	能否正确使用维修资料	10	不会使用维修资料扣 10 分,使用不熟练扣 5 分		
7	6S 现场管理	遵守实训室安全操作规范,无人身伤害和设备损坏	10	每单项扣 5 分,扣完为止。因违规操作发生人身伤害和设备损坏,此项不得分		
	合计		100			

任务四　盘式制动器的拆装与检修

通过实物或图片能够正确识别不同车型盘式制动器的组成和结构,能够在实训车上找到盘式制动器的位置,会分析盘式制动器的工作过程。

能够按照维修手册的规范要求对盘式制动器进行拆装和检修,能够对盘式制动器工作不良的故障进行诊断和排除。

一、前期准备

安全防护：实训着装、完成设备防护。
工具设备：工具车、工作台、常用维修工具、常用测量工具等。
实训设备：实训车。
辅助资料：维修手册、教材。

二、操作项目

1. 盘式制动器的拆卸

（1）确认车辆停放周正,如图 11-4-1 所示。
（2）检查制动总泵储液罐中的液位。如果制动液液位处于最满标记和最低允许液位之间的中间位置,则在开始本程序前不必排出制动液;如果制动液液位高于最高标记和低于允许液位之间的中间位置,则在开始前应将制动液排出至中间位置。
（3）举升和顶起车辆,如图 11-4-2 所示。

导学视频

图 11-4-1　确认车辆停放周正

图 11-4-2　举升和顶起车辆

（4）拆下左前轮胎，如图 11-4-3 所示。
（5）拆下制动钳导销螺栓，如图 11-4-4 所示。

图 11-4-3　拆下左前轮胎

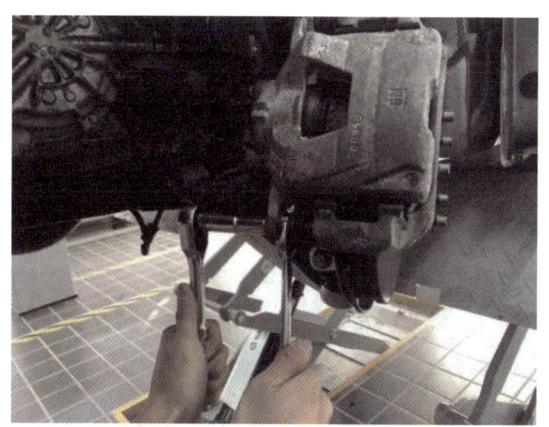

图 11-4-4　拆下制动钳导销螺栓

（6）用一字起撬动制动蹄，如图 11-4-5 所示。
（7）从减震器总成上断开液压制动管，如图 11-4-6 所示。
（8）不断开液压制动器挠性软管，用粗钢丝或同等工具固定制动钳。

图 11-4-5　用一字起撬动制动蹄

图 11-4-6　断开液压制动管

(9) 将制动片从制动钳安装托架上拆下，如图 11-4-7 所示。

(10) 使用安装工具将盘式制动器制动钳活塞推入制动钳孔中，如图 11-4-8 所示。

图 11-4-7　取下制动片

图 11-4-8　将制动钳活塞推入制动钳孔中

(11) 将制动片固定弹簧从制动钳托架上拆下，如图 11-4-9 所示。

(12) 彻底清理制动钳托架上的制动片构件接合面处的所有碎屑和腐蚀。

(13) 检查制动钳导销是否自由移动，并检查导销护套的状况。在支架孔内，里外移动导销，但不能使滑动脱离护套，并查看是否制动钳导销移动受限、制动钳安装托架松动、制动钳导销卡死或卡滞、护套开裂或破损，如果发现上述任何状况，则需要更换制动钳导销和/或护套。

(14) 拆下并报废制动钳托架螺栓，如图 11-4-10 所示。

图 11-4-9　取下制动片固定弹簧

图 11-4-10　拆下并报废制动钳托架螺栓

注意：无论制动钳已从其支座上分离，还是仍连接着液压挠性制动软管，都要用粗钢丝或同等工具支撑住制动钳。若不这样支撑制动钳，会使挠性制动软管承受制动钳重量，导致制动软管损坏，从而可能使制动液泄漏。

(15) 拆下制动盘螺钉，如图 11-4-11 所示。

(16) 将制动盘从轮毂上取下，如图 11-4-12 所示。

图 11-4-11　拆下制动盘螺钉

图 11-4-12　将制动盘从轮毂上取下

2. 盘式制动器的检测

（1）清洁制动盘，如图 11-4-13 所示。

（2）清洁制动摩擦片表面，如图 11-4-14 所示。

图 11-4-13　清洁制动盘

图 11-4-14　清洁制动摩擦片表面

（3）用细砂纸打磨制动盘摩擦表面，如图 11-4-15 所示。

（4）用细砂纸打磨制动摩擦片表面，如图 11-4-16 所示。

图 11-4-15　打磨制动盘摩擦表面

图 11-4-16　打磨制动摩擦片表面

（5）检查制动盘摩擦面状况。检查制动盘摩擦面是否存在严重锈蚀、严重变蓝、点蚀开裂和灼斑,如果制动盘的摩擦表面出现上述一种或几种制动盘表面状况,则制动盘需要表面修整或更换,如图 11-4-17 所示。

(6) 检查制动盘的厚度,如图 11-4-18 所示。使用千分尺 1,测量并记录制动盘圆周上均匀分布的 4 个或更多个点的最小厚度,确保仅在摩擦面内进行测量,且每次测量时千分尺与制动盘外缘的距离相等,约 13mm。

(7) 将最小厚度测量值与盘式制动器组件规格相比较,标准的制动盘厚度为 26mm。报废厚度为 23mm。如果制动盘的最小厚度测量值大于表面修整后最小允许厚度规格,则可根据可能出现的表面状况和磨损情况对制动盘进行表面修整;如果制动盘的最小厚度测量值等于或小于表面修整后最小允许厚度规格,则不能对制动盘进行表面修整;如果制动盘的最小厚度测量值等于或低于报废厚度规格,则制动盘需要更换。

图 11-4-17 检查制动盘摩擦面状况　　　　图 11-4-18 检查制动盘的厚度

(8) 将制动盘按照拆装时的位置安装至轮毂/车桥法兰上。

(9) 使制动盘紧靠轮毂/车桥法兰,并将垫圈 1 之一和一个带耳螺母 2 安装至位置最高的车轮双头螺栓,如图 11-4-19 所示。

(10) 继续固定住制动盘并用手紧固带耳螺母。

(11) 将其余的垫圈 1 和带耳螺母安装在车轮双头螺柱上,并按星形顺序手动紧固螺母,如图 11-4-20 所示。

(12) 按星形顺序将带耳螺母紧固至规定值,以正确固定制动盘。

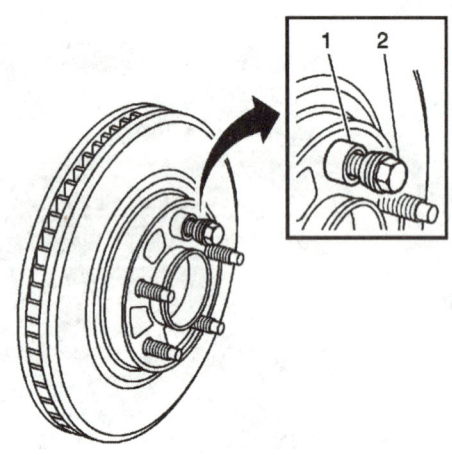 

图 11-4-19 安装垫圈和带耳螺母　　　　图 11-4-20 按星形顺序手动紧固螺母

(13) 检测制动盘的端面跳动量。将磁性表座和百分表安装至减震器滑柱,使其与制动盘摩擦面以

90°接触，且距离制动盘外边缘约 13mm，如图 11-4-21 所示。

（14）转动制动盘，直到百分表读数达到最小，然后将百分表归零，转动制动盘，直到百分表读数达到最大，相对于最接近的车轮双头螺栓或双头螺栓，标记最高点的位置，测量并记录横向跳动量。

（15）将制动盘装配后端面跳动量与盘式制动器组件规格相比较，制动盘装配后最大允许横向跳动量为 0.1mm，如果制动盘装配后横向跳动量超过规格，则对制动盘进行表面修整以确保准确的平行度。

（16）检测制动片厚度。在多个点处测量剩余的制动片厚度，如图 11-4-22 所示。

（17）将制动片厚度与盘式制动器组件规格比较，新的不带制动衬片的制动片厚度为 12mm，不带制动衬片的制动片的报废厚度为 2mm，如果制动片的厚度超过报废厚度，则对制动片进行更换。

图 11-4-21　检测制动盘的端面跳动量

图 11-4-22　检测制动片厚度

（18）检查制动钳。检查制动钳壳体是否开裂、严重磨损和/或损坏。如果有任何上述状况出现，则需更换制动钳，如图 11-4-23 所示。

（19）检查制动钳活塞防尘密封罩是否开裂、破裂、有切口、老化 和/或未正确安装在制动钳体上。如果出现上述任何状况，则需要大修或更换制动钳。

（20）更新制动钳排气阀帽。

（21）检查排气阀是否阻滞。

图 11-4-23　制动钳的检查

图 11-4-24　将活塞移动至底部

（22）检查制动钳活塞在制动钳孔中是否能平滑移动且完成行程。制动钳活塞在制动钳孔中的移动应平滑且均匀。如果制动钳活塞卡住或难以移动到底，则需要大修或更换制动钳。

(23）将报废的内侧制动片或木块插到活塞前部。将一个大型的 C 形夹钳安装在制动钳上并抵住制动片或木块，然后使活塞在制动钳孔内缓慢地移动到底部，如图 11-4-24 所示。

3. 盘式制动器的安装

（1）彻底清理轮毂/车桥法兰结合面上的锈蚀或腐蚀物。

（2）彻底清理制动盘结合面和安装面上的锈蚀或腐蚀物。

（3）检查轮毂/车桥法兰和制动盘的接合面，确保没有异物或碎屑。

（4）将制动盘安装至轮毂/车桥法兰，如图 11-4-25 所示。用拆卸前标注的装配标记，以确保其相对于法兰的正确方向。

（5）安装制动盘螺钉，并紧固至 9N·m，如图 11-4-26 所示。

图 11-4-25　安装制动盘至轮毂

图 11-4-26　安装制动盘螺钉

（6）安装制动钳托架螺栓，并在第一遍将其紧固至 100N·m，如图 11-4-27 所示。

（7）最后一遍将新的制动钳托架螺栓再紧固至 60~75°，如图 11-4-28 所示。

图 11-4-27　安装制动钳托架螺栓

图 11-4-28　紧固制动钳托架螺栓

（8）确保制动片构件接合面处清洁。

（9）将制动片固定弹簧安装至制动钳托架上，如图 11-4-29 所示。

（10）在制动片固定件上，涂抹一薄层高温硅润滑剂。

（11）将制动片安装至制动钳托架，如图 11-4-30 所示。

图 11-4-29 安装制动片固定弹簧

图 11-4-30 安装制动片

（12）安装制动钳。
（13）安装制动钳导销螺栓，并紧固至 28N·m，如图 11-4-31 所示。
（14）安装左前轮胎，如图 11-4-32 所示。

图 11-4-31 安装制动钳导销螺栓

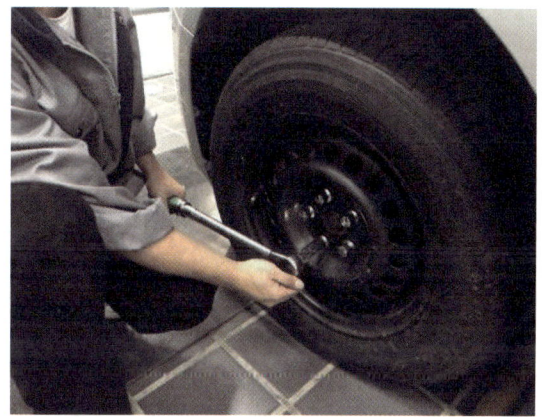
图 11-4-32 安装左前轮胎

（15）降下车辆，如图 11-4-33 所示。
（16）清洁、整理场地，如图 11-4-34 所示。

图 11-4-33 降下车辆

图 11-4-34 清洁、整理场地

三、任务考核

盘式制动器的拆装与检修评分标准。

序号	作业项目	考核内容	配分	评分标准	扣分	得分
1	前期准备	清理工位及工位布置,设备的外观检查	10	未清理工位扣5分,未对设备进行外观和安全检查扣5分		
2	零部件拆卸	能否正确按照维修手册的要求进行拆卸并按照规定摆放	20	未按照维修手册进行拆卸工作,每次扣2分		
3	零部件清洁	能否正确按照维修手册的要求进行零件的清洁	10	每一个元件未按照维修手册要求进行清洁扣2分		
4	零部件检测	能否正确利用维修资料完成零部件的检测,并分析得出结论和维修建议	20	不能正确利用维修资料完成零部件的检测每项扣5分,测量条件不正确每一次扣5分,结论或维修建议错误每次扣5分		
5	零部件安装	能否正确按照维修手册的要求进行安装并按照规定进行紧固	20	未按照维修手册进行安装工作,包括紧固角度、转矩值错误等,每次扣2分		
6	维修资料使用	能否正确使用维修资料	10	不会使用维修资料扣10分,使用不熟练扣5分		
7	6S现场管理	遵守实训室安全操作规范,无人身伤害和设备损坏	10	每单项扣5分,扣完为止。因违规操作发生人身伤害和设备损坏,此项不得分		
		合计	100			

项目测评

一、填空题

1. 制动器按照结构可分为_____制动器和_____制动器。
2. 制动器的领蹄具有_____作用,从蹄具有_____作用。
3. 制动系统由_____、_____、_____和_____4个基本部分组成。
4. 动力制动系统包括_____、_____和_____3种。
5. 车轮制动器由_____、_____、_____和_____4部分组成。
6. 鼓式车轮制动器的固定部分是_____和_____。

二、单项选择题

1. 汽车制动时,制动力的大小取决于( )。
 A. 汽车质量　　　　B. 制动力矩　　　　C. 汽车车速　　　　D. 附着条件
2. 在汽车制动过程中,当车轮抱死滑移时,路面对车轮的侧向力( )。
 A. 大于零　　　　　B. 小于零　　　　　C. 等于零　　　　　D. 不一定
3. 领从蹄式制动器一定是( )。
 A. 等促动力制动器　B. 不等促动力制动器　C. 非平衡式制动器　D. 以上均不对

4. 盘式制动器根据其固定元件的构造形式可分为（　　）制动器和全盘式制动器。
A. 夹盘式　　　　　B. 半盘式　　　　　C. 钳盘式　　　　　D. 鼓式

三、判断题（对的画"√"，错的画"×"）

1. 制动力不一定全部是外力。（　　）
2. 无论是前进制动还是倒车制动，两制动蹄都是领蹄的制动器，称为双向双领蹄式制动器。（　　）
3. 一般情况下，驻车制动是通过机械拉索来控制的。（　　）
4. 汽车在行驶过程中，其前后轮的垂直载荷是随车速的变化而变化的。（　　）
5. 汽车制动的最佳状态是出现完全抱死的滑移现象。（　　）
6. 鼓式制动器由旋转部分、固定部分、促动装置和定位调整机构组成。（　　）

四、简答题

1. 简述制动系统的功用。
2. 简述制动系统的类型和结构。
3. 简述鼓式制动器的拆装与检修过程。
4. 简述盘式制动器的拆装与检修过程。

项目十二　制动传动装置的构造与拆装

知识目标：
- 掌握液压制动系统的基本结构。
- 掌握液压制动系统的工作原理。
- 熟悉制动系统的液压制动回路形式。
- 熟悉液压制动系统主要部件的结构。

技能目标：
- 能够在实训车或底盘台架上快速准确地对制动传动装置主要部件进行认知。
- 能够选用合适的工具按照技术规范对制动传动装置主要部件进行拆装。
- 能够正确按照维修资料的要求对制动传动装置主要部件进行检修。

职业素养目标：
- 及时反思总结，在训练中积累经验。
- 养成组员之间互相协作的能力。
- 养成安全文明操作的习惯。
- 严格执行 6S 现场管理（SEIRI——整理、SEITON——整顿、SEISO——清扫、SEIKETSU——清洁、SHITSUKE——素养、SECURITY——安全），养成良好的职业习惯。

任务一　制动传动装置概述

一、液压制动系统的基本结构

液压制动系统主要由车轮制动器和液压传动机构组成。

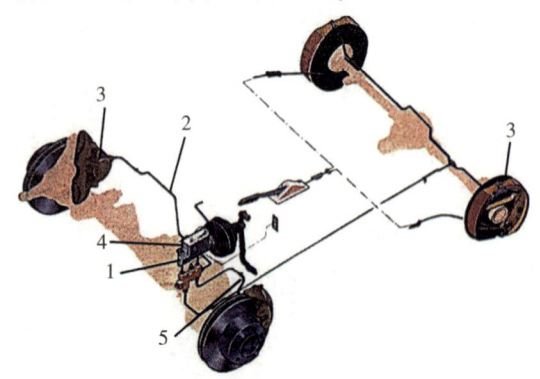

1—制动总泵；2—制动管路；3—制动分泵；4—制动液；5—制动软管。
图 12-1-1　液压制动系统的基本组成

车轮制动器主要由旋转部分、固定部分和调整机构组成。旋转部分是制动鼓；固定部包括制动蹄和制动底板；调整机构由偏心支承销和调整凸轮组成，用于调整蹄鼓间隙。液压传动机构主要由制动总泵、制动分泵、管路和制动液组成，如图 12-1-1 所示。

二、液压制动系统的工作原理

制动系统不工作时，制动摩擦片与制动盘之间有间隙，车轮和制动盘可一起自由旋转。制动时，要使汽车减速，脚踏下制动器踏板通过推杆和总泵活塞，使总泵油液在一定压力下流入分泵，并通过制动卡钳上的分泵活塞推使制动摩擦片向制动盘一侧移动，同时制动卡钳反方向移动，使得内外两块摩擦片压紧在制动盘上，产生摩擦力矩。制动盘的转动受到阻力，从而产生制动器制动力，如图 12-1-2 所示。

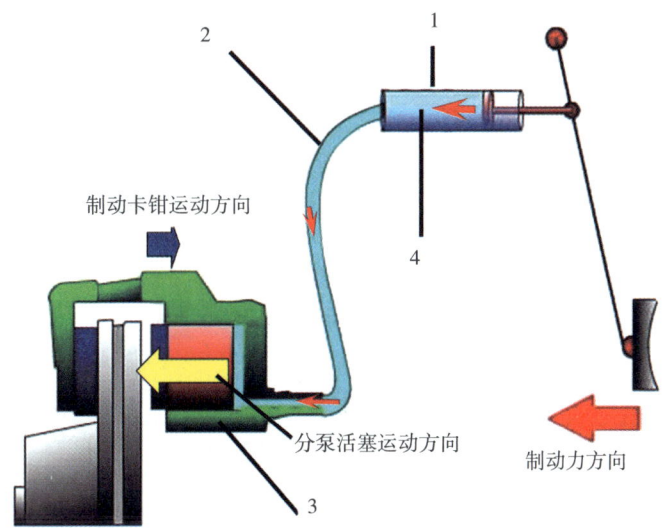

1—制动总泵；2—制动管路；3—制动分泵；4—制动液
图 12-1-2 液压制动系统的工作原理

当放开制动踏板时，内外两块制动蹄返回原位，制动力消失。

三、液压制动回路

液压制动回路就是连接制动主缸与各个车轮制动轮缸的制动管路的布置形式。常见的液压制动回路有单回路、双回路两种。

1. 单回路液压制动管路

单回路液压制动管路是最简单的液压制动回路，同时也是最危险的。如果在该制动回路中发生泄漏，则车辆所有制动器都丧失制动能力，如图 12-1-3 所示。

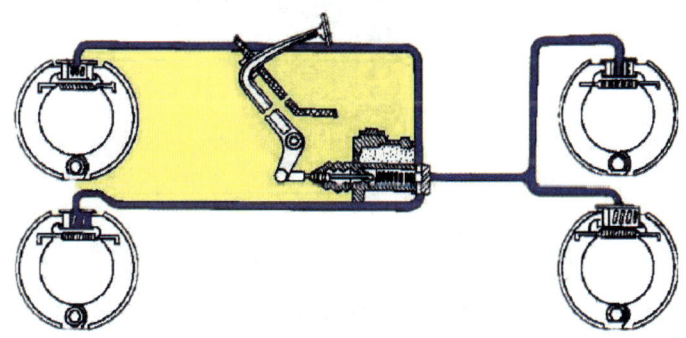

图 12-1-3 单回路液压制动管路

2. 双回路液压制动管路

双回路液压制动管路的优点是每个制动回路都拥有各自独立的液压体系,即便一个回路出现了故障,另一个回路也能保持最低限度的制动效能,如图12-1-4所示。

常见类型有:前后分开双液压回路、交叉双液压回路。在前后分开双液压回路中,当一套管路失效时,另一套管路仍能保持低于正常时50%的制动效能,而在同样的情况下,交叉双液压回路则可以保持正常时50%的制动效能。

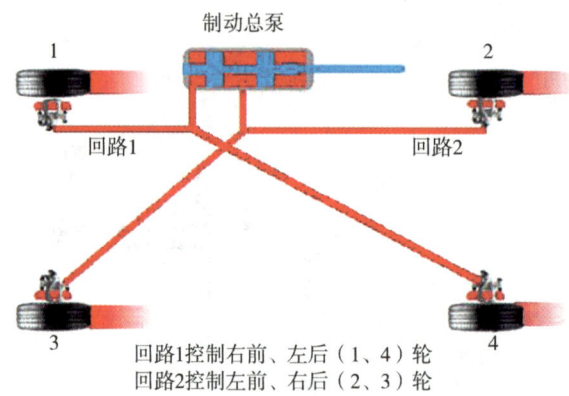

图 12-1-4 双回路液压制动管路

四、液压制动系统主要部件的结构

1. 制动助力器

为了提高汽车的制动效能,减轻驾驶员的劳动强度,采用液压制动传动机构的汽车多数装有制动助力装置。根据制动助力装置的动力源不同可分为真空助力器和液压助力器两种。轿车都采用真空助力器。

(1) 真空助力器的结构

真空助力器总成如图12-1-5所示,它安装在驾驶室前面的发动机隔板上,即制动踏板和制动总泵之间。利用发动机工作时进气管的负压,吸引橡胶膜片,并由此产生吸引力推动制动总泵的活塞。由于该助力的存在,使得踩下制动踏板更加轻便。

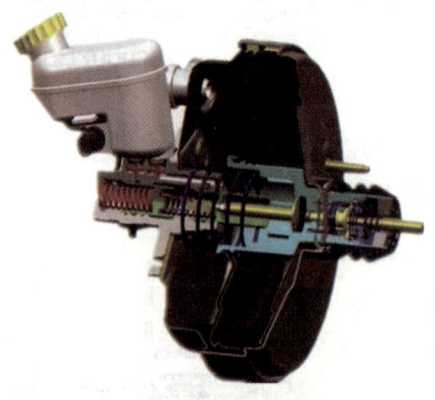

图 12-1-5 真空助力器

橡胶膜片将空气室和真空室隔离,真空室与发动机进气管相通。回位弹簧安装在真空室的推杆上和推杆一起运动。橡胶阀门与在膜片座上加工出来的阀座组成真空阀,同时与控制阀柱塞的空气阀座组成空气阀。真空阀连接空气室和真空室,空气阀连接空气室和外界空气,如图12-1-6所示。真空阀打开，空气室和真空室互通；真空阀关闭，空气室和真空室隔离。空气阀打开，外界空气进入空气室；空气阀关闭，空气室和外界空气隔离。

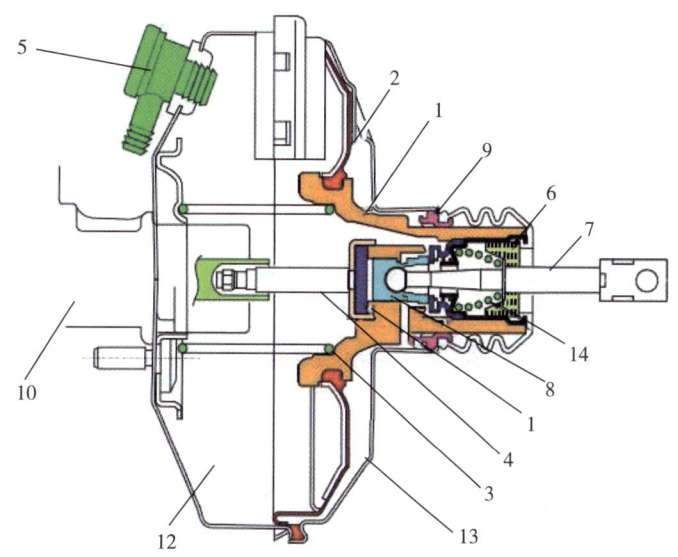

1—活塞；2—膜片；3—回动弹簧；4—主缸推动杆；5—控制阀；6—过滤器；7—传动杆；
8—柱塞；9—连接器；10—主缸；11—反应盘；12—前室；13—后室；14—维持弹簧

图 12-1-6 真空助力器的结构

（2）真空助力器工作情况

①真空助力器不工作时，空气阀在弹簧作用下处于关闭状态，真空室和空气室内的空气被吸入发动机进气管，产生真空，如图 12-1-7（a）所示。

②踩下制动踏板，真空阀关闭，空气阀打开。空气进入空气室，使空气室压力大于负压室压力，在压差作用下，橡胶膜片发生弯曲，助力器活塞和推杆朝制动总泵方向运动，和人力一起推动制动总泵活塞移动，产生制动油压，如图 12 1 7（b）所示。

③松开制动踏板，制动踏板推杆也往回移动，助力器活塞在回位弹簧的作用下恢复到初始位置，空气阀关闭，真空阀打开，使真空室和空气室相通。真空室和空气室内的空气被吸入发动机进气管，再次产生真空，为下一次助力做好准备。

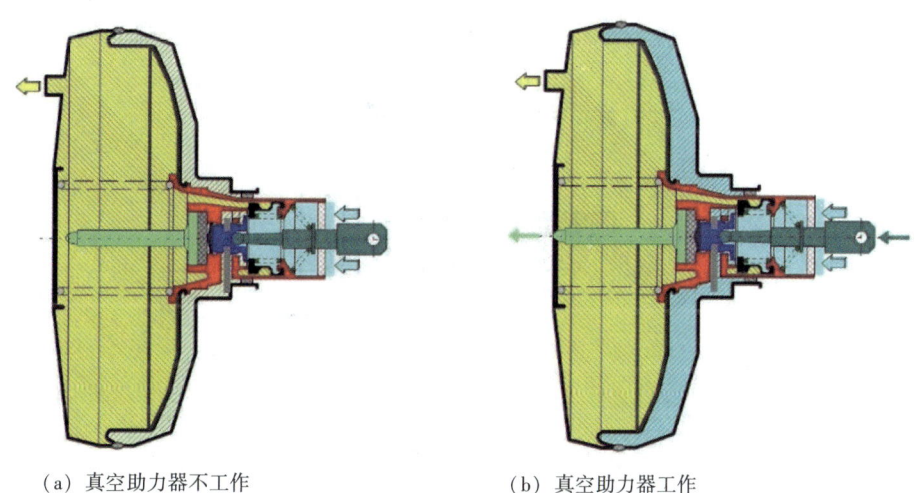

（a）真空助力器不工作　　　　　　　　（b）真空助力器工作

图 12-1-7 真空助力器的工作情况

2. 制动总泵

（1）制动总泵的结构

制动总泵的作用是将驾驶员作用在制动踏板上的机械能转换成液压能，从而液压能通过管路再输给制动轮缸。

目前，制动总泵都采用双腔式，如图12-1-8所示。总泵有两个相互独立的腔：前腔与后轮制动器相连；后腔与前轮制动器相通。

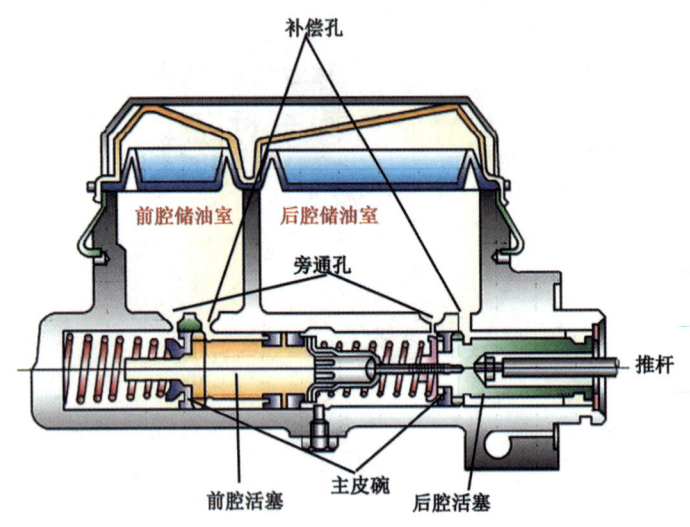

图12-1-8 制动总泵的结构

（2）制动总泵的工作过程

①制动总泵不工作时，自由状态下、即不踩刹车时，活塞在回位弹簧力下回位，补偿孔与旁通孔均保持开放，推杆与活塞之间有一定间隙。

②踏下制动踏板时，第一活塞前移，主皮碗盖遮住旁通孔，后腔封闭，液压建立；油液被压入前制动分泵轮缸，迫使第二活塞前移；主皮碗盖遮住旁通孔，前腔封闭，液压建立，向后制动分泵输液。

③释放制动踏板时，环形腔室内制动液经活塞顶部的小轴向孔，流入压油腔，以填补真空；同时，储液罐内制动液经补偿孔进入环形腔室，这样在活塞回位过程中避免空气侵入主缸。

（3）液位传感器

在储液罐内必须充装有适量的制动液。在储液罐盖上设置有液面位置传感器，如图12-1-9所示。

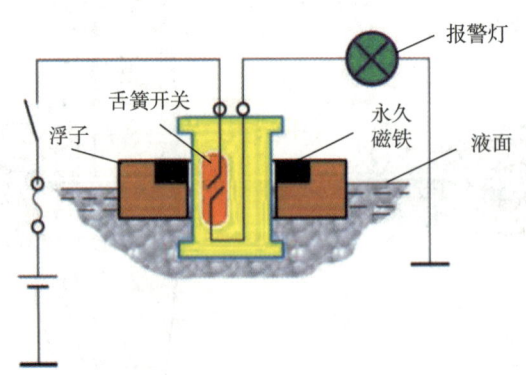

图12-1-9 液位传感器示意图

3. 制动分泵

制动分泵的作用是将制动油压转变为使制动摩擦片定向移动的动力。常见形式有双活塞式制动分泵、单活塞式制动分泵两种。

（1）制动分泵的结构

①单活塞式制动分泵，如图 12-1-10 所示。

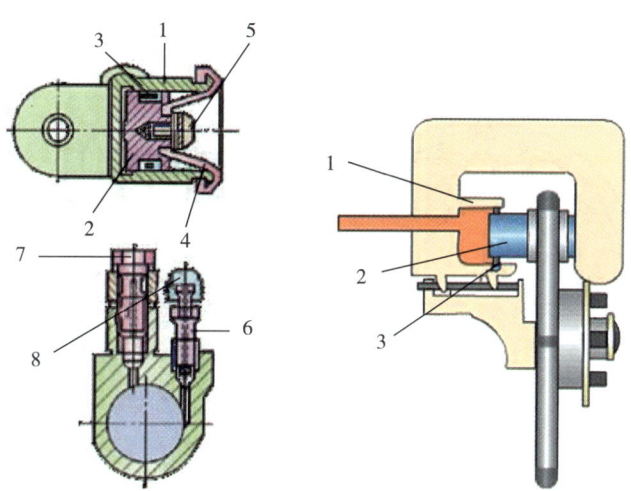

（a）单活塞式制动分泵　　（b）单活塞钳式制动分泵

1—分泵缸体；2—分泵活塞；3—皮碗；4—防护罩；5—调整螺钉；
6—放气螺钉；7—进油管接头；8—橡胶护罩

图 12-1-10　单活塞式制动分泵的结构

②双活塞式制动分泵，如图 12-1-11 所示。

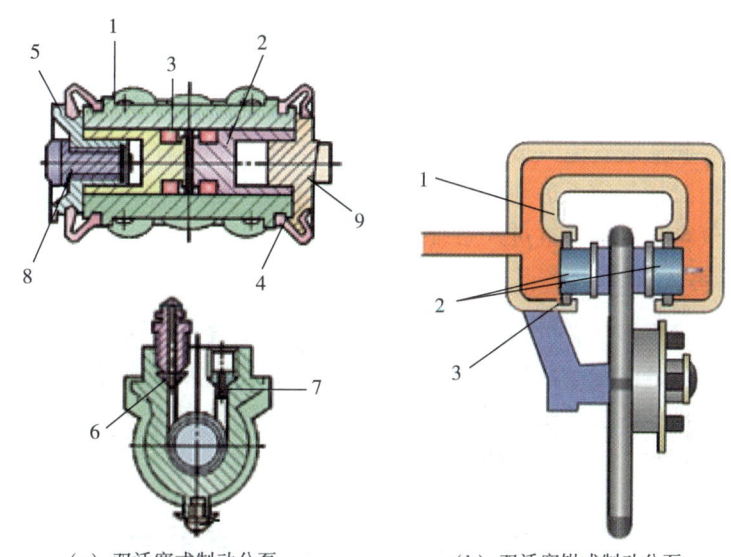

（a）双活塞式制动分泵　　（b）双活塞钳式制动分泵

1—分泵缸体；2—分泵活塞；3—皮碗；4—防护罩；5—调整轮；6—放气螺钉；7—进油管接头；8—顶块；9—支承盖

图 12-1-11　双活塞式制动分泵的结构

分泵缸体上有放气螺栓，能够将液压制动系统内混入的空气排出，以保证制动灵敏可靠。

（2）制动分泵的工作过程

制动时，高压制动液进入两活塞间油腔，分泵活塞在制动压力作用下，沿着缸体向两侧移动，进而推动制动蹄张开，实现制动，如图 12-1-12 所示。

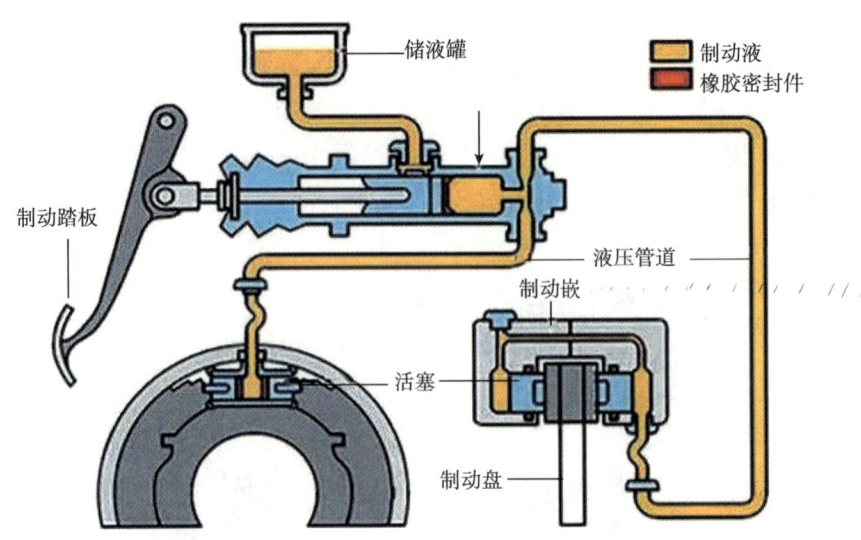

图 12-1-12 制动分泵的工作过程

五、液压制动系统的维护

液压制动系统的维护包括管路检查、放气及制动踏板的调整。

1. 管路的检查

整个系统的管路、接头应无凹瘪、严重锈蚀、裂纹现象，连接应可靠无渗漏。金属管路用的管夹固定牢靠，不得与车架及其他部件相碰擦，在行车过程中不得产生较大振幅的振动。制动软管应无折叠，无脱皮、老化、膨胀等缺陷，否则应采用相应措施进行维修。

2. 液压制动系统空气排放

液压制动系统在使用过程中或在维修后发现进入空气，应及时排气。放气时，将一根胶管套在放气螺钉上，胶管另一端插入一个玻璃瓶内。连续踩下制动踏板，在踏板升高后踩下并保持不动。拧松放气螺塞，制动液连同空气一起从胶管流入玻璃瓶内，待制动液排出后，拧紧放气螺塞。再重复以上放气几次，直至将空气完全排出。排气应由远到近逐缸进行。排气时应随时检查制动主缸中的制动液面，制动液面不可过低，否则空气会从制动主缸进入系统。

3. 制动踏板自由行程的调整

发动机熄火，踩制动踏板多次，以消除真空助力器内的残余真空。因为有真空度存在时，无法正确检查制动踏板的自由行程。踩下制动踏板，直至感到有阻力为止。测量该行程即为踏板自由行程。如果不符合要求，应改变主缸推杆的长度来进行调整。拧松推杆的锁紧螺母，转动推杆至符合规定，最后将锁紧螺母拧紧。

任务二　制动液的检查与更换

通过实物或图片能够正确识别汽车液压制动液的类型，能够在实训车上找到盘式制动器的位置，会分析盘式制动器的工作过程。

能够按照维修手册的规范要求对汽车制动液压系统进行检查，掌握汽车制动液的更换方法。

一、制动液的功能

制动液是液压制动系统中传递制动压力的液态介质，使用在采用液压制动系统的车辆中。

制动液又称刹车油，它的英文名为 Brake Fluid，是制动系统制动不可缺少的部分，而在制动系统之中，它是作为一个力传递的介质，因为液体是不能被压缩的，所以从总泵输出的压力会通过制动液直接传递至分泵之中。

二、制动液的性能要求

1. 应有较高的沸点

现代汽车在行驶中的制动比较频繁，制动鼓（盘）的温度不断升高，如使用沸点较低的制动液，常会在管路中产生气阻而导致制动失灵，因此制动液的蒸发性要低，不易在高温下汽化。

2. 适宜的高温黏度和良好的低温流动性

制动液在各种条件下都能及时传递压力，并同时使传动机构中的运动件得到一定的润滑。

3. 具有抗氧化、抗腐蚀和防锈的性能

制动液长期与金属相接触应不会因氧化而产生胶状物和腐蚀性物质，或因锈蚀而变色，甚至形成坑点。

4. 吸湿性低、溶水性好、沸点下降少

即使有水分进入制动液，要求能形成微粒而和制动液均匀混合，不产生分离和沉淀现象。

5. 对橡胶的适应性好

制动液对橡胶件不应有溶胀作用，否则会使其失去应有的密封作用，因此制动液对橡胶件要有良好的适应性。

三、制动液的类型

制动液分为三种类型：醇型、矿油型和合成型。其中醇型与矿油型已经淘汰，市面上的制动液为合成型。

合成型为人工合成的制动液，是由聚醚、水溶性聚酯和硅油等为主体，加入润滑剂和添加剂组成。其使用性能良好，工作温度可高达200 ℃以上。它对橡胶和金属的腐蚀作用均很小，适合于高速、大功率、重负荷和制动频繁的汽车使用，因此成为目前使用最多最广的一种制动液。

合成型制动液又分为醇醚型、酯型和硅油型三大类型，但使用最多的是醇醚型和酯型。醇醚型常见于 DOT3（图 12-2-1）；酯型常见于 DOT4（图 12-2-2）；硅油型常见于 DOT5（图 12-2-3）。

DOT 是美国汽车安全标准规定标称，其数字越大，级别越高，DOT3 和 DOT4 最主要的不同之处在于干、湿沸点的区别，即"平衡回流沸点"和"最低湿沸点"的区别。根据平衡回流沸点的大小，将制动液分 DOT3、DOT4 两个规格等级，其对应的沸点为≥205℃、≥230℃，如果制动液沸点过低，则在系统中容易气化而造成气阻，导致车辆制动迟缓甚至制动失效。

图 12-2-1　DOT3

图 12-2-2　DOT4

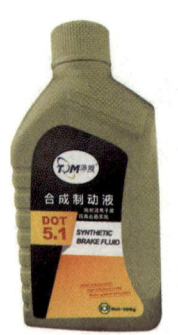
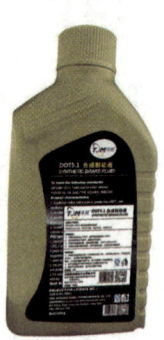
图 12-2-3　DOT5

四、注意事项

（1）如果不小心将汽油、机油或者玻璃水混入制动液后，会大大影响制动效果。应该及时更换。

（2）车辆正常行驶 4 万公里或制动液连续使用超过 2 年，制动液很容易由于使用时间长而变质，要注意及时更换。

（3）装有制动液液面报警装置的车辆，应该随时观察报警指示灯是否闪亮，报警传感器性能是否良好，当制动液不足的时候应及时添加，储存的制动液应该保持在标定的最低容量刻度和最高容量刻度之间。

（4）车辆在正常行驶中，制动出现跑偏时，这时应选择质量比较好的制动液予以更换，同时更换皮碗。

（5）换季时，尤其在冬季，要是发现制动效果下降，则有可能是制动液的级别不适应冬季气候，此时更换新制动液，就要选择在低温下黏度偏小的制动液。

（6）不同类型和不同品牌的制动液不要混合使用，对有特殊要求的制动系统，应加注特定牌号的制动液。由于不同品牌和不同类型的制动液的配方不同，混合制动液会造成制动液性指标下降。即使是那些互溶性比较好，标明能混用或可替代的品牌，使用中也不尽人意，因此也不要长期使用。

（7）当制动液中混入或吸入水分，或者是发现制动液有杂质或沉淀物时，应该及时更换或者认真过滤，否则会造成制动压力不足，从而影响制动效果。

（8）更换制动液，一定要把原来的制动液清洗干净，再加入新换的制动液。

一、前期准备

安全防护：实训着装、完成设备防护。
工具设备：工具车、工作台、常用维修工具、常用测量工具等。
实训设备：实训车。
辅助资料：维修手册、教材。

二、操作项目

1. 液压制动系统的检查

（1）将车辆停放在水平地面的工位上，如图 12-2-4 所示。

（2）打开发动机舱盖，并正确放置支撑杆，如图 12-2-5 所示。

导学视频

项目十二 制动传动装置的构造与拆装

图 12-2-4 将车辆停放在水平地面的工位上

图 12-2-5 正确放置支撑杆

（3）安装车外三件套，如图 12-2-6 所示。

（4）检查制动液储液罐的液面高度，应处于上限（MAX）和下限（MIN）标志线之间，如图 12-2-7 所示。

图 12-2-6 安装车外三件套

图 12-2-7 检查制动液储液罐的液面高度

（5）若制动液储液罐中的液面高度明显低于下限（MIN）标志线，检查制动总泵及管路是否有泄漏，如图 12-2-8 所示。

（6）检查制动防抱死系统管路是否有泄漏，如图 12-2-9 所示。

图 12-2-8 检查制动总泵及管路是否有泄漏

图 12-2-9 检查制动防抱死系统管路是否有泄漏

(7) 将车辆举升至合适位置,如图 12-2-10 所示。

(8) 检查车辆底盘的制动管路是否有泄漏,如图 12-2-11 所示。

图 12-2-10　将车辆举升至合适位置　　　　图 12-2-11　检查车辆底盘的制动管路是否有泄漏

(9) 检查前、后轮的制动分泵及制动管路是否有泄漏,如图 12-2-12 所示。

(10) 打开制动总泵上方的储液罐密封盖,如图 12-2-13 所示。

图 12-2-12　检查前、后轮的制动分泵及制动管路是否有泄漏　图 12-2-13　打开制动总泵上方的储液罐密封盖

(11) 添加制动液至合适液面高度,迅速盖上制动总泵储液罐的密封盖,以免导致制动液吸收空气中的水分而变质,如图 12-2-14 所示。

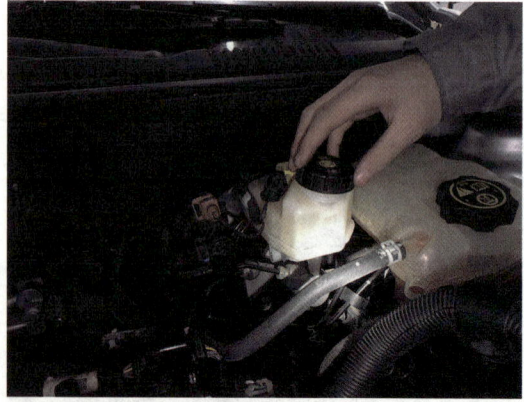

图 12-2-14　添加制动液至合适液面高度并迅速盖上制动总泵储液罐的密封盖

（12）清洁、整理场地，如图12-2-15所示。

图12-2-15　清洁、整理场地

2. 制动液的更换

（1）将车辆停放在水平地面的工位上，如图12-2-16所示。

（2）打开发动机舱盖，并正确放置支撑杆，如图12-2-17所示。

图12-2-16　将车辆停放在水平地面的工位上

图12-2-17　正确放置支撑杆

（3）安装车外三件套，如图12-2-18所示。

（4）打开制动总泵上方的储液罐密封盖，如图12-2-19所示。

图12-2-18　安装车外三件套

图12-2-19　打开制动总泵上方的储液罐密封盖

(5) 将制动液补充壶正确安装到制动液储液罐上方，如图 12-2-20 所示。

(6) 将开关置于 ON 位置，如图 12-2-21 所示。

图 12-2-20　将制动液补充壶正确安装到制动液储液罐上方

图 12-2-21　将开关置于 ON 位置

(7) 将车辆举升至合适位置，如图 12-2-22 所示。

(8) 脱开制动液放气阀防尘帽，如图 12-2-23 所示。

图 12-2-22　将车辆举升至合适位置

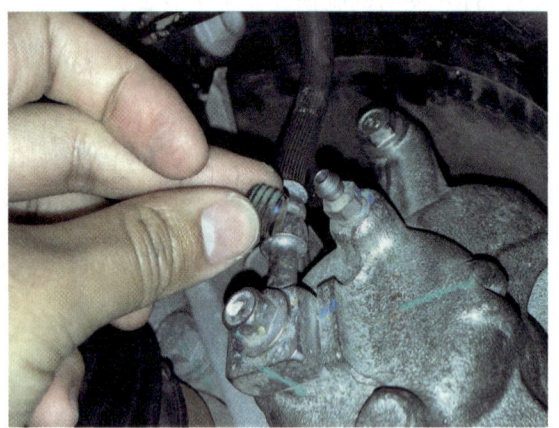

图 12-2-23　脱开制动液放气阀防尘帽

(9) 将制动液收集器进气接口和压缩气体接头相连，如图 12-2-24 所示。

(10) 打开接头开关，如图 12-2-25 所示。

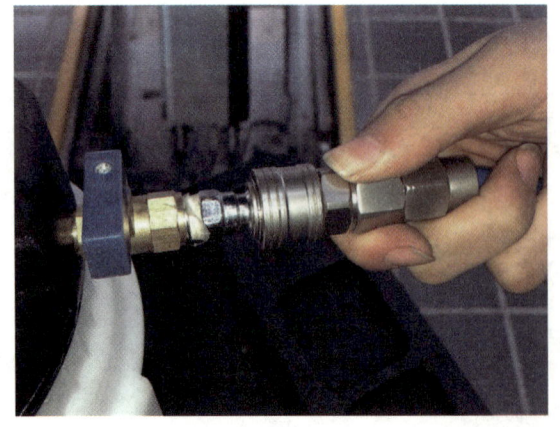

图 12-2-24　将制动液收集器进气接口和压缩气体接头相连

图 12-2-25　打开制动液收集器接头开关

(11) 将制动液收集器的软管接口连接至制动分泵放气阀口，如图 12-2-26 所示。

(12) 旋松放气阀螺钉，如图 12-2-27 所示。

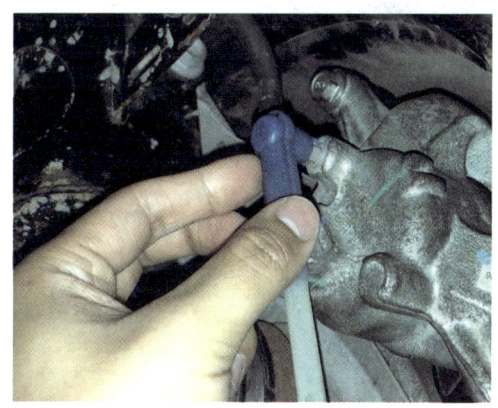

图 12-2-26　将制动液收集器的软管接口连接至制动分泵放气阀口

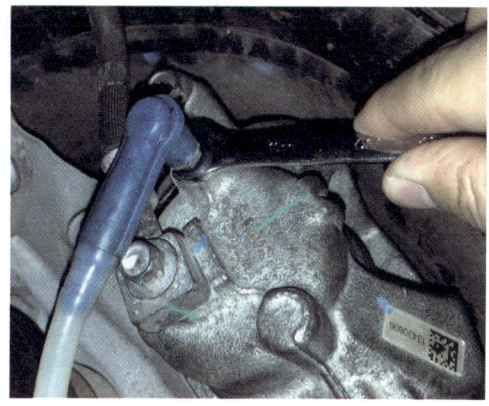

图 12-2-27　旋松放气阀螺钉

(13) 更换制动液，如图 12-2-28 所示。

(14) 依次更换右后轮——左后轮——右前轮——左前轮制动管路中的制动液。

(15) 连续踩下制动踏板 5 次以上，制动踏板位置如图 12-2-29 所示。

图 12-2-28　更换制动液

图 12-2-29　制动踏板位置

(16) 检查制动分泵放气阀是否有制动液泄漏，如图 12-2-30 所示。

(17) 装好放气阀防尘帽，如图 12-2-31 所示。

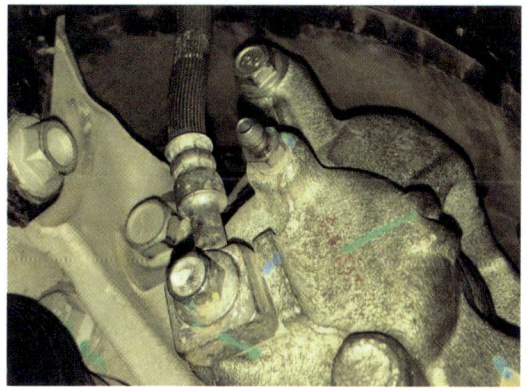

图 12-2-30　检查制动分泵放气阀是否有制动液泄漏

图 12-2-31　装好放气阀防尘帽

（18）清洁、整理场地，如图12-2-32所示。

图12-2-32 清洁、整理场地

三、任务考核

液压制动系统的检查、制动液的更换评分标准。

序号	作业项目	考核内容	配分	评分标准	扣分	得分
1	前期准备	清理工位及工位布置，设备的外观检查	10	未清理工位扣5分，未对设备进行外观和安全检查扣5分		
2	液压制动系统的检查	能否正确按照维修手册和技术规范的要求进行液压制动系统的检查	35	未按照维修手册和技术规范进行操作，每次扣5分		
3	制动液的更换	能否正确按照维修手册和技术规范的要求进行制动液的更换	35	每次未按照维修手册和技术规范要求进行操作扣5分		
4	维修资料使用	能否正确使用维修资料	10	不会使用维修资料扣10分，使用不熟练扣5分		
5	6S现场管理	遵守实训室安全操作规范，无人身伤害和设备损坏	10	每单项扣5分，扣完为止。因违规操作发生人身伤害和设备损坏，此项不得分		
		合计	100			

项目测评

一、填空题

1. 液压制动系统主要由_____和_____组成。
2. 常见的液压制动回路有_____和_____两种。
3. 制动助力器根据制动助力装置的动力源不同可分为_____和_____两种。
4. 制动总泵的作用是将驾驶员作用在制动踏板上的_____转换成_____。
5. 制动分泵的作用是将_____转变为使制动摩擦片定向移动的_____。

二、单项选择题

1. 制动系统不工作时，车轮和制动盘（　　）自由旋转。

A. 可以　　　　　　B. 不可以　　　　　C. 间歇性　　　　　D. 以上均不对

2. (　　) 利用发动机工作时进气管的负压，吸引橡胶膜片，并由此产生吸引力推动制动总泵的活塞。

A. 制动器　　　　　B. 真空助力器　　　C. 制动分泵　　　　D. 制动总泵

3. 制动时，(　　) 制动液进入两活塞间油腔，分泵活塞在制动压力作用下，沿着缸体向两侧移动，进而推动制动蹄张开，实现制动。

A. 高压　　　　　　B. 低压　　　　　　C. 恒压　　　　　　D. 以上均不对

4. 制动控制阀的排气阀门开度的大小，影响(　　)。

A. 制动效能　　　　B. 制动强度　　　　C. 制动状态　　　　D. 制动解除时间

三、判断题（对的画"√"，错的画"×"）

1. 如果不小心将汽油、机油或者玻璃水混入制动液后，会大大影响制动效果。　　　　　(　　)
2. 制动分泵油管堵塞，会导致制动不灵。　　　　　　　　　　　　　　　　　　　　(　　)
3. DOT 是美国汽车安全标准规定标称，其数字越大，级别越低。　　　　　　　　　　(　　)
4. 不同类型和不同品牌的制动液可以混合使用。　　　　　　　　　　　　　　　　　(　　)
5. 液压制动系统在使用过程中或在维修后发现进入空气，应及时排气。　　　　　　　(　　)
6. 换季时，尤其在冬季，要是发现制动效果下降，则有可能是制动液的级别不适应冬季气候，此时更换新制动液，就要选择在低温下黏度偏小的制动液。　　　　　　　　　　　　　　(　　)

四、简答题

1. 简述液压制动系统的工作原理。
2. 简述液压制动系统的维护内容。
3. 简述制动液使用的注意事项。
4. 简述制动液的检查和更换过程。

项目十三　汽车制动防抱死系统

知识目标：
- 熟悉汽车制动防抱死系统的功用和组成。
- 熟悉汽车制动防抱死系统的工作原理和工作过程。
- 熟悉汽车制动防抱死系统的类型及其结构特点。

技能目标：
- 能够在实训整车上正确地对汽车制动防抱死系统各组成零部件进行认知。
- 能够按照维修手册的技术要求熟练地拆装汽车制动防抱死系统的零部件。
- 能够正确按照维修资料的要求对汽车制动防抱死系统进行故障诊断与排除。

职业素养目标：
- 及时反思总结，在训练中积累经验。
- 养成组员之间互相协作的合作能力。
- 养成安全文明操作的习惯。
- 严格执行6S现场管理（SEIRI——整理、SEITON——整顿、SEISO——清扫、SEIKETSU——清洁、SHITSUKE——素养、SECURITY——安全），养成良好的职业习惯。

任务一　汽车制动防抱死系统概述

制动防抱死系统（Antilock Brake System）简称ABS，ABS系统的发展可追溯到20世纪初期。进入20世纪70年代后期，数字式电子技术和大规模集成电路迅速发展，为ABS系统向实用化发展奠定了技术基础，许多家公司相继研制了形式多样的ABS系统。自20世纪80年代中期以来，ABS系统向高性价比的方向发展。有的公司对ABS进行了结构简化和系统优化，推出了经济型的ABS装置；有的企业推出了适用于轻型货车和客货两用汽车的后轮ABS或四轮ABS系统。这些努力都为ABS的迅速普及创造了条件。ABS系统被认为是汽车上采用安全带以来在安全性方面所取得的最为重要的技术成就，ABS工作示意图如图13-1-1所示。

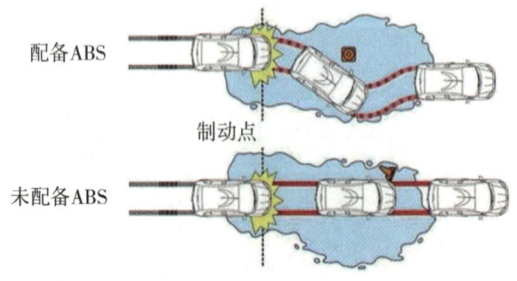

图13-1-1　ABS工作示意图

一、制动防抱死系统的功用

制动防抱死系统可充分发挥制动器的效能,缩短制动时间和距离;可有效防止紧急制动时车辆侧滑和甩尾,具有良好的行驶稳定性;可在紧急制动时转向,具有良好的转向操纵性;可避免轮胎与地面的剧烈摩擦,减少轮胎的磨损。

二、制动防抱死系统的基本组成

制动防抱死系统主要由车轮轮速传感器、制动压力调节器和电子控制器(ECU)等组成,如图13-1-2所示。

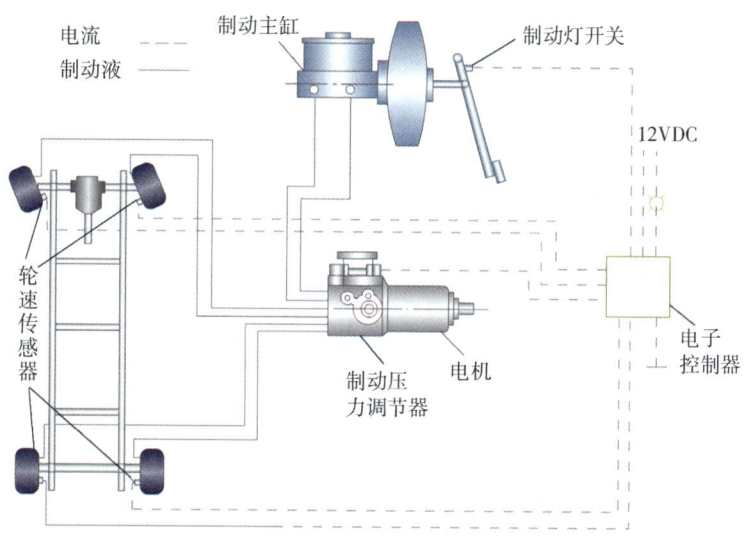

图13-1-2 制动防抱死装置的组成及布置

1. 车轮转速传感器(简称轮速传感器)

汽车防滑控制系统中都设置有电磁感应式轮速传感器。它可以安装在车轮上,也可以安装在主减速器或变速器中,如图13-1-3所示。

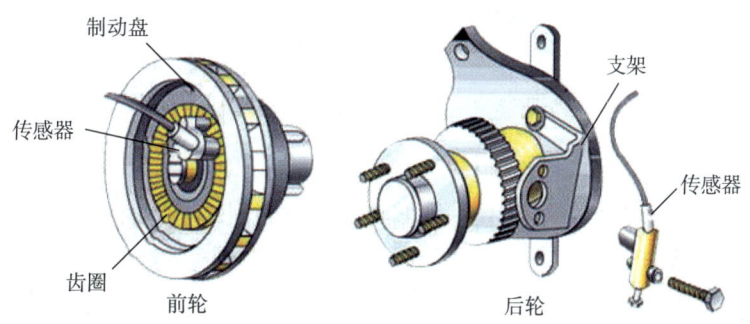

图13-1-3 轮速传感器的安装位置

轮速传感器由永久磁铁、磁极、线圈和齿圈组成,如图13-1-4所示。齿圈在磁场中旋转时,齿圈齿顶和电极之间的间隙以一定的速度变化,使磁路中的磁阻发生变化,磁通量周期性地增减,在线圈性的两端产生正比于磁通量增减速度的感应电压,该交流电压信号输送给电子控制器。

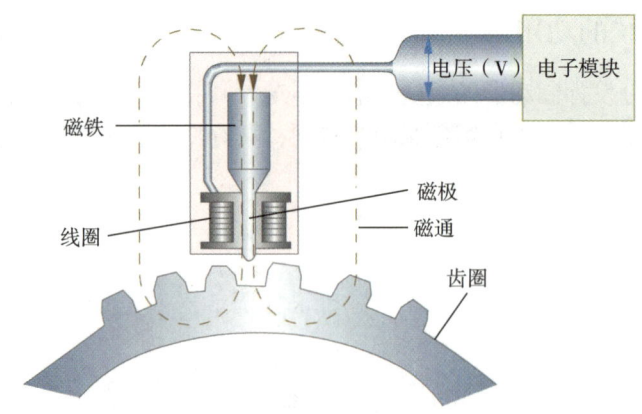

图 13-1-4 轮速传感器的组成及工作原理

2. 电子控制器（ECU）

电子控制器（ECU）是防滑控制系统的控制中枢，如图 13-1-5 所示，其作用是接收来自轮速传感器的感应电压信号，计算出车轮速度，并与参考车速进行比较，得出滑动率及加减速度，并将这些信号加以分析，对制动压力调节器发出控制指令。

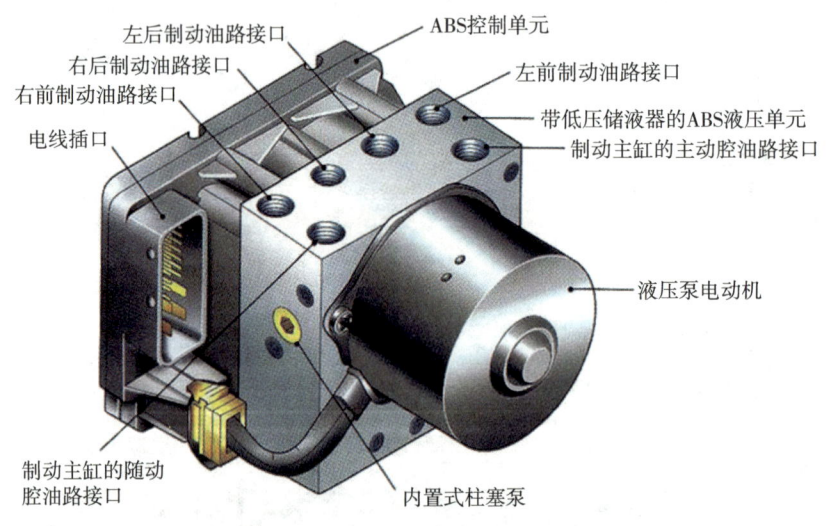

图 13-1-5 电子控制器（ECU）

3. 制动压力调节器

制动压力调节器的功用是接收来自 ECU 的控制指令，控制制动压力的增、减，它是 ABS 的执行器。

（1）循环式制动压力调节器

循环式制动压力调节器由电磁阀、液压泵和电动机等部件组成。调节器直接装在汽车原有的制动管路中，通过串联在制动主缸和制动轮缸之间的三位三通电磁阀直接控制轮缸的压力，可以使轮缸的工作处于常规工作状态（图 13-1-6）、减压状态（图 13-1-7）、保压状态（图 13-1-8）或增压状态（图 13-1-9）。三位是指电磁阀有三个不同位置，分别控制轮缸制动压力的增、减或保压，三通是指电磁阀上有 3 个通道，分别通制动主缸、制动轮缸和储液器。

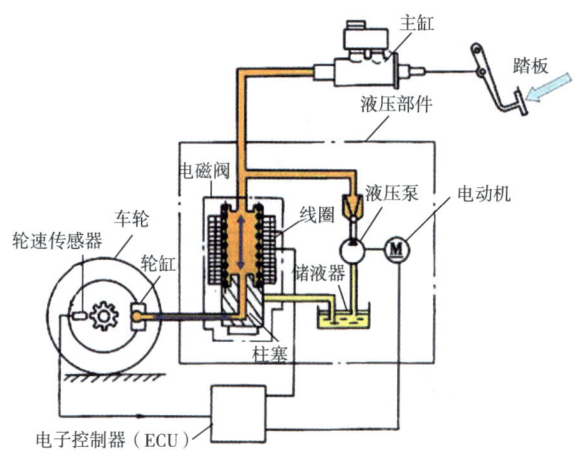

图 13-1-6　轮缸常规工作状态

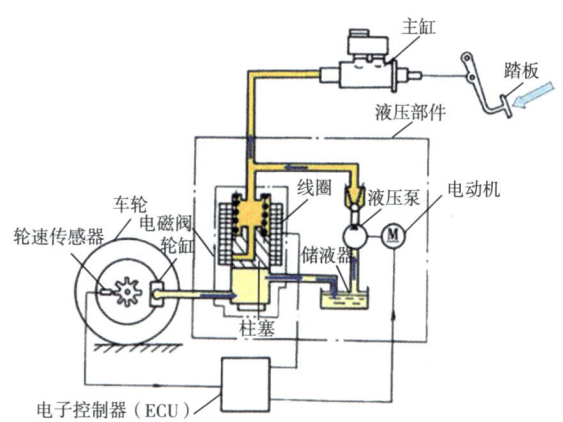

图 13-1-7　轮缸减压过程

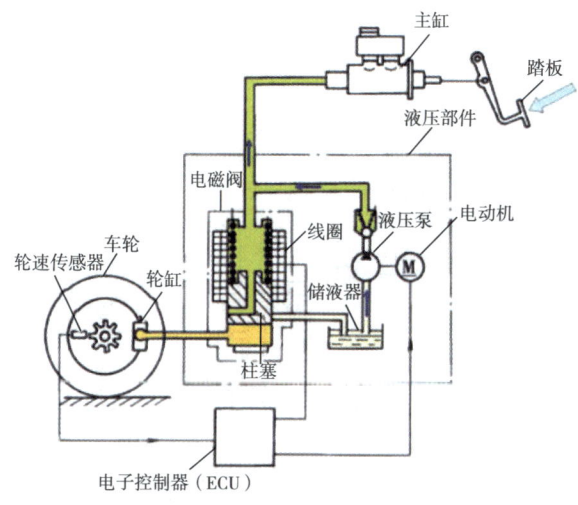

图 13-1-8　轮缸保压过程

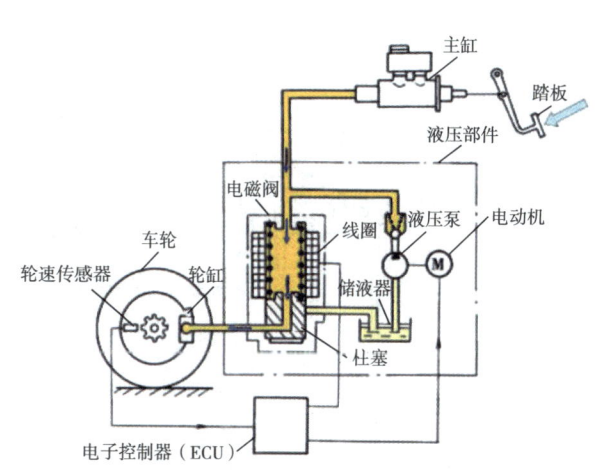

图 13-1-9　轮缸增压过程

(2) 可变容积式制动压力调节器

可变容积式制动压力调节器主要由电磁阀、控制活塞、液压泵和储能器等组成，是在原液压制动系统中增设一套液压控制装置，控制制动管路中容积的增减，以控制制动压力的变化。可变容积式制动压力调节器有 4 个不同工作状态：常规制动状态（图 13-1-10）、轮缸减压状态（图 13-1-11）、轮缸保压状态（图 13-1-12）和轮缸增压状态（图 13-1-13）。

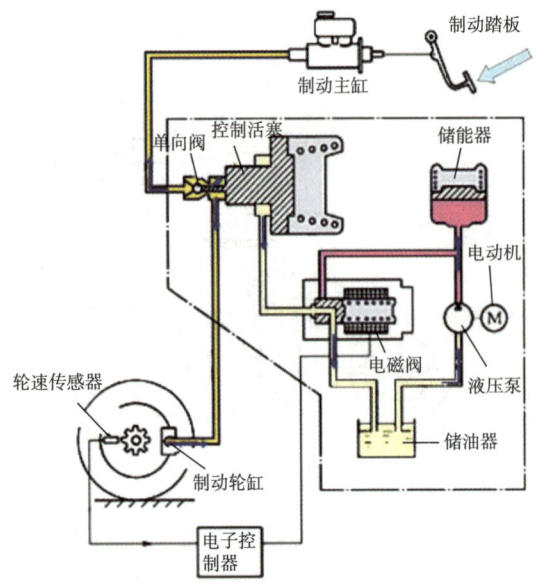

图 13-1-10 常规制动状态

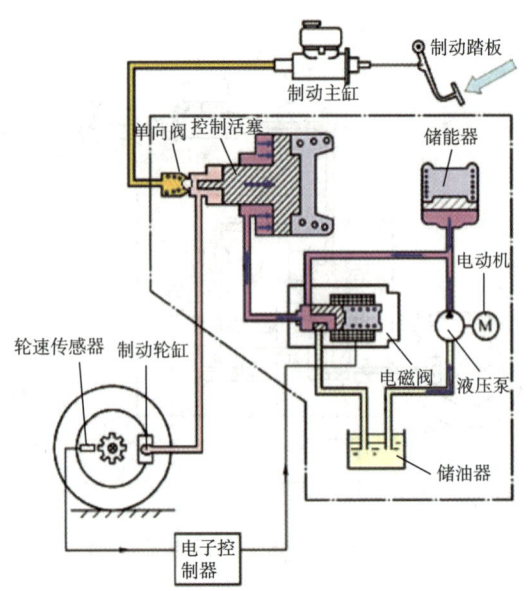

图 13-1-11 轮缸减压状态

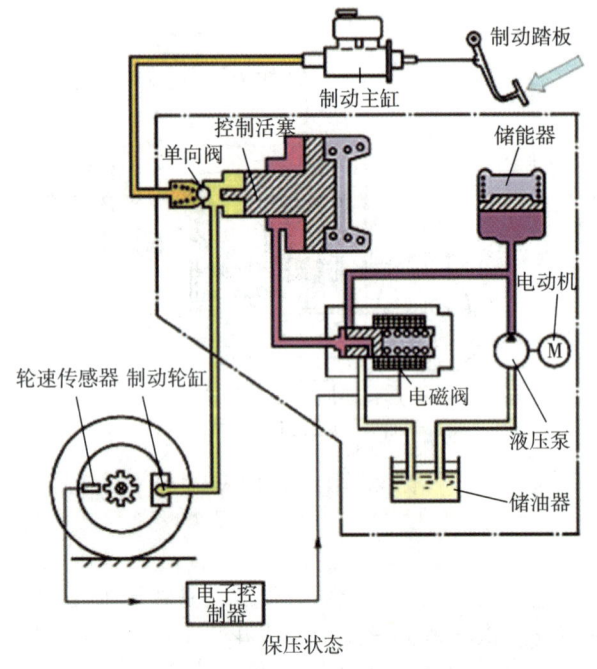

图 13-1-12 轮缸保压状态

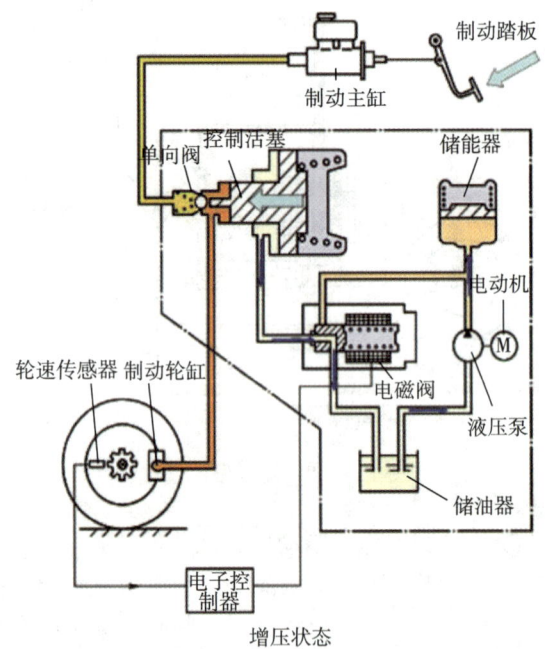

图 13-1-13 轮缸增压状态

三、制动防抱死系统的类型及布置形式

制动防抱死系统按汽车制动系统分类可分为液压制动系统 ABS、气压制动系统 ABS 和气顶液制动系统 ABS。

制动防抱死系统按 ABS 中控制管路（通道）数和传感器数量，又可分为以下 6 种。

（1）四传感器四通道四轮独立控制的 ABS，如图 13-1-14 所示。

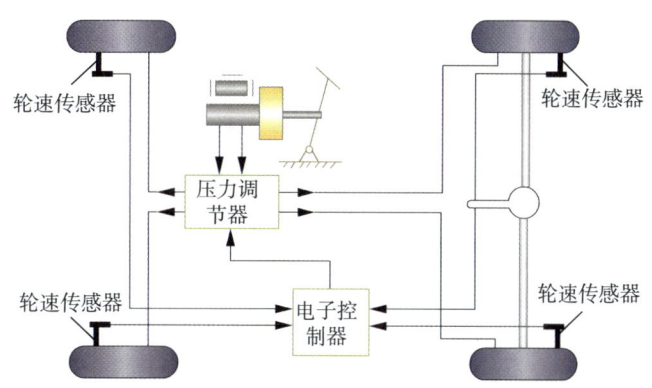

图 13-1-14　四传感器四通道四轮独立控制的 ABS

（2）四传感器四通道前轮独立后轮低选控制的 ABS，如图 13-1-15 所示。

（3）四传感器三通道前轮独立后轮低选控制的 ABS，如图 13-1-16 所示。

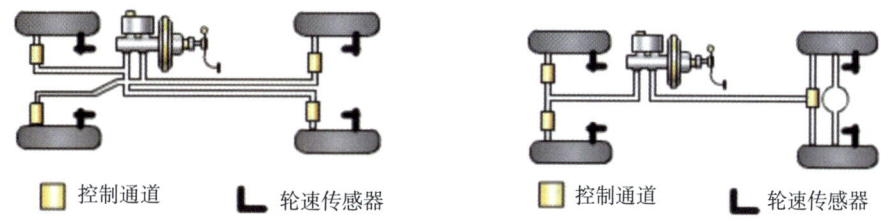

图 13-1-15　四传感器四通道前轮独立后轮低选控制的 ABS

图 13-1-16　四传感器三通道前轮独立后轮低选控制的 ABS

（4）三传感器三通道前轮独立后轮低选控制的 ABS，如图 13-1-17 所示。

（5）四传感器二通道前轮独立控制的 ABS，如图 13-1-18 所示。

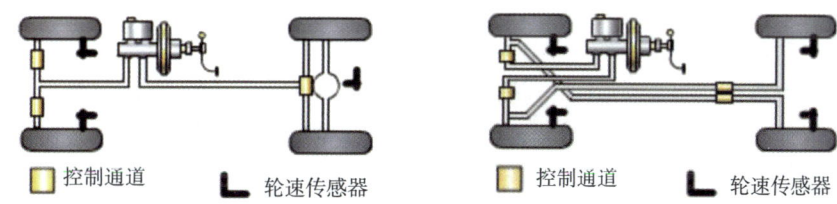

图 13-1-17　三传感器三通道前轮独立后轮低选控制的 ABS

图 13-1-18　四传感器二通道前轮独立控制的 ABS

（6）四传感器二通道前轮独立后轮低选控制的 ABS，如图 13-1-19 所示。

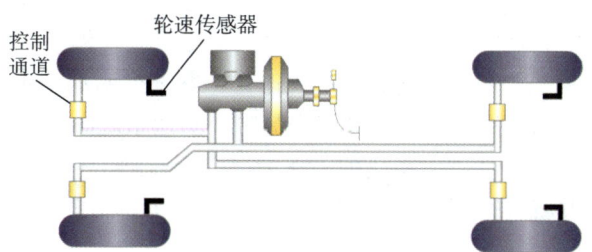

图 13-1-19　四传感器二通道前轮独立后轮低选控制的 ABS

四、制动防抱死系统的工作原理

在制动时，ABS根据每个车轮速度传感器传来的速度信号，可迅速判断出车轮的抱死状态，关闭开始抱死车轮上面的常开输入电磁阀，让制动力不变；如果车轮继续抱死，则打开常闭输出电磁阀，这个车轮上的制动压力由于出现直通制动液贮油箱的管路，而迅速下移，防止因制动力过大而将车轮完全抱死。在让制动状态始终处于最佳点（滑移率S为20%）时，制动效果最好，行车也最安全。

在制动总泵前面腔内的制动液是动态压力制动液，它推动反应套筒向右移动，反应套筒又推动助力活塞从而使制动踏板推杆向右移。因此，在ABS工作地时候，驾驶员可以感觉到脚上踏板地颤动，听到一些噪音。

汽车减速后，一旦ABS电脑检测到车轮抱死状态消失，它就会让主控制阀关闭，从而使系统转入普通的制动状态。如果蓄压器的压力下降到安全极限以下，红色制动故障指示灯和琥珀色ABS故障指示灯亮。在这种情况下，驾驶员要用较大的力进行深踩踏板式的制动方式才能对前后轮进行有效的制动。

五、制动防抱死系统的工作过程

在ABS中，每个车轮上各安置一个转速传感器，将关于各车轮转速的信号输入电子控制装置。电子控制装置根据各车轮转速传感器输入的信号对各个车轮的运动状态进行监测和判定并形成相应的控制指令。各处液压电磁阀均不通电而处于关闭状态，电动泵也不通电运转，制动主缸至各制动轮缸的制动管路均处于沟通状态，而各制动轮缸至储液器的制动管路均处于封闭状态，各制动轮缸的制动压力将随制动主缸的输出压力而变化，此时的制动过程与常规制动系统的制动过程完全相同。

在制动过程中，电子控制装置根据车轮转速传感器输入的车轮转速信号判定有车轮趋于抱死时，ABS就进入防抱死制动压力调节过程。例如，电子控制装置判定右前轮趋于抱死时，电子控制装置就使控制右前轮制动压力的进液电磁阀通电，使右前进液电磁阀转入关闭状态，制动主缸输出的制动液不再进入右前制动轮缸，电子控制装置就使右前进液电磁阀和出液电磁阀都断电，使进液电磁阀转入开启状态，使出液电磁阀转入关闭状态，同时也使电动泵通电运转，向制动轮缸送制动液，由制动主缸输出的制动液和电动泵泵送的制动液都经过处于开启状态的右前进液电磁阀进入右前制动轮缸，使右前制动轮缸的制动压力迅速增大，右前轮又开始减速转动。

ABS通过使趋于抱死车轮的制动压力循环往复地经历保持—减小—增大过程，而将趋于抱死车轮的滑动率控制在峰值附着系数滑动率的附近范围内，在该ABS中对应于每一个制动轮缸各有一对进液和出液电磁阀，可由电子控制装置分别进行控制，因此，各制动轮缸的制动压力能够被独立地调节，从而使四个车轮都不发生制动抱死现象。

尽管各种ABS的结构形式和工作过程并不完全相同，但都是通过对趋于抱死车轮的制动压力进行自适应循环调节，来防止被控制车轮发生制动抱死的，而且，各种ABS在以下几个方面都是相同的。

（1）ABS只是汽车的速度超过一定以后（5km/h或8km/h），才会对制动过程中趋于抱死的车轮进行防抱死制动压力调节。当汽车速度被制动降低到一定时，ABS就会自动中止防抱死制动压力调节，此后，装备ABS汽车的制动过程将与常规制动系统的制动过程相同。这是因为在汽车的速度很低时，车轮被制动抱死对汽车制动性能的影响已经很小，而且要使汽车尽快制动停车，应必须使车轮制动抱死。

（2）在制动过程中，只有当被控制车轮趋于抱死时，ABS才会对趋于抱死车轮的制动压力进行防抱死调节；在被控制车轮还没有趋于抱死时，制动过程与常规制动系统的制动过程完全相同。

（3）ABS都具有自诊断功能，能够对系统的工作情况进行监测，一旦发现存在影响系统正常工作的故障时将自动地关闭ABS，并将ABS警示灯点亮，向驾驶员发出警示信号，汽车的制动系统仍然可以像常规制动系统一样进行制动。

六、制动防抱死系统的局限性

在两种情况下，ABS 系统不能提供最短的制动距离。

（1）一种是在平滑的干路上，由有经验的驾驶员直接进行制动。

（2）另一种情况是在松散的砾石路面、松土路面或积雪很深的路面上制动。另外，通常在干路面上，最新的 ABS 系统能将滑移率控制在 5%～20% 的范围内，但并不是所有的 ABS 都以相同的速率或相同的程度来进行制动（或放弃制动）。

不管一个 ABS 系统多么完善，它仍然摆脱不了一定的物理规律。尽管四轮防抱制动系统能使汽车在尽可能短的距离内进行制动，但如果制动进行得太迟，使之在与障碍物碰撞前不能完全停下来，仍不能阻止事故的发生。但是，由于四轮防抱死制动系统保留着控制转向的能力，因此，在制动过程中有可能绕过障碍物，避免可能发生的事故。ABS 系统不能违背物理规律的另一种情况是当汽车在弯道上行驶时，其速度超过了物理学上所允许的速度，在这种情况下，即使 ABS 系统也不能阻止汽车在离心力作用下离开弯道。但是，ABS 系统能使汽车在此过程中降低车速和实现可靠的转向，这样就减轻了可能发生碰撞的危险性。另外还要考虑的是道路表面情况。没有装备 ABS 系统的汽车在湿滑路面或有冰雪的路面上制动时，制动距离较长，而且不能猛烈转向；在装备 ABS 系统的汽车上也是如此，因为尽管 ABS 能提供附加的制动控制和转向控制，但它不能解决这样一个客观的物理事实，那就是在较滑的路面上，可利用的牵引力很小。

任务二　ABS 轮速传感器的拆装与检修

通过实物或图片能够正确识别不同车型的 ABS 轮速传感器，能够在实训车上找到 ABS 轮速传感器的位置，会分析 ABS 轮速传感器的工作过程。

能够按照维修手册的规范要求对 ABS 轮速传感器进行拆装和检修，能够对 ABS 轮速传感器工作不良的故障进行诊断和排除。

一、前期准备

安全防护：实训着装、完成设备防护。

工具设备：工具车、工作台、常用维修工具、常用测量工具、万用表、测试线等。

实训设备：实训车。

辅助资料：维修手册、教材。

二、操作项目

1. ABS 轮速传感器的拆卸

（1）确认车辆停放周正，拉紧驻车制动，将变速器置于空挡，安装车内三件套，如图 13-2-1 所示。

（2）按照星形顺序预松左前轮车轮螺母，如图 13-2-2 所示。

图 13-2-1 确认车辆停放周正

图 13-2-2 预松左前轮车轮螺母

（3）举升和顶起车辆，如图 13-2-3 所示。
（4）拆下左前轮胎，如图 13-2-4 所示。

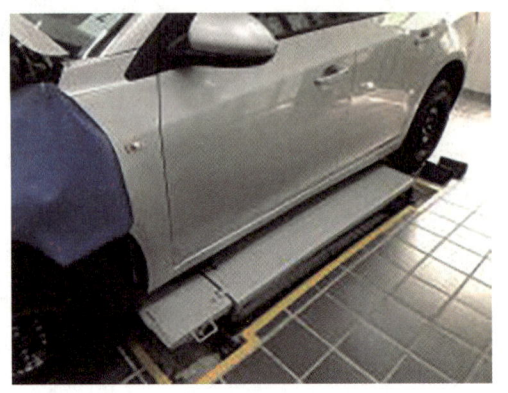

图 13-2-3 举升和顶起车辆

图 13-2-4 拆下左前轮胎

（5）将点火开关置于 OFF 位置，如图 13-2-5 所示。

图 13-2-5 将点火开关置于 OFF 位置

（6）拔下 ABS 轮速传感器导线插头，如图 13-2-6 所示。
（7）从车架上拆下 ABS 轮速传感器线束固定件，如图 13-2-7 所示。

图 13-2-6　拔下 ABS 轮速传感器导线插头　　图 13-2-7　从车架上拆下 ABS 轮速传感器线束固定件

（8）预松 ABS 轮速传感器的固定螺栓，如图 13-2-8 所示。

（9）拆下 ABS 轮速传感器的固定螺丝，如图 13-2-9 所示。

图 13-2-8　预松 ABS 轮速传感器的固定螺栓　　图 13-2-9　拆下 ABS 轮速传感器的固定螺丝

（10）用手轻轻转动拔出 ABS 轮速传感器，并将 ABS 轮速传感器放置在测量工作台上，如图 13-2-10 所示。

图 13-2-10　用手轻轻转动拔出 ABS 轮速传感器并将 ABS 轮速传感器放置在测量工作台上

2. ABS 轮速传感器的检查

（1）目视检查 ABS 轮速传感器外壳是否破损、脏污或开裂，针脚是否弯曲、锈蚀或脱落，如图 13-2-11 所示。

图 13-2-11 目视检查 ABS 轮速传感器

（2）用干净的棉布清洁 ABS 轮速传感器的传感头，防止传感头脏污影响 ABS 轮速传感器的感应灵敏度和输出电压信号失准，如图 13-2-12 所示。

（3）用万用表测量 ABS 轮速传感器的感应线圈电阻值，查阅维修手册，若测量值不在规定范围内，则需要更换新的 ABS 轮速传感器，如图 13-2-13 所示。

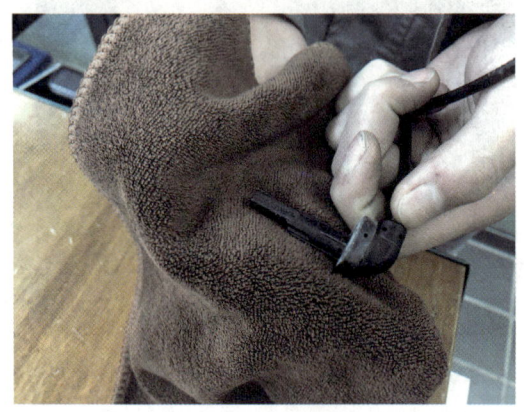

图 13-2-12 清洁 ABS 轮速传感器的传感头　　图 13-2-13 测量 ABS 轮速传感器

3. ABS 轮速传感器的安装

（1）将 ABS 轮速传感器用手插入转向节上的安装孔中，如图 13-2-14 所示。

（2）安装 ABS 轮速传感器的固定螺栓，如图 13-2-15 所示。

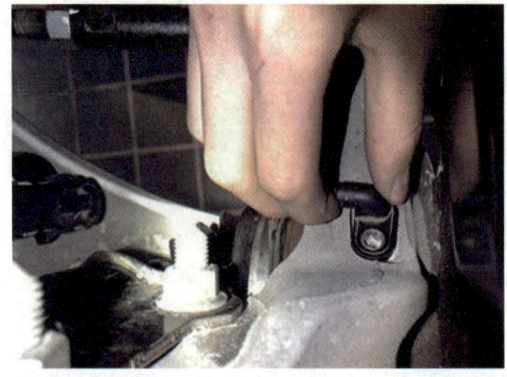
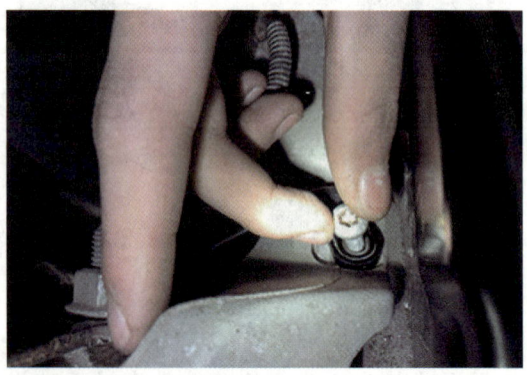

图 13-2-14 将 ABS 轮速传感器用手插入转向节上的安装孔中　　图 13-2-15 安装 ABS 轮速传感器的固定螺栓

(3) 紧固 ABS 轮速传感器的固定螺丝，拧紧力矩为 6N·m，如图 13-2-16 所示。

(4) 将 ABS 轮速传感器线束固定件安装至下托臂和车架上，如图 13-2-17 所示。

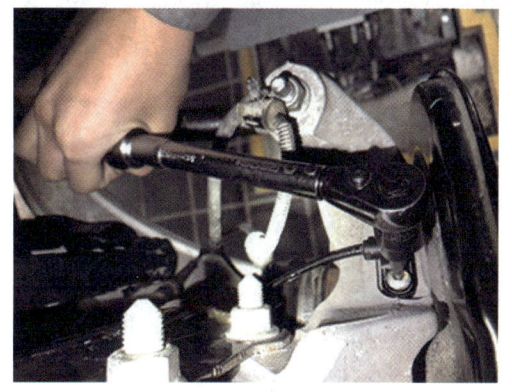

图 13-2-16　紧固 ABS 轮速传感器的固定螺丝

图 13-2-17　将 ABS 轮速传感器线束固定件安装至下托臂和车架上

(5) 连接 ABS 轮速传感器导线插头，如图 13-2-18 所示。

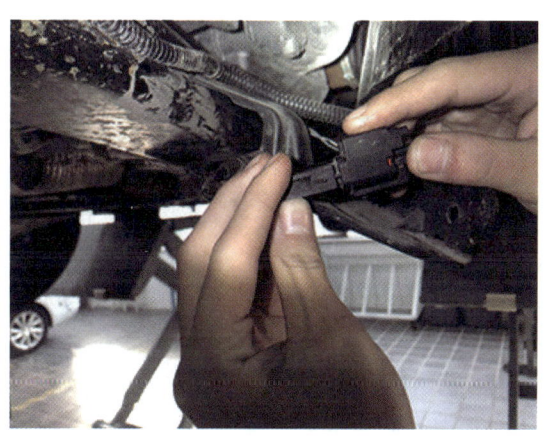

图 13-2-18　连接 ABS 轮速传感器导线插头

(6) 安装左前轮胎，如图 13-2-19 所示。

(7) 降下车辆，如图 13-2-20 所示。

图 13-2-19　安装左前轮胎

图 13-2-20　降下车辆

(8) 按照星形顺序紧固车轮螺栓，拧紧力矩为 140N·m，如图 13-2-21 所示。

（9）清洁、整理场地，如图13-2-22所示。

图13-2-21 紧固车轮螺栓

图13-2-22 清洁、整理场地

三、任务考核

ABS轮速传感器的拆装与检修评分标准。

序号	作业项目	考核内容	配分	评分标准	扣分	得分
1	前期准备	清理工位及工位布置，设备的外观检查	10	未清理工位扣5分，未对设备进行外观和安全检查扣5分		
2	零部件拆卸	能否正确按照维修手册的要求进行拆卸并按照规定摆放	20	未按照维修手册进行拆卸工作，每次扣2分		
3	零部件清洁	能否正确按照维修手册的要求进行零件的清洁	10	每一个元件未按照维修手册要求进行清洁扣2分		
4	零部件检测	能否正确利用维修资料完成零部件的检测，并分析得出结论和维修建议	20	不能正确利用维修资料完成零部件的检测每项扣5分，测量条件不正确每一次扣5分，结论或维修建议错误每次扣5分		
5	零部件安装	能否正确按照维修手册的要求进行安装并按照规定进行紧固	20	未按照维修手册进行安装工作，包括紧固角度、转矩值错误等，每次扣2分		
6	维修资料使用	能否正确使用维修资料	10	不会使用维修资料扣10分，使用不熟练扣5分		
7	6S现场管理	遵守实训室安全操作规范，无人身伤害和设备损坏	10	每单项扣5分，扣完为止。因违规操作发生人身伤害和设备损坏，此项不得分		
		合计	100			

一、填空题

1. 制动防抱死系统可充分发挥制动器的效能，缩短制动_____和_____。
2. 制动防抱死系统主要由_____、_____和电子控制器（ECU）。

3. 轮速传感器由永久磁铁、_____、_____和齿圈组成。
4. 电子控制器（ECU）是防滑控制系统的_____。

二、单项选择题

1. 制动（　　）的功用是接收来自 ECU 的控制指令，控制制动压力的增、减，它是 ABS 的执行器。
　A. 压力调节器　　　　B. 温度调节器　　　　C. 湿度调节器　　　　D. 压差调节器
2. 按汽车制动系统分类可分为（　　）ABS、气压制动系统 ABS 和气顶液制动系统 ABS。
　A. 人力制动系统　　　B. 液压制动系统　　　C. 驻车制动系统　　　D. 行车制动系统
3. ABS 只是汽车的速度超过一定以后，才对制动过程中趋于抱死的车轮进行制动（　　）调节。
　A. 强度　　　　　　　B. 湿度　　　　　　　C. 温度　　　　　　　D. 压力
4. 制动控制阀的排气阀门开度的大小，影响（　　）。
　A. 制动效能　　　　　B. 制动强度　　　　　C. 制动状态　　　　　D. 制动解除时间

三、判断题（对的画"√"，错的画"×"）

1. 在 ABS 中，每个车轮上各安置一个转速传感器。　　　　　　　　　　　　　　　（　　）
2. 当汽车速度被制动降低到一定时，ABS 就会自动中止防抱死制动压力调节。　　（　　）
3. 可变容积式制动压力调节器主要由电磁阀、控制活塞、液压泵和储能器等组成。（　　）
4. 在制动总泵前面腔内的制动液是动态压力制动液。　　　　　　　　　　　　　（　　）
5. 汽车防滑控制系统中都设置有电磁感应式轮速传感器。它不可以安装在车轮上。（　　）

四、简答题

1. 简述制动防抱死系统的组成和作用。
2. 简述制动防抱死系统的工作过程。
3. 简述 ABS 轮速传感器的拆装与检修过程。

参考文献

[1] 赵玉田. 汽车底盘构造与拆装 [M]. 武汉：中国地质大学出版社，2012.
[2] 马才伏. 汽车底盘构造与检修 [M]. 北京：机械工业出版社，2021.
[3] 周 伟. 汽车底盘构造与拆装 [M]. 北京：北京理工大学出版社，2017.
[4] 陈锡良. 汽车底盘构造与维修 [M]. 南京：江苏凤凰教育出版社，2019.
[5] 柏令勇. 汽车底盘构造与拆装 [M]. 北京：人民交通出版社，2019.
[6] 刘春晖. 图解汽车底盘构造与原理 [M]. 北京：电子工业出版社，2017.
[7] 祖国海. 汽车底盘构造与维修 [M]. 北京：中国劳动社会保障出版社，2015.
[8] 陈家瑞. 汽车构造（下册）[M]. 北京：机械工业出版社，2005.

学习重点:

学习难点:

必考点:

记录:

学习重点

学习难点

必考点

记录

学习重点：

学习难点：

必考点：

记录：

学习重点

学习难点

必考点

记录